北京大学经济学教材系列 | 核心课程系列

Principles of Macroeconomics

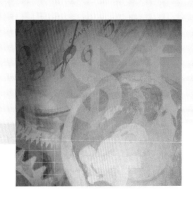

宏观经济学原理

李博 著

U0433567

北京大学出版社
PEKING UNIVERSITY PRESS

图书在版编目(CIP)数据

宏观经济学原理 / 李博著. — 北京：北京大学出版社，2023.11
北京大学经济学教材系列
ISBN 978-7-301-34651-8

Ⅰ.①宏… Ⅱ.①李… Ⅲ.①宏观经济学－高等学校－教材 Ⅳ.①F015

中国国家版本馆CIP数据核字(2023)第222681号

书　　名	宏观经济学原理 HONGGUAN JINGJIXUE YUANLI
著作责任者	李博　著
策划编辑	兰慧
责任编辑	闫静雅
标准书号	ISBN 978-7-301-34651-8
出版发行	北京大学出版社
地　　址	北京市海淀区成府路205号　100871
网　　址	http://www.pup.cn
微信公众号	北京大学出版社经管书苑（pupembook）
电子邮箱	编辑部 em@pup.cn　总编辑部 zpup@pup.cn
电　　话	邮购部 010-62752015　发行部 010-62750672　编辑部 010-62752926
印 刷 者	北京飞达印刷有限责任公司
经 销 者	新华书店
	730毫米×1020毫米　16开本　13.25印张　294千字 2023年11月第1版　2023年11月第1次印刷
定　　价	45.00元

未经许可，不得以任何方式复制或抄袭本书之部分或全部内容。
版权所有，侵权必究
举报电话：010-62752024　电子邮箱：fd@pup.cn
图书如有印装质量问题，请与出版部联系，电话：010-62756370

总　　序

当今世界正经历百年未有之大变局，新一轮科技革命和产业变革深入发展，国际力量对比深刻调整，各种经济活动和经济现象不是趋于简单化，而是变得越来越复杂，越来越具有嬗变性和多样性。面对党的二十大擘画的新时代新征程宏伟蓝图使命，如何对更纷繁、更复杂、更多彩的经济现象在理论上进行更透彻的理解和把握，科学地解释、有效地解决经济活动过程中已经存在的和即将面对的一系列问题，不断回答中国之问、世界之问、人民之问、时代之问，是现在和未来的各类经济工作者需要高度关注的重要课题。

北京大学经济学院作为教育部确定的"国家经济学基础人才培养基地""全国人才培养模式创新实验区""基础学科拔尖学生培养计划 2.0 基地"以及北京大学经济学"教材研究与建设基地"，一直致力于不断全面提升教学和科研水平，不断吸引和培养世界一流的学生，不断地推出具有重大学术价值的科研成果，以创建世界一流的经济学院。而创建世界一流经济学院，一个必要条件就是培养世界一流的经济学人才。我们的目标是让学生能够得到系统的、科学的、严格的专业训练，深入地掌握经济学学习和研究的基本方法、基本原理和最新动态，为他们能够科学地解释和有效地解决他们即将面对的现实经济问题奠定基础。

基于这种认识，北京大学经济学院在近年来深入总结了人才培养各个方面的经验教训，在全面考察和深入研究国内外著名经济院系本科生、硕士研究生、博士研究生的培养方案以及学科建设和课程设置经验的基础上，对本院学生的培养方案和课程设置等进行了全方位改革，并组织编撰了"北京大学经济学教材系列"。

编撰本系列教材的基本宗旨是：

第一，学科发展的国际经验与中国实际的有机结合。在教学的实践中我们深刻地认识到，任何一本国际顶尖的教材，都存在一个与中国经济实践有机结合的问题。某些基本原理和方法可能具有国际普适性，但对原理和方法的把握则必须与本土的经济活动相联系，必须把抽象的原理与本土鲜活的、丰富多彩的经济现象相联系。我们力争在该系列教材中，充分吸收国际范围内同类教材所承载的理论体系和方法论体系，在此基础上，切实运用中国案例进行解读，使其成为能够解释和解决学生遇到的经济现象和经济问题的知识。

第二，"成熟"的理论、方法与最新研究成果的有机结合。教科书的内容必须是"成熟"或"相对成熟"的理论和方法，即具有一定"公认度"的理论和方法，不能是"一家之言"，否则就不是教材，而是"专著"。从一定意义上说，教材是"成熟"或"相对成熟"的理论和方法的"汇编",所以,相对"滞后"于经济发展实际和理论研究的现状是教材的一个特点。然而,经济活动过程及其相关现象是不断变化的,经济理论的研究也在时刻发生着变化,我们要告诉学生的不仅是那些已经成熟的东西,而且要培养学生把握学术发展最新动态的能力。因此,在系统介绍已有的理论体系和方法论基础的同时,本系列教材还向学生介绍了相关理论及其方法的创新点。

第三,"国际规范"与"中国特点"在写作范式上的有机结合。经济学在中国发展的"规范化""国际化""现代化"与"本土化"关系的处理,是多年来学术界讨论学科发展的一个焦点问题。本系列教材不可能对这一问题做出确定性的回答,但是在写作范式上,却争取做好这种结合。基本理论和方法的阐述坚持"规范化""国际化""现代化",而语言的表述则坚守"本土化",以适应本土师生的阅读习惯和文本解读方式。

为深入贯彻落实习近平总书记关于教育的重要论述、全国教育大会精神以及中共中央办公厅、国务院办公厅《关于深化新时代学校思想政治理论课改革创新的若干意见》,做好教材育人工作,我们按照国家教材委员会《全国大中小学教材建设规划 (2019—2022 年)》《习近平新时代中国特色社会主义思想进课程教材指南》《关于做好党的二十大精神进教材工作的通知》和教育部《普通高等学校教材管理办法》《高等学校课程思政建设指导纲要》等文件精神,将课程思政内容尤其是党的二十大精神融入教材,以坚持正确导向,强化价值引领,落实立德树人根本任务,立足中国实践,形成具有中国特色的教材体系。

本系列教材的作者均是我院主讲同门课程的教师,各教材也是他们在多年教案的基础上修订而成的。自 2004 年本系列教材推出以来至本次全面改版之前,共出版教材 24 本,其中有 6 本教材入选国家级规划教材("九五"至"十二五"),9 本教材获选北京市精品教材及立项,多部教材成为该领域的经典,取得了良好的教学与学术影响,成为本科教材中的力作。

为了更好地适应新时期的教学需要以及教材发展要求,我们持续对本系列教材进行改版更新,并吸收近年来的优秀教材进入系列,以飨读者。当然,我们也深刻地认识到,教材建设是一个长期的动态过程,已出版教材总是会存在不够成熟的地方,总是会存在这样那样的缺陷。本系列教材出版以来,已有超过三分之一的教材至少改版一次。我们也真诚地期待能继续听到专家和读者的意见,以期使其不断地得到充实和完善。

十分感谢北京大学出版社的真诚合作和相关人员付出的艰辛劳动。感谢经济学院历届的学生们,你们为经济学院的教学工作做出了特有的贡献。

将本系列教材真诚地献给使用它们的老师和学生们!

北京大学经济学院教材编委会

前　　言

　　本教材基于北京大学"经济学原理"课程的讲义编写而成。"经济学原理"课程是经济学专业本科生的基础课和必修课。一方面，"经济学原理（下）"是大学一年级第二学期的课程，选课的部分学生已经学习了微观经济学原理，有了一定的经济学基础知识；另一方面，在结束宏观经济学原理课程后，学生会根据兴趣自主选择更加深入的专业课程。基于以上两点，本教材旨在带领学生学习宏观经济学的名词和概念，了解宏观经济的运行原理，启发他们探索更多的经济学领域。

　　首先，经济学原理的经典教材是哈佛大学教授格里高利·曼昆（Gregory Mankiw）编写的《经济学原理》，该教材于1998年首次出版，此后在世界范围内被广泛采用。但近年来，国际经济形势和政治格局不断发生变化，基于现实的新知识和试图解释现实的新理论不断出现，特别是新古典经济学的框架在近些年再一次得到了大发展。因此，刚接触经济学的学生需要一本能够兼顾经典与前沿、兼顾凯恩斯主义和新古典经济学的教材。其次，改革开放四十多年来，中国经济建设的伟大实践取得了举世瞩目的成就，我们需要在西方经济理论的框架内和框架外，为学生补充具有中国特色的经济理论和案例，编写一本"中西合璧"的宏观经济学入门教材。最后，经济学研究方法在过去10年中取得了技术爆炸式的进步，经济学教学也应该与时俱进。这种变化体现在两个方面：第一，计算机的普及和计算机技术的发展使得模型模拟演示变得非常方便，为教学提供了更丰富的工具；第二，数据可得性大幅提高，为训练学生查找数据并对数据进行可视化提供了条件。因此，笔者希望在教学中为学生们提供学习和应用计算机技术的场景。

　　"人们面临权衡取舍"是一条非常重要的经济学原理，笔者在本书的编写中也试图做好以下几个"权衡"：**权衡通用理论与中国实践**。本教材大纲按照主流的框架设置，涵盖主流宏观经济学原理课程的章节，同时穿插体现中国经济增长规律的案例。**权衡广度与深度**。本教材深度挖掘长期增长模型和总供给–总需求波动模型，同时，其他章节都对应经济学研究的某一子领域。**权衡经典理论与前沿方法**。尊重经典、阅读经典是创造新知识的前提，本教材力求在经典理论和创新方法之间找到平衡。**权衡经济学直觉与数理工具**。当前，大量的数学工具在中高级经济学教材中得到运用，数学工具将简化繁复的逻辑，因此本教材适当强化了数学推导过程。**权衡被动式吸收知识与主动式探索发现**。本教材前后章节内容的逻辑关系明确，引导学生主动探索和发现知识点之间的关联。

　　笔者也在本教材编写过程中充分融入思政元素，践行习近平总书记在全国高校思想政治工作会议的重要讲话精神"思想政治理论课要坚持在改进中加强,提升思想政治教育亲和力和针对性,满足学生成长发展需求和期待,其他各门课都要守好一段渠、种好责任田,使各类课程与思想政治理论课同向同行,形成协同效应"。在教材编写过程中,笔者用马克思主义观点和方法辩证地分析问题,从以下四个方面"溶盐于水",将思政元素融入经济学课程的教学中:一是从教学资源中挖掘思政元素,以思政之魂引导课程重构。二是以身作则,坚持教育者先受教育,才能更好地担当起学生健康成长的指导者和引路人的责任。三是以史为鉴,由近及远、由表及里、引人入胜地引导学生理解社会制度的历史性变革和国家取得的历史性成就。四是横向对比,通过中西方国家对比分析,树立学生对坚持中国特色社会主义的"四个自信"。

笔者在编写教材过程中,无灵感时常求索于经典,有疑惑时多求助于前辈,因此感恩宏观经济学先贤们创造的知识,感谢同事们和师友们的帮助与鼓励!特别要感谢北京大学经济学院提供了自由的科研和教学环境!本教材还得到了北京大学2020年规划教材建设立项的资金支持,特此致谢!还要特别感谢北京大学出版社兰慧和闫静雅编辑在教材编写过程中的耐心指导!

最后,我要感谢一群人,没有他们的倾情参与就没有这本教材的诞生。他们是5年来在经济学原理课程上的近1 000名学生,他们给了我动力和压力不断完善这本教材的内容。当然,还有参与过教材编写的助教们,他们是王宇、田舒涵、王若霖、王晓阳、胡阳子、肖安彤、孙方圆、毛思清、汪国庆、朱开笛、赵凡语、王琪、张培元、王瀚洋、王霄、薛邦烁、刘心悦、姜帅宇、施瀚、张文佳等。

目 录

第一章 一国收入的衡量 / 1
1.1 国内生产总量的衡量 / 1
1.2 衡量国民收入的其他指标 / 3
1.3 GDP 的计算方法 / 4
1.4 真实 GDP 与名义 GDP / 7
1.5 GDP 是个好指标吗? / 8
1.6 文献导读 / 9
练习 / 11

第二章 生活费用的衡量 / 16
2.1 消费物价指数 / 16
2.2 实务中的 CPI 计算 / 18
2.3 CPI 是完美的指标吗? / 19
2.4 其他价格指数 / 20
2.5 根据通货膨胀的影响校正经济变量 / 23
2.6 文献导读 / 24
练习 / 26

第三章 生产与增长 / 29
3.1 增长的数据与事实 / 29
3.2 新古典增长理论与索洛模型 / 35
3.3 带有人口增长的索洛模型 / 46
3.4 带有技术增长的索洛模型 / 49
3.5 内生增长理论初探: AK 模型 / 53
3.6 经济增长会使得居民更幸福吗?——黄金准则 / 55
3.7 文献导读 / 57
练习 / 59

第四章 储蓄、投资和金融体系 / 63
4.1 消费和储蓄 / 63
4.2 可贷资金市场与利率 / 68
4.3 金融市场与金融中介 / 71
4.4 衡量货币的时间价值 / 75
4.5 风险管理 / 76

4.6 文献导读 / 77
练习 / 80

第五章 货币制度 / 82
5.1 货币的含义 / 82
5.2 中央银行 / 85
5.3 银行与货币供给 / 85
5.4 货币的需求 / 90
5.5 货币增长与通货膨胀 / 91
5.6 文献导读 / 95
练习 / 97

第六章 劳动力市场和失业 / 99
6.1 劳动经济学 / 99
6.2 失业率到底是多少？/ 101
6.3 失业的类型 /107
6.4 影响失业率的其他因素 /112
6.5 职业分类 /115
6.6 文献导读 /117
练习 /119

第七章 短期宏观：总需求与总供给 /121
7.1 潜在产出与实际产出 /121
7.2 IS 曲线 /124
7.3 MP 曲线与菲利普斯曲线 /128
7.4 短期模型: IS-MP 曲线和菲利普斯曲线 /133
7.5 AD-AS 模型 /135
7.6 稳态与外生冲击 /139
7.7 文献导读 /149
练习 /151

第八章 国际贸易 /154
8.1 关于贸易的基本事实 /154
8.2 谁和谁进行贸易 /156
8.3 开展贸易的原因 /157
8.4 绝对优势、比较优势和禀赋优势 /159
8.5 供给、需求和国际贸易 /163
8.6 贸易赤字与外债 /168
8.7 文献导读 /168
练习 /170

第九章 国际金融 /173
    9.1 国际收支平衡表 /173
    9.2 长期汇率 /175
    9.3 短期汇率 /178
    9.4 开放经济和短期模型 /179
    9.5 汇率制度 /181
    9.6 文献导读 /185
    练习 /187

第十章 政府和宏观经济 /189
    10.1 财政政策的作用 /189
    10.2 政府债务 /190
    10.3 财政政策的运行机制 /191
    10.4 财政政策的影响 /193
    10.5 世界各国面临的财政问题 /194
    10.6 文献导读 /196
    练习 /198

参考文献 /199

1 一国收入的衡量

GDP 是 20 世纪最伟大的发明之一。

—— 保罗·萨缪尔森 (Paul A. Samuelson)

▮导言▮

与微观经济学相比,宏观经济学可谓学派林立,没有一个学派和模型可以完美地解释所有的经济现象。宏观经济是一个非常复杂的系统,其中的变量实在太多。如果每一个参与的个体都可以算作一个维度,那么面对这样一个高维度的系统,我们应该如何描述宏观经济呢?本章将会介绍若干个描述宏观经济的指标,这些指标从不同的方面给予我们不同的视角,帮助我们了解宏观经济运行的情况。

▮内容提要▮

在本章中我们需要了解以下内容:
- 什么是 GDP
- GDP 的核算方法
- 名义 GDP 和真实 GDP 的区别
- 其他衡量总产出的指标

1.1 国内生产总量的衡量

如何衡量一个经济体的规模?经济学中通常使用"国内生产总值"(Gross Domestic Product, 简称 GDP) 这一概念。下面将给出国内生产总值的定义,并逐一分析定义中的关键词,来对其内涵和外延进行讨论。

国内生产总值 (GDP) 是在某一既定时期一个国家内生产的所有最终物品和服务的市场价值。

"在某一既定时期" 是指,GDP 衡量的是某一既定时期内生产出来的产品价值,时间单位可以是年、季度或者月。因此,GDP 是一个流量的概念。

"一个国家内" 是指,GDP 衡量的产品价值局限于一个国家的地理范围之内。一个韩国人在中国工作,他的产出是中国 GDP 的一部分。因此,GDP 与生产者的国籍、企业的所有权无关,只与生产地有关。

"生产的" 是指，GDP 只包括现期生产的产品，不包括涉及过去生产的产品的交易。一个人把一辆二手车卖给另一个人，二手车的价值不包括在 GDP 中，但是买卖相关的服务费用计入当期 GDP。

"所有" 是指，GDP 是一个全面衡量指标，是当前测度范围最大的经济指标，包括在经济中生产并在市场上合法出售的所有产品。在这里有两个问题值得讨论：一是"合法"。毒品交易、黑市交易等是不计入 GDP 的。二是有一些经济社会行为，在是否计入 GDP 时界限较为模糊，取决于具体情况。比如甲雇用乙给她做网约车司机，甲需要支付乙提供的网约车服务的费用，这部分费用计入 GDP；如果乙和甲是伴侣，乙每天依然开车送甲上下班，但是现在提供交通服务的价值就不计入 GDP 了。简而言之，毒品交易、黑市交易、家庭生产不计入 GDP。

"最终" 是指，为避免重复计算，GDP 只包括最终产品的价值。中间投入品的价值已经包含在最终产品的价值中，所以中间投入品的生产不计入 GDP。举例来说，家庭购买面粉做面包，面粉的价值计入 GDP；但企业购买面粉做成面包并将其出售，面粉作为中间投入品，其价值就不计入 GDP，而面包作为最终产品，其价值计入 GDP。

"物品和服务" 是指，GDP 既包括有形物品的价值，也包括无形服务的价值。

"市场价值" 是指，我们希望建立一个 GDP 指标以了解一个经济体的规模，比较不同经济体的大小，因此采用市场价格乘以产品数量并加总的计算方法。汇报 GDP 的形式不会是 2010 年美国一共生产了 10 000 条牛仔裤、3 000 个苹果和 1 台汽车，而是这些产品市场价值的总和。

思考题 下述三种情形产生的 GDP 分别是多少？

情形一：农民种小麦，将小麦以 5 元的价格卖给了磨坊主；磨坊主将磨好的面粉以 15 元卖给面包房；面包房将面粉做成了面包，以 30 元的价格卖给了消费者。

情形二：农民种小麦，将小麦以 5 元的价格卖给了磨坊主；磨坊主将磨好的面粉以 15 元卖给了消费者；消费者自己做了一个面包吃掉了。

情形三：农民种小麦，将小麦以 5 元的价格卖给了磨坊主；磨坊主将磨好的面粉以 15 元卖给面包房；面包房将面粉做成了面包，市场价格和标价均为 30 元，尚未售出。

值得注意的是，在上述第三种情形中，没有售出的面包将成为存货，计入当年 GDP。如果在次年存货被消费掉，是否会发生 GDP 的变动？答案是不会。这是因为次年存货被消费掉后，使用支出法计算 GDP 时，我们会在消费中加上，同时在投资中减掉相应的存货价值。二者抵消，因此不影响次年的 GDP。存货及其折旧都不会计入次年的 GDP。在此，补充"折旧"和"存量"两个概念。

折旧是指一件物品的价值与其使用年限的比值。固定资产折旧是固定资产在使用过程中逐渐损耗而转移到产品中的那部分价值。例如，李磊在第一年购买一台缝纫机花了 10 000 元，假设它能使用 3 年，那么这 10 000 元就会被分摊到 3 年内计算，如果只算作第一年的一次性费用是不合理的。

存量是指在某一指定的时点上，过去生产与积累起来的产品、货物、储备、资产负债的结存数量。存货在第二年被卖掉，不计入第二年 GDP。根据不重复计算的原则，只在生产当年计入 GDP。

另一个容易混淆的问题是关于房屋的计算。一是房屋出租和自住的问题。个体若选择将房屋出租给第三方，那么租金部分将被计入 GDP；若选择自住，则可以理解为房主自己购买了房屋每一期产生的"住房服务"，相当于将房屋出租给自己，因此这部分租金也被称为"估算租金"(Imputed Rent)。有些国家会明确将其作为一项收入，从而进行征税，并计入 GDP，例如美国就有专门的部门负责估算房屋租金。二是新房和二手房的问题。若个体选择购买新建住房，则这部分支出会以投资的形式计入 GDP；而在二手房交易中，无论房屋价值相对购买时是上升还是下降，房屋价值均不计入 GDP。

最后需要注意的是，政府对居民的转移支付是不被纳入 GDP 核算中的。由于转移支付并没有产生新的产品价值，只是财富在不同家庭间的转移，因此这部分价值不计入 GDP。

1.2 衡量国民收入的其他指标

国民生产总值 (Gross National Product，简称 GNP) 是一国永久居民所获得的总收入。它与 GDP 的不同之处在于，GNP 包括本国居民在国外所获得的收入，而不包括外国居民在本国所获得的收入。也即：

$$\text{GNP} = \text{GDP} + \text{本国居民在外国所得} - \text{外国居民在本国所得} \tag{1.1}$$

国民生产净值 (Net National Product，简称 NNP) 是一个国家的全部国民在一定时期内，由国民经济各部门生产的最终物品和服务价值的净值。

$$\text{NNP} = \text{GNP} - \text{资本折旧} \tag{1.2}$$

国民收入 (National Income，简称 NI) 是一国的生产要素所有者在一定时期内提供生产要素所得的报酬，即工资、利息、租金和利润的总和。

$$\text{NI} = \text{NNP} - \text{企业转移支付} - \text{间接税} + \text{政府给企业的补助金} \tag{1.3}$$

个人收入 (Personal Income，简称 PI) 指个人在一年内从各种来源得到的收入的总和，包括工资、租金、利息、股息、政府转移支付等。个人收入可以进一步划分为劳动收入、资本收入和转移支付。**个人可支配收入** (Disposable Personal Income，简称 DPI) 是个人收入的税后余额，即个人收入扣除向政府缴纳的所得税、遗产税和赠与税、不动产税、车船税以及非税支付之后的余额。

1.3 GDP 的计算方法

GDP 计算的三种常用方法是支出法、收入法和生产法,三种方法从不同的角度反映了国民经济生产活动成果。

1.3.1 支出法

支出法核算 GDP 是从最终使用者的角度,对个人、企业、政府和外国部门所购买的商品和服务进行核算。一般分为四类:个人消费支出(个人)、私人固定资产总投资(企业)、政府消费支出和投资(政府)、物品和服务的净出口(国外)。我国一般按照"三驾马车",即最终消费支出(政府+个人)、资本形成总额(企业+政府)、物品和服务净出口(国外)进行核算。

GDP 包含了用于国内生产的物品和服务的所有支出形式。按照支出类型分类,经济学家定义出四个类别:消费(C)、投资(I)、政府购买(G)和净出口(NX)。

$$Y = C + I + G + \text{NX} \tag{1.4}$$

我们可以提供其他表述方式帮助大家理解:

$$\begin{aligned}
\text{支出法 GDP} &= \sum \text{各项最终需求} \\
&= \text{消费需求} + \text{投资需求} + \text{物品和服务净出口需求} \\
&= \text{最终消费支出} + \text{资本形成总额} + \text{物品和服务净出口} \\
&= \text{居民消费支出} + \text{政府消费支出} + \text{固定资本形成总额} \\
&\quad + \text{存货变动} + \text{物品和服务净出口}
\end{aligned}$$

消费是家庭除购买新房之外用于物品与服务的支出。物品包括家庭购买的汽车与家电等耐用品,以及食品和衣服等非耐用品。服务包括理发和医疗等无形的商品。注意这里统计的主体是家庭。企业请客吃饭是公关投资,政府公务宴请是政府消费。

投资是购买用于未来生产更多物品和服务的物品的支出,包含购买设备、存货和建筑物。其中,建筑物的出现为理解增加了难度,此处再次说明:首先,新房买卖计入 GDP,但是购买新建住房属于投资项而非消费项。我们可以把房子理解为资产,类比股票。其次,二手房交易不计入 GDP,因此也就不会计入消费。因此,无论是新房还是二手房,买房支出都不属于消费。

企业投资中的存货就是生产出来但是没有售出的商品。存货占投资的比例可以反映经济的状况。存货占比高,表明经济进入萧条时期;存货占比开始下降,说明消费增多,经济转暖。

从投资的概念中，我们可以再次明确 GDP 杜绝重复计算的原则。个人购买面粉，以消费形式计入 GDP。企业购买面粉生产面包，购买面粉的这部分不是投资，不能计入 GDP；企业购买生产面包的机器，是企业的投资，计入 GDP。面粉不是消费，因为主体不是家庭；面粉不是投资，因为是生产原料而不是生产工具；面粉也不是政府购买和贸易。因此，企业购买的面粉作为中间品，不计入 GDP。

政府购买是中央与地方政府用于购买物品和劳务的支出。政府购买一张办公桌、支付工作人员的工资，这些都是政府购买。另外，政府投资也包含在其中。转移支付如社会保障、失业保险等，不算作政府购买，因为转移支付只是简单地把收入从一些人或一些组织转移给另一些人或另一些组织，没有相应的物品或劳务的交换发生。

净出口等于外国对国内生产的物品和服务的购买 (出口) 减去国内对外国物品和服务的购买 (进口)。净出口又称贸易差额，一般计算一定时期内 (如一年、半年、一季度、一月) 的净出口额。影响一国贸易差额的因素有：本国商品和外国商品的价格、汇率、贸易协定、贸易壁垒、本国和外国的景气循环 (经济周期) 等。

思考题 为什么在使用支出法计算 GDP 时要把净出口包括在内？原因有二：第一，消费和投资支出中包含了外国商品。例如，一个中国家庭购买了一辆进口的特斯拉轿车，我们在计算消费时将这一支出计算了进去。虽然这个购买行为发生在中国，但特斯拉轿车的生产发生在美国，因此在计算中国 GDP 的时候需要减掉这一辆汽车。一般衡量一国经济的产出需要减去进口额。

第二，在中国生产的卖到外国的出口商品，是没有被计入中国的消费、投资或政府购买中的。例如，中国工厂生产了一双乔丹篮球鞋，这应该是中国 GDP 的一部分，但是根据支出法的前三项，这双鞋子被漏掉了，因此要加回来。一般衡量一国经济的产出时需要加上出口额。

综上，支出法计算时需要加上出口额、减掉进口额，也即加上净出口。

1.3.2 收入法

人们通过统计一国生产并出售物品和服务所获得的收入，得到了 GDP 的另一种核算方法，即收入法。收入法也被称作要素法，按照参与生产过程的各个部分进行核算。收入法核算主要包括以下三个部分：劳动收入 (Labor Income)、资本收入 (Capital Income) 和折旧 (Depreciation) (见表 1.1)。

表 1.1　收入法核算过程　　　(单位：元)

总收入	
劳动收入	600
资本收入	300
折旧	100
GDP	1 000

在使用收入法计算 GDP 时，需要考虑折旧。折旧被视为资本收入的一部分，它代表了固定资产的价值减少，也反映了资本的消耗和资源的损耗。在 GDP 计算中应该反映这部分价值损失。如果不考虑折旧，企业的净利润将被高估。这将导致 GDP 计算中的收入分配不准确。将折旧纳入 GDP 计算，可以更加准确地衡量资本和劳动在经济活动中的贡献。在实务中，折旧这一会计概念的计算与企业的税负有密切的关系。图 1.1 展示了经济运转过程中各种要素的循环流动，即国民收入核算过程。

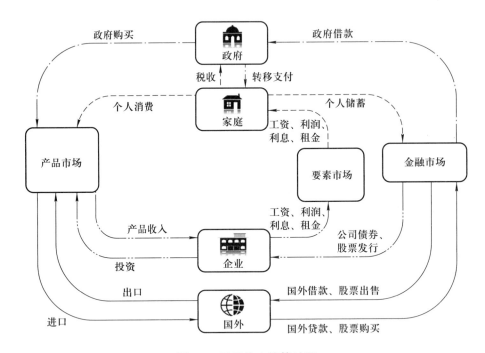

图 1.1 国民收入核算过程

GDP 同时衡量了经济中所有参与者的总收入，以及用于经济中物品与服务产出的总支出。这两件事实际上是相同的：在一个经济体中，总收入必然等于总支出。一个经济的每一次交易都有双方，买者的每一笔支出都是相应卖者的等量的收入。正如图 1.1 所示，当家庭从企业购买物品和服务时，这些支出通过产品市场流动。当企业使用从销售中得到的钱来支付工资、土地所有者的租金和企业所有者的利润时，这些收入通过要素市场流动。货币从家庭流向企业，而后又流回家庭，形成循环。因此，收入法和支出法核算的 GDP 是相等的。

思考题 查阅国家统计局数据，用收入法计算中国 2000 年、2002 年、2005 年和 2007 年的 GDP，并计算每项占 GDP 的比重。

增加值 = 劳动者报酬 + 生产税净额 + 固定资产折旧 + 营业盈余

国民经济各产业部门收入法增加值之和 = GDP (收入法计算)。

1.3.3 生产法

利用生产法计算 GDP, 是将一个经济中所有企业和工厂的产出进行加总。在运用这种方法时, 为避免重复计算, 我们仅计算增加值 (Value Added)。增加值是指一个企业的产值减去生产中所使用的中间产品的价值, 这一方法在中国也被称作"部门法"。关于生产法更细致的讨论超出经济学原理课程, 在此不做过多论述。

1.4 真实 GDP 与名义 GDP

1.4.1 如何计算真实 GDP 与名义 GDP

上一节中, 我们已经学习了如何计算某一年的 GDP。但是在现实中, 我们不仅关心 GDP 的水平, 往往更关心 GDP 的增长率, 这要求我们比较不同年份的 GDP 值。如果我们观察到某年的 GDP 较另一年有所增加, 有两种可能的情况: 第一种是生产了更多的物品和服务, 第二种则是生产了同样多的物品和服务, 但是物品和服务的价格上涨了。我们希望有一种指标可以区分这两种情况, 因此我们用真实 GDP 来衡量不受价格影响的物品与服务的总量。

真实 GDP 是按不变价格计算的物品与服务的价值。

名义 GDP 是按现期价格计算的物品与服务的价值。

表 1.2 表示一个经济体只生产两种物品: 热狗与汉堡包。我们可以看到 2013—

表 1.2 名义 GDP、真实 GDP 与 GDP 平减指数

年份	热狗价格 (美元)	热狗产量 (个)	汉堡包价格 (美元)	汉堡包产量 (个)
2013	1	100	2	50
2014	2	150	3	100
2015	3	200	4	150
年份	计算名义 GDP			
2013	(热狗 1 美元 × 100 个)+(汉堡包 2 美元 × 50 个)=200 美元			
2014	(热狗 2 美元 × 150 个)+(汉堡包 3 美元 × 100 个)=600 美元			
2015	(热狗 3 美元 × 200 个)+(汉堡包 4 美元 × 150 个)=1200 美元			
年份	计算真实 GDP(基年是 2013 年)			
2013	(热狗 1 美元 × 100 个)+(汉堡包 2 美元 × 50 个)=200 美元			
2014	(热狗 1 美元 × 150 个)+(汉堡包 2 美元 × 100 个)=350 美元			
2015	(热狗 1 美元 × 200 个)+(汉堡包 2 美元 × 150 个)=500 美元			
年份	计算 GDP 平减指数			
2013	(200 美元/200 美元)× 100=100			
2014	(600 美元/350 美元)× 100=171			
2015	(1200 美元/500 美元)× 100=240			

2015 年这两种商品的产量和价格。计算名义 GDP 时，我们直接使用当年的价格乘以当年的数量。计算真实 GDP 时，首先我们需要指定某一年为基准年 (又称基年)，然后以基准年的价格乘以当年的数量。因此，真实 GDP 也被称为以不变价格计算的 GDP。按照名义 GDP 计算，2014 年 GDP 是 2013 年的 3 倍。根据表 1.2，可以看出每一种物品在时间维度上变得越来越贵；物品之间的相对价格在时间维度上也有变化，这些变化源于供需关系的变动。在计算真实 GDP 时，我们看到真实 GDP 的增长速度远小于名义 GDP。事实上，真实 GDP 的增长代表着一个国家生产能力的增长。

1.4.2　GDP 平减指数与通货膨胀率

名义 GDP 既反映经济中生产的物品与服务的数量，又反映这些物品与服务的价格。而通过把价格固定在基准年而计算出的真实 GDP，只反映产品的数量。为反映价格的变化，我们构造了另一个指标 —— GDP 平减指数。

GDP 平减指数 (GDP Deflator) 是一个用名义 GDP 与真实 GDP 的比值乘以 100 计算的物价水平衡量指标。这里需要做几点说明：第一，基准年的 GDP 平减指数一定等于 100；第二，GDP 平减指数反映的是某一年的物价指数与基准年相比的变化，该指数可以大于 100，也可以小于 100；第三，这一指数只与三组变量有关，即基准年价格、当年价格以及当年产品数量；第四，GDP 平减指数不能单独反映产品数量的变化。

基于 GDP 平减指数，我们可以计算出通货膨胀率。通货膨胀率衡量的是当年比上一年的物价上涨幅度。GDP 平减指数只能告诉我们当年和基准年之间的关系，但是如果要比较两个非基准年，我们就需要计算通货膨胀率。

$$通货膨胀率 (t \text{ 期}) = \frac{\text{GDP 平减指数 } (t \text{ 期}) - \text{GDP 平减指数 } (t\text{-1 期})}{\text{GDP 平减指数 } (t\text{-1 期})} \times 100\% \quad (1.5)$$

另一个用来衡量通货膨胀的指标是消费物价指数 (Consumer Price Index，简称 CPI)。CPI 只统计与人民生活密切相关的一篮子核心物品与服务的价格变化。CPI 的统计难度要比 GDP 平减指数小，应用也更加广泛。

1.5　GDP 是个好指标吗？

尽管 GDP 已经是当前衡量总产出的最好指标，也能够较为全面地衡量一个国家的经济状况，但它在某些方面仍然存在缺陷：很多活动都没有包含在 GDP 的计算当中，有可能是因为所生产的产品没有在市场上交易，也有可能是政府统计人员难以对其进行有效统计，例如，本国居民在外国的生产活动、家庭的工作和生产等。此外，GDP 难以体现经济的结构、居民福利和收入分配状况、环境质量及闲暇等对于经济运行不可忽视的因素。因此，我们还需要 GNP、NNP、NI，以及 CPI、PPI 等诸多指标对经济进行多维度的衡量。

家庭的工作和生产：经济中很多生产活动是在家庭内部完成的，但由于不是市场交易行为，没有在市场留下交易记录，所以没有被包括在 GDP 中。例如，做饭、织毛衣、给婴儿换尿布、开车送配偶去上班等，这些都属于生产行为，但难以度量和统计其市场价值。

GDP 内部结构：GDP 反映了一国产品的生产总量，但是并没有反映出产品生产的内部结构。中国是世界最大的生产工厂，生产了大量的服装、鞋帽和玩具，近年来大量电子产品的组装也在中国进行。从总量上看，我国 GDP 已经处在世界第二位，仅次于美国。但是从产品结构来看，汽车、机床、发动机等高科技产品的比重很小。此外，城乡二元结构问题也是我国经济和社会发展中存在的一个障碍，GDP 也无法反映这一问题。

环境质量：经济增长可能以环境污染为代价，但 GDP 不能反映生产活动对于环境的影响。

闲暇：GDP 的计算没有包含闲暇，即没有根据工作时间进行调整，这也是 GDP 作为福利衡量指标的一个不足之处。

1.6 文献导读

1.6.1 中国的产值指标选择

中国的产值指标选择经历了一个比较曲折的过程。中华人民共和国成立初期，采用的是基于计划经济体制的物质产品平衡表体系 (MPS)。20 世纪 50 年代中后期，中国政府统计界针对产值指标曾经有过一场激烈的讨论。以思想深度而论，孙冶方的《从"总产值"谈起》当属其中翘楚。高敏雪 (2021) 回顾了这场讨论的总体背景，对孙冶方的这篇论文做了系统解析，介绍了孙冶方主张以利润代替总产值作为产值指标的原因，并从今日之视角对这一场讨论做了进一步的评论与分析，指出：① 孙冶方的观点并没有局限于统计指标基本算法层面的技术性讨论，而是放在经济体制层面对计划统计指标做战略性思考，体现了打破高度集中的计划经济体制对统计的影响的战略性思考；② 当年围绕产值指标的讨论在基本认知上存在很大的局限，包括对总产值在宏观和微观层面分别存在的问题混淆不清、对增加值这一优良指标的不重视等。最后，文章从改革、开放、发展三个角度对中国产值指标的变革历程进行了简要阐释。

参考文献：高敏雪. 20 世纪 50 年代产值指标讨论的历史回顾与方法论辨析——以孙冶方《从"总产值"谈起》为主线 [J]. 经济科学, 2021, 4(02): 148-160。

1.6.2 明代 GDP 及结构试探

管汉晖等 (2010) 利用现代国民经济核算方法，查找了《明实录》《明史食货志》《大明会典》《万历会计录》等大量历史典籍以及地方志中对明代经济的数据记载，对明代的 GDP、人均 GDP、经济结构、政府规模、经济中的总消费和积累率等变量进行估算，并将 1402—1626 年的明代经济与 1700—1760 年工业革命前夕的英国经济对比，发现：在约 220 年的时间里，中国的经济增长速度并不快，主要来自要素投入的增加；人均收入没有明显变化；经济结构中农业占据主导地位，手工业和商业虽然有所发展但比重未曾突破 20%；政府收入占经济比重不大，主要用于宫廷和宗藩的消费以及军费开支；储蓄率非常低下。基于上述估计结果，该论文认为在明代中国的经济发展水平下，发生工业革命仍有困难。受限于中国古代数据的遗漏与缺失，该论文的研究在许多方面都是尝试性的，存在许多不足，但仍有其学术意义，提出了将现代国民经济核算方法引入对古代经济的定量研究这一研究方向，为后续相关的量化研究提供了改进和完善的方法基础。

参考文献：管汉晖，李稻葵. 明代 GDP 及结构试探 [J]. 经济学 (季刊), 2010, 9(03): 787-828。

1.6.3 改革开放 40 年来中国国内生产总值核算的建立、改革和发展

从中华人民共和国成立初期到改革开放初期，中国国民经济核算的核心指标是物质产品平衡表体系的国民收入。为适应宏观经济管理的需要，20 世纪 80 年代建立了国民账户体系的国内生产总值核算。20 世纪 90 年代初，GDP 取代国民收入成为中国国民经济核算的核心指标。中国 GDP 核算从初步建立到目前的逐步成熟，经历了一系列的改革和发展，它的基本概念、基本分类、现价和不变价生产核算方法、现价和不变价使用方法都经历了一系列的演进。目前，仍有许多方面需要进一步改革和发展，包括居民自有住房服务价值核算方法改革、金融业核算方法改革、支出法 GDP 核算改革、不变价 GDP 核算方法改革、季度 GDP 核算方法改革、地区 GDP 核算方法改革等。许宪春等 (2018) 对中国 GDP 核算从建立到逐步成熟的发展历程进行了回顾，对中国 GDP 核算历史上的重大改革和发展进行了梳理，对新时代中国 GDP 核算的进一步改革和发展进行了展望。

参考文献：许宪春，吕峰. 改革开放 40 年来中国国内生产总值核算的建立、改革和发展研究 [J]. 经济研究, 2018, 53(08): 4-19。

1.6.4 中国现行国内生产总值核算

进入 21 世纪以来，国家统计局推出了一系列统计调查制度的重大改革，不断改进 GDP 的核算方法，中国的 GDP 核算不断完善，数据质量和国际可比性不断提升。但是，国内外对中国 GDP 核算的质疑时有发生。许宪春 (2019) 对促进中国 GDP 核

算发展的重大统计改革进行梳理,介绍了经济普查制度的建立、企业一套表联网直报统计调查制度改革、服务业统计调查制度改革以及城乡住户调查一体化改革;详细说明了中国 GDP 生产核算与使用核算各自的主要资料来源和计算方法,对相关的一些质疑进行了回应。

参考文献: 许宪春. 准确理解中国现行国内生产总值核算 [J]. 统计研究, 2019, 36(05): 3-15。

1.6.5 从外太空测量经济增长

GDP 作为衡量一个国家或地区经济状况和发展水平的重要指标,其数据的产生有着标准的核算方法和严格的统计体系。不过,与发达国家相比,发展中国家 GDP 的核算方法和统计体系整体上比较落后,其真实性与可靠性常常受到质疑。为了解决统计体系差的国家很难估算实际产出的问题,近年来一些学者采用从外太空观测到的夜间灯光数据作为 GDP 的替代数据来衡量经济活动。Henderson et al. (2012) 所做的研究极具代表性,提出了一个全新的分析框架,结合夜间灯光数据和现有统计数据测算了不同国家的经济增长率,结果发现各国实际经济增长率与官方数据存在差异,夜间灯光数据更适用于统计体系比较落后、数据质量较差的中低收入国家。该论文还进一步考察了农业生产率提高对城市收入的影响,发现对于非洲国家的城市,外生的农业生产力冲击 (如高降雨年份) 对当地的城市经济活动有重要影响。

参考文献: Henderson J V, Storeygard A, Weil D N. Measuring economic growth from outer space[J]. The American Economic Review, 2012, 102(2): 994-1028。

练习

1. 判断下列各项是属于投资、消费,还是都不属于,并简述原因。
   (a) 一个工厂购置一批生产用途的机床。
   (b) 你买票听了一场音乐会。
   (c) 新学期开始前,书店扩充了其教材的库存。
   (d) 你的家庭购买了新建住宅。
   (e) 政府购买公务用车。
   (f) 小红请高年级的学长为她辅导"经济学原理"这门功课,并支付了 100 元。(备注: 高年级的学长并未就该笔收入进行纳税登记。)
   (g) 一个工厂购置一批生产 N95 口罩的机床。
   (h) 多家影视公司斥巨资参与投资、制作了某档电影,但尚未上映。
   (i) 小张在观看直播时,购买虚拟币并给主播刷了 99 枚大火箭。
   (j) 小李从中国内地前往香港旅游,在香港茶餐厅吃了一顿饭。

2. 判断以下论述是否正确，并简述原因。
   (a) 你为同学义务辅导高等数学会增加 GDP。
   (b) 按支出法，GDP 等于消费、投资、政府购买和出口的总和。
   (c) GDP 一定不等于 GNP。
   (d) 家庭自有房产的价值需要计入房产存续期内每一年度 GDP 的消费项当中。
   (e) 真实 GDP 考虑了通货膨胀的调整，因此真实 GDP 可能不等于名义 GDP。
   (f) 韩梅梅下班乘坐网约车，恰好她的丈夫李雷 (网约车全职司机) 接单，完成订单后韩梅梅进行了线上支付 16 元 (其中，李雷可提现 13 元，另外 3 元被滴滴作为平台服务费抽走)，该笔订单的金额 16 元应计入当年度 GDP 当中。
   (g) 疫情期间，H 市蔬菜紧缺，当地政府用 10 万元从外地购买了一批蔬菜，并以 10 万元的价格出售给本地超市。这批蔬菜很快全部销售给本地居民，本地超市卖蔬菜获得收入共 20 万元。在这一过程中，政府支出为 10 万元，家庭消费为 20 万元，因此计入当年 GDP 的金额为 30 万元。
   (h) 因为物价水平总是在变化，所以名义 GDP 和真实 GDP 总不可能相等，真实 GDP 要么高于名义 GDP，要么低于名义 GDP。
   (i) 美国人詹姆斯投资了新东方上市流通的股票，这项投资应该计入中国 GDP 而不应该计入美国 GDP。
   (j) 政府征收收入税并用以支持社会医疗保险，这会增加 GDP。

3. 简答题: 回答下列事件是否计入 GDP。如果计入 GDP，请说明计入哪个国家的 GDP; 如果不计入 GDP，请写出理由。
   (a) GM(通用汽车公司) 在美国新泽西州新建了一家工厂。
   (b) 生活在赣南的果农和菜农交换农产品并自己食用。
   (c) 生活在意大利的奥古斯托投资了怪兽充电 (EM) 在纳斯达克上市流通的股票。
   (d) 深圳的王中兴通过海外合法渠道从美国购置一台苹果电脑。
   (e) 生活在英国的亨利购买了 10 万个中国生产的口罩作为抗击疫情的储备物资。
   (f) 中国政府投资城市间的高速公路建设。

4. 来自美国的朱迪老师在中国通过教育机构教授私人英语课程，由此在 2020 年共获得收入 364 800 元。同时朱迪老师非常喜欢玩中国公司制作的手机游戏，2020 年一年就在手机游戏中花费了 64 800 元。在上述故事中，与朱迪老师相关的产生的中国的 GDP 和 GNP 分别为_____ 元和_____元。
   (a) 364 800; 64 800。
   (b) 64 800; 235 200。
   (c) 364 800; 235 200。

(d) 429 600; 64 800。

5. 根据支出法,以下计入 GDP 的消费一项中的是_____。
   (a) 盾台酒业公司为研发新的醋香型产品购置了新的设备。
   (b) 张三在北京大学附近购置了一套学区房。
   (c) 李四在 kilikili 视频网站购买了为期一年的小会员。
   (d) 王五秘密地有偿请助教给自己在考前单独辅导"经济学原理"。
   (e) 乡政府出资修建了一座新的水坝。

6. 农民将收获的棉花以 1 000 元的价格卖给纺织厂。纺织厂将这批棉花纺成棉布,并以 2 000 元的价格出售给服装厂。服装厂用这批棉布制作衣服,售价共 3 000 元,但只卖出了一半,获得了 1 500 元。在上述流程中, GDP 为_____元。
   (a) 1 000。
   (b) 1 500。
   (c) 2 000。
   (d) 3 000。

7. 小李于 2017 年花费 9 000 元人民币购置高性能电脑一台。2020 年 11 月,小李想要升级显卡配置,于是花费 3 899 元从海外购置了一块新显卡,将旧显卡通过"甜鱼"平台以 1 500 元的价格出售,并向平台支付了 50 元的服务费。在上述过程中,计入 2020 年 GDP 的金额为_____元。
   (a) 3 949。
   (b) -3 849。
   (c) -2 349。
   (d) 5 449。
   (e) 50。

8. 假定某一年,小明在北京花 20 万元买了一辆比亚迪汽车。同一年,比亚迪在生产该车过程中,从日本采购了价值 10 万元的汽车部件,然而从日本进口的部件本身又包含了价值 1 万元在中国生产的配件。请问:
   (a) 中国的 GDP 增加了多少?
   (b) 用支出法计算,中国 GDP 每个部分 (消费、投资、政府购买和净出口) 变化多少?
   (c) 日本的 GDP 变化了多少? GDP 中的每个部分变化了多少?
   (d) 第二年,小明将该汽车在二手市场上以 10 万元出售,并按售价的 5% 支付中介费, GDP 变化多少?

9. 假定某一年,小明在北京花 8 000 元买了一部手机。同一年,该手机在国内生产的同时,从美国采购了价值 4 000 元的手机部件,然而从美国进口的部件本身又包含了价值 1 000 元在中国生产的配件。请问:

(a) 中国的 GDP 增加了多少?

(b) 用支出法计算, 中国 GDP 每个部分 (消费、投资、政府购买和净出口) 变化多少?

(c) 美国的 GDP 变化了多少? 这些变化来自支出法中的哪个部分?

(d) 第二年, 小明将该手机在二手市场上以 3 000 元出售, 并按售价的 5% 支付中介服务费, GDP 变化多少?

10. 下表是某国 2020 年的数据, 各项均不重叠。请计算该国 2020 年的 GDP, 并做适当说明。

(单位: 元)

项目	金额
消费支出	700
出口	100
进口	30
政府采购的产品与服务	300
当年新建住宅与公寓	75
出售去年建成的住宅与公寓 (无中介费)	150
年初存货	50
年末存货	200
企业固定投资	300
政府对退休人员的支付	25

11. 请从中国国家统计局网站 (http://www.stats.gov.cn/) 查找 2010—2019 年的年度数据, 绘制适当的图表, 并用简要的文字描述:

(a) 中国的 GDP 和 GNP 的增长。要求: GDP 使用实线, GNP 使用虚线, 并以图例说明; 选择美观的线条粗细; 图标题为 "2010—2019 年中国 GDP 和 GNP 的增长"; 横轴标记为年份。

(b) 我国三种产业增加值的增长及其比重。

(c) 我国消费、投资、政府购买和净出口的增长及其比重。

(d) 使用 2019 年的数据分别按照支出法和生产法计算 GDP, 并简述计算过程。

(e) 比较上一问中两种方法计算的结果, 查找资料并给出结果差异的可能原因。

12. 材料题

初步核算, 2021 年第一季度 GDP 249 310 亿元, 按可比价格计算, 同比增长 18.3%, 比 2020 年第四季度环比增长 0.6%; 比 2019 年第一季度增长 10.3%, 两年平均增长 5.0%。第一季度, 全国居民人均可支配收入 9 730 元, 同比名义增长 13.7%, 全国居民人均可支配收入中位数 8 014 元, 增长 12.7%。

(a) 请阐述同比和环比的定义 (以季度为时间单位)。

(b) 造成季度 GDP 增长按同比和环比计算出现 18.3% 和 0.6% 两个差异巨大的数字的原因是什么? 请简要说明。

(c) 从经济学角度, 解释居民人均可支配收入与居民可支配收入中位数出现显著差异的原因。

2 生活费用的衡量

通货膨胀可以提供价格上涨的刺激,推动企业创新和效率的改善。

——米尔顿·弗里德曼(Milton Friedman)

▮导言▮

改革开放四十多年来,中国经济实现快速发展。根据国家统计局的数据,1978—2017年我国GDP按不变价计算增长33.5倍,年均增长9.5%。与此同时,人们的生活水平得到了极大的改善。过去,我国居民的收入水平很低,物质资源也十分匮乏,无论是种类还是数量都无法与今天相比。但是,不同物价水平对人们生活水平的影响是不同的,因此为了更加科学地衡量人们生活水平的改善程度,我们还需要考虑物价因素的影响。

▮内容提要▮

在本章中我们需要了解以下内容:
- ❏ CPI的定义
- ❏ 其他价格指数
- ❏ CPI在理论和实务中的计算
- ❏ 如何校正通货膨胀的影响

2.1 消费物价指数

通货膨胀率反映的是相对上一时期物价水平变动的百分比。在上一章中,我们了解到可以用GDP平减指数来计算通货膨胀率,但是现实中我们看到的通货膨胀率更多是通过消费物价指数来计算的。

消费物价指数(Consumer Price Index,简称CPI)是反映给定时期内普通家庭所购买的物品与服务的总费用的宏观经济指标。核心CPI则是在CPI的基础上剔除短期价格波动大的物品或服务之后的总费用指标,例如:美国把将食品、能源的价格剔除后得到的CPI定义为核心CPI。这样处理的原因是,货币当局需要根据CPI测度的通货膨胀率来稳定工资、利率等,而食品、能源的短期价格波动往往是特殊市场供求关系与投机行为造成的,与货币政策无关。因此将能源、食品等因素剔除之后,货币当局能够更客观地分析通货膨胀问题的发展趋势,从而采取有效的宏观货币调控政策。

采用 CPI 计算通货膨胀率时通常需要遵循以下五个步骤:

1. 选择一篮子商品。根据本国普通消费者的消费特征,选择对消费者最重要的一篮子商品组合;根据消费结构中各种商品的消费数量,确定一篮子商品中各商品的权重。

2. 确定价格。确定每个时间点上一篮子商品中各商品的价格。

3. 计算一篮子商品的费用。使用每个时间点上商品的价格向量乘以权重向量,得到每个时间点上一篮子商品的总费用。注意,该权重向量在每一个时间点上保持不变,直到一篮子商品发生重新调整。

4. 选择基准年并计算指数。指定某一年为基准年,CPI 的计算公式为

$$\text{CPI} = \frac{\text{当年一篮子商品的总费用}}{\text{基年一篮子商品的总费用}} \times 100 \tag{2.1}$$

5. 计算通货膨胀率。通货膨胀率是相对前一期的物价指数变动百分比,定义通货膨胀率为 π,计算公式为

$$\pi_t = \frac{\text{CPI}_t - \text{CPI}_{t-1}}{\text{CPI}_{t-1}} \times 100\% \tag{2.2}$$

一个 CPI 计算的例子

表 2.1 给了我们一个计算 CPI 和通货膨胀率的例子。

表 2.1 CPI 及通货膨胀率的计算实例

第一步: 调查消费者以确定固定的一篮子商品		
一篮子物品 =4 个苹果, 2 个包子		
第二步: 找出每年每种商品的价格。		
年份	苹果的价格 (元)	包子的价格 (元)
2018	1	2
2019	2	3
2020	3	4
第三步: 计算每年一篮子商品的费用		
年份	一篮子商品的费用	
2018	(苹果 1 元 × 4 个)+(包子 2 元 × 2 个)=8 元	
2019	(苹果 2 元 × 4 个)+(包子 3 元 × 2 个)=14 元	
2020	(苹果 3 元 × 4 个)+(包子 4 元 × 2 个)=20 元	
第四步: 选择基年 (2018 年) 并计算每年的消费物价指数		
年份	消费物价指数	
2018	(8 元/8 元) × 100=100	
2019	(14 元/8 元) × 100=175	
2020	(20 元/8 元) × 100=250	
第五步: 计算自上一年以来的通货膨胀率		
年份	通货膨胀率	
2019	(175-100)/100 × 100%=75%	
2020	(250-175)/175 × 100%=43%	

关于 CPI 和通货膨胀率，还需要做几点说明：第一，CPI 是一个价格指数，能帮助我们理解人们生活成本的变化。第二，基年的 CPI 一定等于 100。第三，CPI 直接提供的信息是当年价格相对于基年价格的变化，高于 100 意味着当年的生活成本相较基年上升，低于 100 意味着当年的生活成本相较基年下降。第四，通货膨胀率比较的是相邻两个时间点或者年份的生活费用的变化，选取的基年一定是一样的。第五，与 CPI 计算相关的三个变量是一篮子商品的权重向量、基年的价格向量和当年的价格向量。也就是说，各个年份的实际生产数量与 CPI 计算不相关。第六，通货膨胀率是一个百分数，例如 4% 或者 10%。

2.2 实务中的 CPI 计算

从理论上，我们已经了解了 CPI 的计算方法。在实务中一个关键的问题就是如何确定一篮子商品中各个商品的权重。

美国的 CPI 计算由劳工统计局主导。构成 CPI 的商品主要分为八大类，包括住房、交通、食品和饮料、教育与通信等，其中住房的占比最高 (见表 2.2)。

表 2.2 美国一篮子商品构成

住房	41%
交通	17%
食物和饮料	15%
教育与通信	6%
医疗	7%
休闲活动	6%
服装	4%
其他	4%
总计	100%

中国的 CPI 获取过程如下：首先，由经过专业培训的采价员，根据市场消费情况选定销售量大、产品覆盖广的市场，直接定时搜集一手数据上报给督导员，经过初步审核后上交给省级调查总队进行二度审核。其次，上报国家统计局国民经济核算司消费价格处进行逻辑审核和抽查，发现问题则发回倒查。最后，将 CPI 各组成部分加权计算，权重反映每个部分的相对重要性，依次计算基本分类指数、类别及总指数，逐级加权平均计算全省 (区、市) 指数、全国价格指数，最终得出全国 CPI。

每个国家的消费结构不同，这与该国的收入水平、文化习惯、保障体制等相关。比较中国和美国，我们可以看到，中国一篮子商品中食品的权重远远大于美国；与此同时，美国的住房权重则远高于中国。当然，一篮子商品的权重需要不断进行调整，以反映一国居民消费结构的变化，我国现行规定是每五年调整一次。表 2.3 为 2016 年中国一篮子商品的构成。

表 2.3   2016 年中国一篮子商品构成

食品及烟酒	25.97%+3.75%
服装	8.45%
生活用品及服务	4.73%
医疗保健	10.34%
交通和通信	10.48%
教育文化和娱乐	14.07%
居住	20%
其他	2.21%
总计	100%

与家庭的消费结构相关的另一个指标是恩格尔系数，即食品支出占个人总支出的比例。一般来说，收入越高，食物的消费比例越低，恩格尔系数越低。这一规律在宏观和微观两个层面都已得到证实。

2.3　CPI 是完美的指标吗？

CPI 的目的是衡量生活费用的变动，但是这一指标还存在若干问题，需要进一步讨论。

首先是商品间的替代效应。商品替代效应分为"自愿替代"和"强迫替代"。"自愿替代"指的是当商品的相对价格发生变化时，人们会调整不同商品的消费数量。当某一种商品变得更为昂贵时，人们会用相对不昂贵的商品来替代。比如面粉和大米两种主食，当大米的价格上升时，人们会倾向于多吃面粉类的食物而少吃大米，这将导致实际一篮子物品中的面粉类食品的权重变大，但是 CPI 计算公式中的权重五年才调整一次，因此太长的时间跨度会导致 CPI 的计算有误，高估 CPI 的变化。具体来说，CPI 机械地固定住"篮子"里的物品与劳务数量，在物价上升时，会夸大生活费用的上升幅度，高估通货膨胀的程度。与"自愿替代"不同的是，"强迫替代"多指由于产品存在虚假升级换代，消费者被迫消费价格更高的产品，而非计入 CPI 的原产品。比如，有些药品在消费物价指数中一直没有涨价，CPI 体现不出药价上升，但这背后的原因可能是厂家改换药品名称，以"新药"的名义变相涨价。消费者在药房货架上买不到原来的药品，只好以高价购买所谓的"新药"。

其次是新商品和新渠道的出现。当有新的商品类别出现时，CPI 计算所选取的一篮子商品可能不能得到及时的调整。市场对新商品具有较快的反应与吸纳速度，CPI

如果不能及时调整样本，将无法很好地反映当代社会大众生活费用的变化。新销售渠道的出现也存在类似的问题。当新的销售渠道伴随着更低的价格出现时，CPI取样地点不一定能随之改变，这也被称作"零售店替代偏差"。例如，由于网店、微商的兴起，电商平台上的商品价格低于实体商店的价格。在理性原则的驱动下，人们将减少对实体商店中商品的购买，转而从电商平台购买价格更低的商品。CPI取样地点若不能及时改变，就可能高估消费物价水平。此外，即使CPI能够及时进行调整，但由于非正规微商渠道的存在，CPI统计也很难判断出代表性微商并获得其取样数据。这也是CPI计算面临的一个巨大挑战。

最后是产品性能和质量的改善。随着科技的进步，产品的性能和质量会得到改善，但在进行CPI计算时，这一因素并不能得到很好的反映。产品质量改善之后，同样的生活消费将带来效用的增加，人们的生活质量将会提高。这就意味着在生活质量不变的情况下，人们的生活费用相对下降，这时CPI就会高估实际的消费价格水平。此时，若用CPI来衡量通货膨胀，则需处理更复杂的关系。当产品质量上升幅度超过价格上升幅度时，或者产品质量上升而价格下降时，物价上升程度小于生活效用上升程度，单位生活效用的成本实际下降，此时CPI就会高估通货膨胀。反之，当产品价格上升幅度超过质量上升幅度，单位生活效用的成本上升时，CPI会低估通货膨胀。一般认为信息技术产品属于产品价格上升幅度落后于产品质量改进幅度甚至价格与质量变化负相关的产品，而服装产品则是产品价格上升与质量改进同步甚至价格上升幅度超过产品质量改进幅度的产品。

2.4 其他价格指数

除CPI以外，还有其他价格指数，包括上一章提到的GDP平减指数，以及生产者物价指数。

2.4.1 GDP平减指数

经济学家和政策制定者为了估计物价上升有多快，既要关注GDP平减指数，又要关注CPI，但这两者并不完全一致。GDP平减指数反映了国内生产的所有物品与劳务的价格，而CPI则反映了普通消费者购买的所有物品与劳务的价格。例如，本国制造的飞机是GDP的一部分，体现在GDP平减指数中，但不计入CPI；而进口消费品的价格体现在CPI中，但不计入GDP平减指数。CPI比较固定的一篮子物品与劳务的价格与基年这一篮子物品与劳务的价格，而GDP平减指数比较现期生产的所有物品与劳务的价格与基年同样物品与劳务的价格。因此，用来计算GDP平减指数的物品和劳务的组合会自动随时间而变化。

概括地讲，GDP平减指数与CPI的不同主要体现在两个方面。

第一，GDP 平减指数和 CPI 所涵盖的物品与劳务的内容是不同的。这种不同表现为：① GDP 平减指数要度量 GDP 包含的所有物品与劳务的价格变动，而 CPI 只度量消费中的一部分物品与劳务的价格变动；② GDP 平减指数涵盖的物品或劳务，如修建一条高速公路，其支出可能不属于 CPI 的度量范围；③ CPI 涵盖的物品或劳务，如进口化妆品，其支出也可能不属于 GDP 平减指数的度量范围。

第二，GDP 平减指数中的物品与劳务的数量是每年都会变的，因为每年构成 GDP 的物品种类、数量是不同的；而 CPI 定义的一个显著特征是，市场篮子中的物品与劳务的数量是固定不变的，虽然隔一段时间会进行重新调整，但在某一段特定时期内，物品与劳务的数量是固定的，因此各类支出的权重也是固定的。用公式可以表示为：

$$\text{CPI}_t = \frac{P_t \times W}{P \times W} \times 100 \tag{2.1}$$

$$\text{GDP 平减指数}_t = \frac{P_t \times W_t}{P \times W_t} \times 100 \tag{2.2}$$

其中 P_t 表示 t 期居民购买的生活消费品和服务的价格水平，W 表示居民生活消费品和服务的数量的固定权重，P 表示基期国内生产生活所需消费品和服务的价格水平，W_t 表示 t 期生产的居民生活消费品和服务的数量。

图 2.1 展示了我国 1988—2018 年分别以 GDP 平减指数和 CPI 计算的通货膨胀指数的变化趋势。

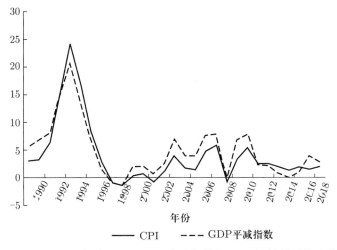

图 2.1　1988—2018 年我国以 GDP 平减指数和 CPI 计算的通货膨胀指数

1988—1990 年，我国以 GDP 平减指数和 CPI 计算的通货膨胀指数出现了严重的背离，根据 GDP 平减指数计算的通货膨胀率明显高于根据 CPI 计算的。这表明居民消费品的价格增速低于更大范围内统计的所有商品的价格增速，即非居民消费品的价格增长相对较快。1988 年，我国第一次尝试放开绝大多数商品的价格管制，转由市场进行调节，而事实也证明，保持适当的通货膨胀对于经济体而言是有利的。

1991—1999年，以GDP平减指数和CPI计算的通货膨胀率呈现同步变化。1992年，邓小平发表系列谈话，提出"改革开放胆子要大一些""看准了的，就大胆地试，大胆地闯"。1993年，以GDP平减指数和CPI计算的通货膨胀率均达到峰值。在此期间，中国经济高速发展，生产力快速提高，同时进行了货币增发。

2000年后，我国物价水平整体平稳，以GDP平减指数计算的通货膨胀率略高于以CPI计算的。由于1999年中国房地产市场尚未形成，以2008年金融危机为界，2000—2008年物价水平上升主要与居民投资上升、住房兴建相关。2008年以后物价水平变动主要与4万亿元的基础设施投资和房地产市场发展相关。

2.4.2 生产者物价指数

生产者物价指数(Producer Price Index，简称PPI)是一组指数，即生产的三个渐进过程中每一个阶段的价格指数，包括生产者购买的未经加工的原材料、中间产品，以及出售的最终产品的价格。其中，最有影响力的是生产成品PPI，它代表这些商品在批发零售前的最终状态。产品生产最终状态的价格常常由生产过程中的价格压力决定。剔除能源和食物后的PPI指数也被称为核心PPI。与CPI类似，人们往往借助核心PPI的变化判断刨除国际博弈和季节变化影响之后的物价真正走势。

CPI和PPI的区别主要表现在以下三个方面：第一，PPI是工业品生产者价格指数，主要反映上游生产端的价格变化，而CPI是居民消费者价格指数，主要反映下游消费环节的商品和服务价格的变化水平。第二，如果PPI的增幅大于CPI的增幅，则大致可以推测CPI还会进一步走高；当PPI的增幅小于CPI的增幅时，CPI的增速会趋于缓和。第三，PPI中的生活资料价格直接影响CPI的变化，而PPI中的生产资料价格的变化通过影响PPI中的生活资料的成本变化，间接影响CPI的变化。

PPI到CPI的传导机制也是我们关心的问题。如图2.2所示，PPI上涨往往伴随着CPI上涨，但当PPI下跌时，却很难看到CPI下降。PPI到CPI的传导机制是否顺畅，主要取决于上下游市场结构、国有企业比重，以及PPI和CPI本身的成分等。具体来说，有以下几个方面：

一是市场结构。市场结构通常可以分为买方市场和卖方市场。如果市场处于买方市场，产品提供商多，竞争充分，单一企业对市场价格没有主导权，生产成本就很难向下游产品传导。如果市场处于卖方市场，产品生产企业处于垄断或寡头垄断的地位，意味着这些企业对产品定价有主导权，比较容易将生产成本传导至下游产品。因此，我们看到PPI上涨时容易传导到CPI，但是PPI走低时，CPI不一定下降。

二是国有企业比重。除了市场垄断力量，国有企业的政策性负担在经济下行时也更有约束性，保就业、保增长等目标也会影响上游国有企业的价格行为。例如，2012—2015年，PPI出现了持续的负增长，CPI不但没有明显的回落，仍维持正增长，还出现过阶段性上升。再如2016年下半年以来，PPI迅速由负转正，大幅走高，但CPI走势

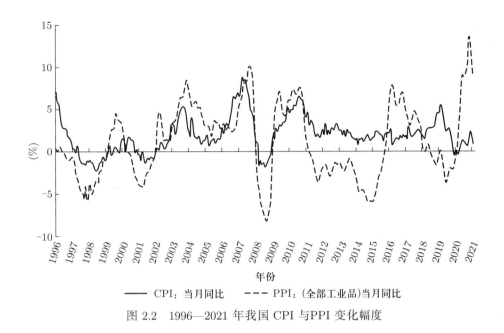

图 2.2 1996—2021 年我国 CPI 与 PPI 变化幅度

则相对温和。2017 年 2 月份还出现了 PPI 同比上涨 7.8%，CPI 同比回落至只有 0.8% 的情形。

三是商品构成。成分的不同也会导致影响 PPI 与 CPI 的因素有较大差异。CPI 构成中，服务品权重在持续上升，因此服务品价格对 CPI 的影响越来越明显。PPI 构成分成生产资料和生活资料两大类，其中生产资料权重为 73% 左右，而生活资料的权重在 27% 左右。因此 PPI 短期波动主要受生产资料价格的影响。如果某一段时间内 CPI 上涨主要是由服务品价格推动，这时即使 PPI 是下降的，CPI 也可能不下跌。如果生产资料价格向生活资料价格的传导或者生活资料价格向 CPI 的传导中任何一个环节出现问题，都可能影响 PPI 与 CPI 之间的传导，导致二者走势的偏离。

此外，企业利润率和 PPI 与 CPI 增速差额之间存在明显的正相关关系，PPI 增速的加快往往意味着利润增速的上升。

2.5 根据通货膨胀的影响校正经济变量

通货膨胀率可以帮助我们校正经济变量，从而比较不同年份的经济变量。例如，假设去年的工资是 10 万元，在通货膨胀率是 5% 的情形下，如果要保证真实工资不变，今年的工资应该是 10.5 万元。

2.5.1 是否要在银行存钱？

我们思考一个问题，假设今天你有 100 元钱，银行给你提供的一年期存款利率是

5%，在什么情况下你会选择把钱存入银行？当通货膨胀率是 10% 时，把钱存入银行，一年后取出 105 元，但是实际情况是这 105 元的购买力小于当年的 100 元。如果当年 1 斤大米的价格是 100 元，一年后的价格就是 110 元。你在当年可以买 1 斤大米，但一年后就只能买 0.95 斤了。因此这里我们需要引入实际利率和名义利率的概念。实际利率和名义利率的关系是：

$$实际利率 = 名义利率 - 通货膨胀率 \qquad (2.3)$$

当实际利率 > 0 时，人们往往选择将钱存入银行。

2.5.2 通货紧缩

经济发展需要一定程度的通货膨胀刺激。在温和的通货膨胀下，市场上货币越多，贷款利率越低，民众更愿意贷款消费，企业也更愿意融资以扩大生产、为工人加薪，从而使社会福利提升，经济持续健康发展。

而通货紧缩则意味着经济体中流动的现金减少，总体利率水平上升，借贷成本上升，人们不愿意贷款消费，企业难以融资，产品滞销，利润减少，产业升级受阻，企业裁员并缩减规模，失业率高企。同时，政府有时还难以实施有效的货币政策以阻挡这一局势的恶化。由于名义利率的下限为 0，当央行基准利率到达 0 点时，如果实际利率依然过高，就会产生"流动性陷阱"，通货紧缩最终会演变成恶性循环。

历史上，国际油价带来的外部冲击和国内泡沫经济的破灭使日本陷入了长达 20 年的经济萧条和通货紧缩。安倍晋三提高消费税带来的内部冲击进一步严重打击了日本经济。这期间，日本强大且持续不退的通货紧缩力量，来自信贷需求不足、低收入增长预期、不利于经济增长的人口结构以及家庭对高通货膨胀的担忧。

2.6 文献导读

2.6.1 指数研究与实践的进展

指数是国际统计学界和经济学界一个非常活跃的研究领域，近年来指数理论研究和编制实践取得了很大的进展。徐强 (2017) 首先介绍了国际上指数研究的情况，总结了指数领域国际统计标准的进展。其次，从指数构建方法、基本价格指数计算方法、链式指数、最佳指数、Hedonic 质量调整方法、大数据应用于价格指数的编制等方面分析了国际上指数理论与实践的动向。指数理论与实践还面临巨大的挑战，包括价格指数编制中的质量调整和大数据应用、房地产价格指数编制与 CPI 中自有住房的处理、季节性产品的处理、服务价格指数的编制等。该论文认为，近些年虽然中国的指数编制实践取得了很大的进步，但与国际先进水平仍然存在较大的差距，应积极借鉴国外的先进做法，期待有更多的中国学者参与到国际前沿的指数研究中来。

参考文献: 徐强. 国际视野下指数研究与实践的进展、动向与挑战 [J]. 统计研究, 2017, 34(02): 110-128。

2.6.2 经济合作与发展组织 (OECD) 国家的 CPI 编制

CPI 是官方统计和宏观经济分析中的重要指标, 但各国 CPI 的基础概念和具体编制方法存在差别。徐强 (2013) 从测度目标与理论框架、范围、消费品和服务分类、支出权数来源与更新频率、价格数据调查方法、质量变化调整方法、指数计算方法、自有住房和季节性产品的处理方法、季节调整等多个方面对 OECD 国家 CPI 的编制方法进行了系统比较, 并总结了可供中国借鉴的经验, 包括消费品和服务的分类应转向 COICOP (按目的划分的个人消费分类) 体系, 价格数据调查方法应更加科学化, 加快权数更新的频率, 系统引入各种质量调整方法, 发布季节调整的 CPI 数据。

参考文献: 徐强. OECD 国家 CPI 编制的国际比较及借鉴 [J]. 统计研究, 2013, 30(06): 95-103。

2.6.3 CPI 与 PPI "背离" 的结构性解释

2000 年以来中国的两大物价指数 CPI、PPI 出现了多次 "背离" 式增长。尤其是 2011—2013 年, CPI 持续上涨而 PPI 连续下跌, 这使得中央银行运用货币政策稳定物价水平的能力受到了极大限制。吕捷等 (2015) 通过构建三部门动态随机一般均衡模型 (Three-sector DSGE), 探讨了 CPI 与 PPI "背离" 的结构性原因。研究发现, 央行采用的宽松货币政策一方面导致劳动力不断从基础农业部门流向加工服务部门, 推动了加工服务部门的扩张和基础农业部门的收缩; 另一方面使得 CPI 不断上涨而 PPI 在经历一个短期的上升以后开始不断下降, 从而出现了 CPI 与 PPI 的阶段性 "背离"。该论文不仅较好地解释了 CPI 和 PPI "背离" 的结构性原因, 同时也为央行制定更为有效的货币政策提供了一个新的视角。

参考文献: 吕捷, 王高望.CPI 与 PPI "背离" 的结构性解释 [J]. 经济研究, 2015, 50(04). 136-149。

2.6.4 消费物价指数中的测量偏差: 评价

CPI 指数有可能会高估通货膨胀, Shapiro et al. (1996) 为验证该说法, 开展了有关 CPI 偏差的细致研究, 对美国官方 CPI 数据高估通货膨胀的水平给出了一个估计范围。估计的结果多集中于每年高估 1%, 且每年高估的偏差小于 0.6%、大于 1.5% 的概率均为 10%。该论文还在医疗保健价格方面进行了具体分析, 构建了一个关于典型的白内障手术的价格指数, 发现该指数的增长要比用 CPI 方法构建的价格指数的增长慢得多, 说明 CPI 可能夸大了医疗服务的价格上涨幅度。

参考文献: Shapiro M D, Wilcox D W. Mismeasurement in the consumer price index: An evaluation[J]. NBER Macroeconomics Annual, 1996, 11: 93-142。

2.6.5 消费物价指数偏差的来源及解决方法

使用固定不变的一篮子商品来度量生活成本的方法可以追溯到 19 世纪早期的英国。这一方法由于忽视了商品的替代关系、新商品的引进、商品的质量等因素对生活成本的估计而存在偏差。经济学家对上述问题提出了基于效用函数的解决方案，这一方法同时依赖于价格数据和数量数据。然而，美国劳工统计局提供的仅仅是月度的价格数据。Hausman (2003) 认为，根据劳工统计局的统计方法计算得到的 CPI 对于衡量生活成本仍有很大偏误，完全可以用更精确的指数作为替代。同时，随着条形码扫描在美国逐渐普及，价格数据和数量数据都变得更加易得，为使用更加准确的价格指数提供了基础。因此，该论文建议美国劳工统计局借助新的技术来收集价格数据和数量数据。

参考文献: Hausman J. Sources of bias and solutions to bias in the consumer price index[J]. The Journal of Economic Perspectives, 2003, 17(1): 23-44。

练习

1. 下列有关 CPI 和 GDP 平减指数的说法，不正确的是:
   (a) GDP 平减指数比较现期生产的所有物品与劳务的价格与基年同样物品与劳务的价格。
   (b) GDP 平减指数反映了国内生产的所有物品与劳务的价格，而 CPI 反映普通消费者购买的所有物品与劳务的价格。
   (c) 当出现商品的非自愿替代时，CPI 往往会高估生活费用。
   (d) GDP 平减指数的缺点在于没有考虑进口商品价格变动对物价水平的影响。
2. 判断以下论述是否正确，并简述原因。
   (a) 2021 年 2 月，我国的 CPI 指数同比下降 0.2%，环比上涨 0.6%(以月度为统计周期)，这意味着我国 2021 年 2 月的居民消费物价指数比 2021 年 1 月下降了 0.2%，比 2020 年 2 月上涨了 0.6%。
   (b) 假设其他条件不变，政府购买专用飞机时面临的价格变高了。GDP 平减指数可以反映这一物价变化，但 CPI 不可以。
   (c) 当一种商品价格上升时，CPI 会高估居民的生活费用。
   (d) CPI 和 GDP 平减指数完全一致。
3. CPI 是对普通消费者生活成本的度量指标。计算方法为每一类支出的价格乘以该类支出占市场篮子价值的比重，然后对所有支出类别进行加总。实际情况发现, 如果 CPI 的组成部分存在不同, 用来衡量通货膨胀时就会有显著区别。假设中国进行了一篮子商品构成的调整。之前的一篮子商品的构成如下: 住房 10%, 食物 40%, 医疗 30%, 其他 20%。新的市场篮子构成为: 住房 30%, 食物 30%, 医疗 30%, 其他 10%。请参考下表提供的价格信息。

(单位: 元)

	2019 年	2020 年
住房	100	300
食物	200	200
医疗	150	200
其他	100	150

(a) 假定 2019 年为基年, 分别计算调整前和调整后 2020 年的 CPI。
(b) 比较调整前后的 CPI 并分析存在差异的原因。
(c) 评价 CPI、GDP 平减指数作为价格指标的优劣。

4. 假设经济体中只有以下四种产品, 如下表所示:

年份	商品	价格 (元)	数量 (个)
2011	土豆	1.5	100
	牛奶	2.5	20
	手机	100	5
	工业飞行器	500	2
2012	土豆	2	120
	牛奶	3	25
	手机	125	8
	工业飞行器	300	1

(a) 计算 2011 年和 2012 年的名义 GDP, 并计算名义 GDP 的增长率。
(b) 以 2011 年为基年, 计算 2011 年和 2012 年的真实 GDP, 并计算真实 GDP 的增长率。
(c) 计算 2011 年和 2012 年的 GDP 平减指数。
(d) 用 GDP 平减指数计算 2012 年的物价比 2011 年上涨的百分比。
(e) 如果在该经济体中, 计算 CPI 的一篮子物品被定义为土豆、牛奶和手机, 且权重固定为 2011 年的生产数量。以 2011 年为基年, 计算 2011 年和 2012 年的 CPI。
(f) 计算 2012 年的通货膨胀率。
(g) 请比较用两种方法 (GDP 平减指数与 CPI) 计算的通货膨胀率, 并分析产生差异的原因。

5. 考虑某个只有五种产品的经济体，下表是该经济体 2019 年和 2020 年的数据。

		衣服	面包	汽车	住房	首饰
2019 年	价格 (元)	5	1	200	500	800
	数量 (个)	200	1000	100	50	20
2020 年	价格 (元)	6	2	250	1000	200
	数量 (个)	150	1000	150	60	30

(a) 计算 2019 年和 2020 年的名义 GDP。

(b) 以 2019 年为基年，计算 2019 年和 2020 年的真实 GDP，以及 2020 年名义 GDP 和真实 GDP 的增长率。

(c) 计算 2019 年和 2020 年的 GDP 平减指数，以及用 GDP 平减指数衡量的通货膨胀率。

(d) 假设计算 CPI 的一篮子商品包含衣服、面包、汽车和住房，且权重固定为 2019 年的数量。以 2019 年为基年，计算 2019 年和 2020 年的 CPI，以及用 CPI 衡量的通货膨胀率。

6. 面对通货膨胀，谁是赢家？谁是输家？请给出两个例子，并简单论述。

7. 阅读中国人民银行原行长周小川的文章《拓展通货膨胀的概念与度量》，谈一谈你对住房价格纳入 CPI 计算的看法。

3 生产与增长

印度政府是否可能采取一些措施使得印度的经济像印度尼西亚或埃及那样增长？如果可以，那么是些什么措施？如果不可以，那么导致这一现象的"印度特色"又是什么呢？这些问题中包含的人类福祉后果是令人震惊的：一个人一旦开始思考这些问题，他就很难再去思考其他问题。

——罗伯特·卢卡斯（Robert Lucas）

导言

经济增长自古就是经济学家们津津乐道的议题之一。人类生存和发展的基础就是物质财富的积累和增加。对于一个国家而言，民富国强与经济增长息息相关，而一个持续稳定增长的经济能给该经济体的居民提供更多的福祉。改革开放以来，中国经历了剧烈的社会和经济变迁，这种变迁也伴随着经济的快速增长。研究经济增长对于理解中国经济过去的发展沿革以及如何促进中国经济高质量发展都具有举足轻重的意义。

内容提要

在本章中我们需要了解以下内容：
- 关于经济增长的重要事实
- 新古典增长理论与索洛模型
- 内生增长理论与 AK 模型
- 储蓄率的黄金准则

3.1 增长的数据与事实

表 3.1 展示了全球部分经济体的经济增长水平。其中人均 GDP 是一个经济体的 GDP 总量除以人口总量，可以用来衡量一国居民的福利情况。2018 年，美国的人均 GDP 为 5.45 万美元，约合 44.4 万元人民币，而北京市 2018 年的平均工资大约只有这个数字的 1/4。尽管中国的 GDP 总量正在快速接近美国，但中国的人均 GDP 还不足美国的 15%。我们还可以看出，全球各个经济体之间的人均 GDP 有着巨大的差异，发达国家的人均 GDP 都达到了 2 万美元以上，而很多发展中国家的人均 GDP 还不足 1 000 美元。中非的人均收入甚至不足新加坡的 1%。

表 3.1　2018 年各经济体经济增长数据

		人均 GDP (美元)	劳动人均 GDP (美元)	劳动参与率 (%)	1960—2018 年的年平均增长率 (%)	翻倍 (年)
发达国家	美国	54 542	75 438	0.72	1.97	35
	日本	48 920	62 798	0.78	3.04	23
	法国	43 364	60 479	0.72	2.09	33
	英国	42 986	55 466	0.78	1.97	35
	西班牙	33 146	44 853	0.74	2.63	27
发展中国家和地区	中国内地	7 755	10 177	0.76	6.58	11
	印度	2 104	3 882	0.54	3.24	22
	尼日利亚	2 396	4 341	0.55	0.97	72
	乍得	813	1139	0.71	0.27	259
"增长的奇迹"	中国香港地区	38 785	53 793	0.72	4.30	16
	新加坡	58 238	76 528	0.76	4.97	14
	韩国	26 762	38 673	0.69	5.84	12
"增长的悲剧"	中非	385	529	0.73	-0.76	
	海地	730	1 063	0.69	-0.57	
	马达加斯加	433	494	0.88	-0.87	
	尼日尔	399	498	0.80	-0.74	

资料来源: 2018 年国际货币基金组织 (IMF) 统计数据,以 2011 年为基期计算不变价,其中年平均增长率为 1960—2018 年每年增长率的平均值。

表 3.1 给出了劳动力相关的数据。其中劳动力人均 GDP 即 GDP 总量除以劳动力总量; 劳动参与率即劳动力总量与全国人口总量的比值, 是一个生产率指标。值得注意的是, 如果比较中非和尼日尔的数据, 我们会发现 2008 年尼日尔的人均 GDP 比中非高, 但劳动力人均 GDP 却落后于中非, 这是因为尼日尔的劳动参与率要高于中非。

表中还给出了 1960—2018 年人均 GDP 的年平均增长率。我们可以看到, 不同国家间的年平均增长率也存在巨大的差异, 其中, 中国内地以 6.58 % 的增速遥遥领先, 美国同期的年平均增长率只有 1.97 %, 而马达加斯加的年平均增长率是 -0.87%。

表中最后一列展示了人均 GDP 如果按照平均增速增长, 实现翻倍所需的时间。从中我们可以看出, 美国经济如果按照当前速度增长, 人均 GDP 翻倍需要大约 35 年, 而中国内地仅仅需要 11 年。

从表 3.1 中我们可以得到如下经济事实。

事实一: 不同国家间的人均收入存在巨大差异。

美国、日本、英国等发达国家的人均 GDP 已经超过了 4 万美元, 而部分落后国家的人均 GDP 尚未达到 1 000 美元。

事实二: 不同国家间的经济增长率存在巨大差异。

年平均增长率的数据清晰地反映了这一事实。这里我们简要地介绍 70 准则。70 准则由罗伯特·卢卡斯 (Robert Lucas) 于 1988 年在其《论经济发展的机制》(On the Mechanics of Economic Development) 一文中提出,是一种在已知预期增长率的情况下快速计算 GDP 翻倍所需年限的算法。其核心观点是,如果一个国家人均 GDP 的年增长率为 g,那么该国人均 GDP 翻倍的时间应为 $70/(g \times 100)$ 年。

下面我们来对 70 准则加以证明。假设一国 GDP 的初始值为 1,年增长率为 g。若按照同样的增速经过 n 年之后其 GDP 能够翻倍,则有:

$$(1+g)^n = 2$$

等号两边取对数后可得:

$$n = \frac{\ln 2}{\ln(1+g)}$$

从图 3.1 我们可以观察到,当 $g \to 0$ 时,$\ln(1+g)$ 的值与 g 十分接近,因此这里我们可以用 g 来近似 $\ln(1+g)$。由于 $\ln 2 \approx 0.7$,因此有:

$$n \approx \frac{0.7}{g} = \frac{70}{g \times 100}$$

以中国为例,应用 70 准则可得:

$$n \approx \frac{70}{6.58} = 10.64$$

即 10.64 年,与表 3.1 中给出的数字十分接近。

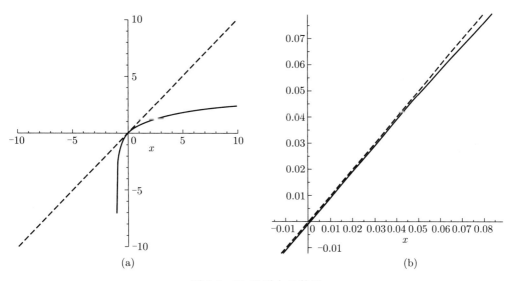

图 3.1　70 准则中的数学

事实三： 经济增长率并非恒定不变的。

如图 3.2 所示，如果将世界看作一个整体，在历史上的大多数时期世界经济的增长率都接近 0，但是在 20 世纪，世界经济的增长却非常迅速。对于单个国家而言，增长率也会随时间而发生变化。公元 1200 年至公元 1500 年长达 300 年的时间跨度里，整个世界的经济几乎没有增长，直到 1700 年以后我们才在一些国家（如英国）看到明显的增长。进入 20 世纪以来，经济增长在全球范围内开始变得非常迅速。

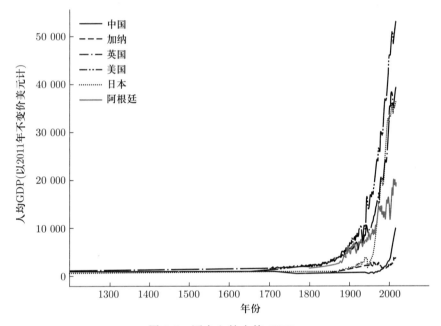

图 3.2　历史上的人均 GDP

资料来源：Maddison Project Database, version 2018.

事实四： 一个国家在世界人均收入分配中的相对地位并非恒定不变的。

各个国家的经济发展极不平衡，各国 GDP 占全球 GDP 份额的变化很大。公元元年前后，中国、印度、欧洲，以及古希腊、古埃及等地是世界经济发展的重心，其中中国和印度的 GDP 累计占全球 GDP 的 70%。20 世纪初，欧洲仍是世界经济的重心之一，而与此同时，美国经济实现飞速发展，并在 20 世纪上半叶反超许多老牌资本主义国家，一跃成为全球最大的经济体。而在 21 世纪的今天，中国经济再次崛起，亚洲也正在成长为世界经济发展的"火车头"。

还有一种分析思路是比较不同国家的 GDP 水平和经济增速。如果我们以美国的人均 GDP 作为标准，观察其他国家相对于美国的 GDP 变化，从图 3.3 中我们可以看到，欧盟和日本一直紧跟在美国之后，在 2000 年后它们的增速几乎一致。中国和印度的经济增速在图中呈现为持续上升的曲线，也就是说中国和印度在增速上一直快于美国，其中中国的增长速度比印度更快一些。俄罗斯在 1991—2000 年经济增长落后，但是 2000 年之后增速很快。而撒哈拉以南的非洲地区相对美国经济落后严重,经济增长缓慢。

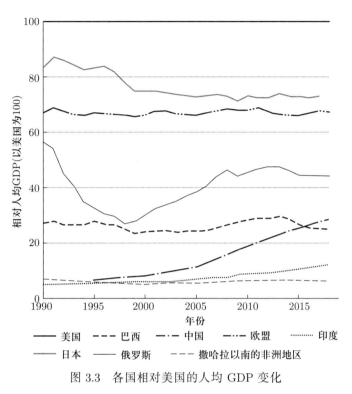

图 3.3　各国相对美国的人均 GDP 变化

以上四点是在世界范围内描述增长的特点。接下来,以美国为研究对象,可以发现增长的其他特征。这一组典型事实来自经济学家尼古拉斯·卡尔多(Nicholas Kaldor)在 1958 年的演讲,这组事实也被称为"卡尔多事实"(Kaldor's Facts)。

事实五: 资本的实际回报率并没有显示出上升或者下降的趋势。

事实六: 资本对收入的贡献和劳动对收入的贡献没有明显变化的趋势。根据相关文献计算,劳动的贡献相对恒定,比率约为 0.7。

事实七: 人均产出的平均增长率从长期来看为正,并且几乎不随时间而变化。

事实八: 产出的增长和国际贸易量的增长密切相关。

事实九: 熟练工人和不熟练工人都倾向于从穷国移民到富国。

近年来,事实六受到了一定的挑战。从图 3.4 中我们可以看到两组数据,反映的是美国资本和劳动力两种要素份额随时间的变化。如图 3.4 所示,1950—2000 年,资本份额和劳动力份额一直处于很稳定的状态,但 2000 年之后劳动力份额出现了明显的下降,对应的资本份额开始上升,达到了 40% 左右。图中两组数据存在一定偏差,虚线的劳动力份额偏低,这是因为作者剔除了自我雇佣的情况。

我们不禁要问,2000 年前后劳动力份额开始下降的原因是什么呢?一个重要的原

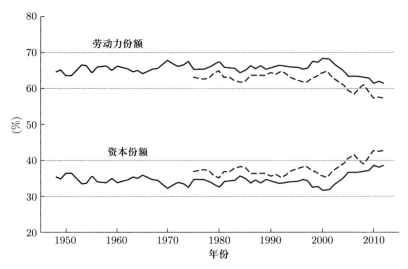

图 3.4　美国历年来资本和劳动力份额

资料来源: 实线是来自美国劳工统计局的数据, 虚线的数据出自 Karabarbounis et al (2014).

因是, 随着科技的进步, 机器变得越来越便宜且性能越来越好, 但是人们的劳动效率并没有明显提升, 甚至出现了下降, 因此资本开始逐渐替代劳动, 在生产过程中起到愈加重要的作用。

图 3.5 展示了近 150 年来美国人均 GDP 的变化。图中一个明显的特征是, 尽管在 1930—1950 年, 美国的人均 GDP 曾出现过一定幅度的波动, 但整体上一直以大约 2% 的速度稳定增长, 从 1870 年的约 3 000 美元增长到了 2014 年的约 5 万美元, 增长了近 16 倍。这里需要注意的是, 图中的纵轴是对数标度。该曲线近似一条直线, 就意

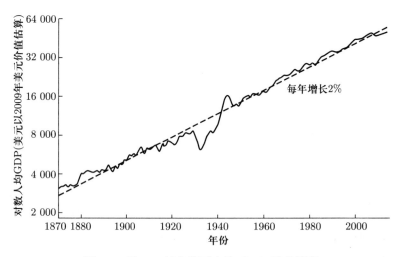

图 3.5　近 150 年来美国人均 GDP 增长情况

味着美国的人均 GDP 增长率是一个稳定的常数,美国这种可持续的增长是指数级的增长。

我们在这一部分中分析了大量有关经济增长的数据和事实,在后面的章节中,我们将要从数据和事实逐渐过渡到理论研究中,通过模型和数理方法对经济增长现象做出更客观的解释。

3.2 新古典增长理论与索洛模型

如果我们理解了经济增长的过程 —— 或任何其他事物的过程 —— 我们就可以在这些只有纸笔 (当然也装备了计算机) 的实验室里通过创建相关模型来展观这一知识。如果我们知道了什么是经济奇迹,我们就应该能创造出经济奇迹。

—— 罗伯特·卢卡斯

3.2.1 柯布–道格拉斯生产函数

人们一般认为,生产活动主要依赖于四种生产要素的投入 —— 物质资本、人力资本、自然资源和技术进步。在索洛模型中,我们可以把这四种生产要素进一步抽象整合为劳动 (L)、资本 (K) 和技术 (A) 三部分,这三者共同作用决定了最终的产出 (Y)。具体而言,劳动是指劳动者进行体力、脑力劳动的总时间,对应前面提到的人力资本;资本是指厂房、生产机器、土地等用于生产的基本要素,对应物质资本和自然资源;技术指的则是生产技术、管理水平、专业知识等,包括之前提到的技术进步和人力资本中知识的部分。

下面我们给出索洛模型中的关键方程之一 —— **柯布–道格拉斯生产函数** (又称 C–D 生产函数):

$$Y = AF(K, L) = AK^\alpha L^{1-\alpha} \tag{3.1}$$

其中,$0 < \alpha < 1$。

在本阶段的学习中,我们暂时假定技术水平 A 是一个给定的常数 (不妨设为 1),在第 3.4 节中我们将重新考虑技术水平对生产的影响。值得注意的是,这里给出的生产函数被称为希克斯中性技术进步下的生产函数,我们将在第 3.4 节中详细说明这个名词的含义。

在进行经济分析之前,我们先来讨论一下这个函数的性质。柯布–道格拉斯生产函数一个最重要的性质是**规模报酬不变**,其数学表现形式为:

$$F(\lambda K, \lambda L) = \lambda F(K, L) \tag{3.2}$$

它的经济学含义是如果所有的投入品都等比例增加,那么产出也将按相同比例增加。

对于柯布-道格拉斯生产函数，我们有：

$$F(\lambda K, \lambda L) = (\lambda K)^\alpha (\lambda L)^{1-\alpha} = \lambda^\alpha K^\alpha \lambda^{1-\alpha} L^{1-\alpha} = \lambda F(K, L) \tag{3.3}$$

因此柯布-道格拉斯生产函数具有规模报酬不变性。

思考题 如果要构建一个规模报酬递减 (产出增加的比例低于资本和劳动投入增加的比例) 的生产函数，需要怎么做？

如果要构建一个规模报酬递增 (产出增加的比例高于资本和劳动投入增加的比例) 的生产函数，需要怎么做？

假设经济中的企业为每一单位的劳动支付给工人的工资为 w，在一段时间内为租用一个单位的资本付出的代价为 r。进一步，我们假设这是一个完全竞争市场，即在经济体中有大量生产同质化产品的企业。那么，追求利润最大化的厂商的目标可用式 (3.4) 表示：

$$\max_{K,L} F(K, L) - rK - wL \tag{3.4}$$

根据这个问题的一阶条件，企业将增加工人的雇佣数量，直到劳动的边际产出等于工资；企业将租用更多的资本，直到资本的边际产出等于租金价格：

$$w = \frac{\partial F}{\partial L} = (1-\alpha)\frac{Y}{L} \tag{3.5}$$

$$r = \frac{\partial F}{\partial K} = \alpha \frac{Y}{K} \tag{3.6}$$

这里我们注意到 $wL + rK = Y$，即用于生产要素的全部支出等于生产出的全部产品的价值，因此企业没有获得经济利润。与此同时，产出中支付给劳动的部分是 $wL/Y = 1 - \alpha$，支付给资本的部分是 $rK/Y = \alpha$，一般情况下我们认为这些比例是相对稳定的，即 α 是固定值。

再进一步，相比于总的 GDP，我们更关心劳动力的人均产出，即人均 GDP (设为 y)。所以，我们将生产函数的形式做如下变化：

$$y \equiv \frac{Y}{L} = k^\alpha \tag{3.7}$$

其中，$k = K/L$，表示人均资本量。容易看到：

$$y' = \alpha k^{\alpha - 1} > 0 \tag{3.8}$$

$$y'' = \alpha(\alpha - 1)k^{\alpha - 2} < 0 \tag{3.9}$$

该函数的一阶导数性质告诉我们，人均资本越高，人均产出就越多。二阶导数性质告诉我们，人均资本存在规模报酬递减的问题，即我们给每个劳动力增加额外一单位的资本,该劳动力所增加的产出越来越少。人均产出关于人均资本的变化趋势如 3.6 所示。

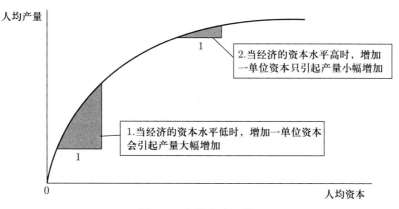

图 3.6 人均产出函数

通过上述讨论,我们可以将柯布-道格拉斯函数的性质归纳如下:

(1) 规模报酬不变。产量增加的比例等于各种生产要素增加的比例,比如,厂商的要素投入增加一倍,产量也相应增加一倍。

(2) 边际产出大于零。当其他生产要素的投入不变时,一种生产要素的投入越多,产量越高。

(3) 边际产出递减。在其他条件不变的情况下,如果一种要素的投入连续等量地增加,增加到一定程度后,产品的增量就会下降。

(4) 人均产出取决于全要素生产率和人均资本。

(5) 在柯布-道格拉斯函数 $Y = AK^\alpha L^\beta$ 中,α 可以用来衡量收入中资本的份额,β 可以用来衡量收入中劳动的份额。

3.2.2 基本的索洛模型

索洛模型中的另一个关键方程是**资本积累方程**。在介绍这一方程之前,我们首先考察经济体中的资本存量是如何变化的。

回顾我们之前学过的 GDP 核算的相关知识,假设在一个没有政府的封闭经济体中,即 $G = 0, \text{NX} = 0$,我们能够得到:

$$Y = C + I \tag{3.10}$$

Y 除了可以表示产出,也可以表示一国的总收入。对于每个家庭来说,家庭收入或者被用于消费 (C),或者被用于储蓄 (S),不会存在第三种可能。这一观点用数学语言可以表示为:

$$Y = C + S \tag{3.11}$$

两式相减得到:
$$I = S \tag{3.12}$$

因此在这样一个简化的经济体中,一国的总投资等于一国的总储蓄。

尽管对于一个真实的家庭来说,如何决定消费和储蓄的比例是一个复杂的问题。但为了简化问题,我们假设每个家庭的储蓄占其收入的比例是一个固定值 s,即**储蓄率**。根据我们的假设,整个经济体中的总储蓄(总投资)是 sY,总消费是 $(1-s)Y$。

接下来,我们引入索洛模型中第二个关键方程,即资本积累方程:
$$\dot{K} = sY - \delta K \tag{3.13}$$

我们用变量上方的"点号"来表示对时间的导数。在离散时间的情况下 $\dot{K} = K_t - K_{t-1}$;在连续时间下 $\dot{K} = \dfrac{\mathrm{d}K}{\mathrm{d}t}$。前者便于理解经济含义,后者为模型推导提供方便。当单位时间 t 为一年时,$K_t - K_{t-1}$ 表示一年资本存量的变化,这是离散时间下的 $\dot{K}$ 值;$\dfrac{\mathrm{d}K}{\mathrm{d}t}$ 表示瞬时的变化,是连续时间下的 $\dot{K}$ 值。当 t 这个时间单位越来越小,$K_t - K_{t-1}$ 所代表的每一个时间单位的变化就越接近瞬时变化 $\dot{K}$。用数学语言表达为:
$$\lim_{\Delta t \to 0} \frac{K_t - K_{t-\Delta t}}{\Delta t} = \frac{\mathrm{d}K}{\mathrm{d}t} \tag{3.14}$$

资本积累方程中的 δ 代表**折旧率**,即机器等资本品在使用过程中产生的固定比例的损耗。

式 (3.13) 的经济学含义是,资本存量的变化 $\dot{K}$ 等于总投资 sY 减去生产过程中产生的折旧 δK。

为了研究这个经济中人均产出的演变,我们需要把资本积累方程改写成人均资本的形式。在此之前,我们首先需要了解一个常用的数学技巧,即**取对数求导**。

某个函数 $f(x)$ 对 x 的导数反映了当 x 变化了一个非常微小的量时,$f(\cdot)$ 变化量的多少。在对经济增长的讨论中,最常使用的是对时间的导数。比如资本存量 K 对时间 t 的函数中,资本存量是如何随着时间变化的,这其实就是一个关于导数 $\dfrac{\mathrm{d}K}{\mathrm{d}t}$ 的问题。我们定义 $\dot{K} = \dfrac{\mathrm{d}K}{\mathrm{d}t}$。如果资本存量随着时间增长,那么 $\dot{K} > 0$。$\dot{K} = 5$ 的意思是,时间每过去 1 个单位,资本存量增加 5 个单位。

增长率是经济学中常用的一个概念,其含义是变化的百分比。对于离散时间变量,增长率的定义如下:
$$\frac{K_t - K_{t-1}}{K_{t-1}} \tag{3.15}$$

在连续时间的情形下,我们将增长率定义为导数 $\mathrm{d}K/\mathrm{d}t$ 除以它的初始值 K,即:
$$\frac{\mathrm{d}K}{\mathrm{d}t} \times \frac{1}{K} = \frac{\dot{K}}{K} \tag{3.16}$$

在介绍"取对数求导"的增长率计算方法之前,我们先复习一些基础的数学知识:
(1) 两个变量积的对数等于两个变量各自对数之和:

$$\ln xy = \ln x + \ln y$$

(2) 两个变量商的对数等于两个变量各自对数之差:

$$\ln \frac{x}{y} = \ln x - \ln y$$

(3) x 的 a 次幂的自然对数等于 x 的自然对数乘 a:

$$\ln x^a = a \ln x$$

(4) x 的自然对数的导数等于 x 的倒数:

$$\frac{\mathrm{d} \ln x}{\mathrm{d} x} = \frac{1}{x}$$

(5) 如果 $y(t) = \ln x(t)$,那么:

$$\frac{\mathrm{d} y}{\mathrm{d} t} = \frac{\mathrm{d} y}{\mathrm{d} x} \times \frac{\mathrm{d} x}{\mathrm{d} t} = \frac{1}{x} \times \dot{x} = \frac{\dot{x}}{x}$$

从性质 (5) 我们可以看出,某个变量的对数对时间的导数就是该变量的增长率,这就是"取对数求导"快速计算增长率方法的原理。

$$\frac{\mathrm{d} \ln K}{\mathrm{d} t} = \frac{\dot{K}}{K}$$

我们以生产函数为例介绍这一方法的使用。假设生产函数为简单的柯布–道格拉斯函数:

$$Y = K^\alpha L^{1-\alpha} \tag{3.17}$$

在这个函数下,产出的增长率是资本增长率和劳动增长率的加权平均数。对生产函数两边取对数,那么有:

$$\ln Y = \alpha \ln K + (1 - \alpha) \ln L \tag{3.18}$$

等式两边对时间 t 求导:

$$\frac{\dot{Y}}{Y} = \alpha \frac{\dot{K}}{K} + (1 - \alpha) \frac{\dot{L}}{L} \tag{3.19}$$

同理,

$$k = \frac{K}{L} \Rightarrow \frac{\dot{k}}{k} = \frac{\dot{K}}{K} - \frac{\dot{L}}{L} \tag{3.20}$$

$$y = k^\alpha \Rightarrow \frac{\dot{y}}{y} = \alpha \frac{\dot{k}}{k} \tag{3.21}$$

我们要把资本积累方程改写成人均资本积累方程的形式, 还需要一个重要的假设, 即劳动参与率是一个常数且等于 1(即劳动力数量等于总人口数), 并且人口增长率是由给定的参数 n 给出

$$\frac{\dot{L}}{L} = n \Rightarrow L(t) = L(0)e^{nt} \tag{3.22}$$

资本积累方程具有如下形式:

$$\dot{K} = sY - \delta K \tag{3.23}$$

由式 (3.20) 和式 (3.23) 可得

$$\frac{\dot{k}}{k} = \frac{\dot{K}}{K} - \frac{\dot{L}}{L} \Rightarrow \frac{\dot{K}}{K} = \frac{\dot{k}}{k} + \frac{\dot{L}}{L}$$

$$\dot{K} = sY - \delta K \Rightarrow \frac{\dot{K}}{K} = s\frac{Y}{K} - \delta$$

$$\frac{\dot{k}}{k} + n = s\frac{y}{k} - \delta$$

因此, 我们有**人均资本积累方程**:

$$\dot{k} = sy - (n+\delta)k \tag{3.24}$$

通过式 (3.24) 我们可以看出, 每一期人均资本的变化取决于三个因素: ① 人均投资 (sy), 如果人均投资增加, $\dot{k}$ 增加; ② 折旧率 (δ), 如果折旧率增大, $\dot{k}$ 减少; ③ 人口增长率 (n), 如果人口增长率 (n) 增加, $\dot{k}$ 减少。

3.2.3 对基本索洛模型的求解

什么叫作求解模型? 一个模型往往由一组刻画内生变量之间关系的方程所构成。例如, 生产函数刻画了产出如何由资本和劳动投入所决定, 资本积累函数刻画了资本如何受到投资和折旧的双重影响。在刻画内生变量的方程里也包含参数和外生变量。参数是代表单个数字的项, 比如劳动和资本在生产中的份额。外生变量可以随时间变化, 但是其值由模型以外的因素决定, 如储蓄率、技术水平等。求解模型指的是, 当给定参数和外生变量时, 求出每一个内生变量的值。

下面我们来求解基本的索洛模型。在此我们进行简化, 假设该模型中没有人口增长, 即 $n=0$。我们写出索洛模型的两个关键方程:

$$y = k^\alpha \tag{3.25}$$

$$\dot{k} = sy - \delta k \tag{3.26}$$

图 3.7 中的消费曲线表示人均消费, 该曲线与以实线表示的生产曲线形状一致, 但是按比例 (储蓄率) 缩小了。资本折旧线为一条直线, 表示对于任意水平的人均资

本,折旧都是10%。人均投资大于人均资本折旧,意味着人均资本增长;人均投资小于人均资本折旧,意味着人均资本下降。若人均投资等于人均资本折旧,两者抵消,人均资本水平不再发生变化。

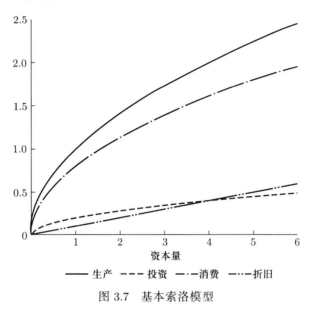

图 3.7 基本索洛模型

3.2.4 索洛模型的解析解

根据定义和图 3.7,我们知道稳态下的人均资本是由条件 $\dot{k}=0$ 决定的。我们可以运用式 (3.25) 和式 (3.26) 直接求出 k^*:

$$\dot{k} = sk^\alpha - \delta k = 0 \tag{3.27}$$

$$k^* = \left(\frac{s}{\delta}\right)^{\frac{1}{1-\alpha}} \tag{3.28}$$

我们现在解出了该模型的稳态解,但并没有求解该模型的非稳态解。这是因为我们有 k、$\dot{k}$、y 三个未知数,但只有两个方程。

3.2.5 比较静态分析

比较静态分析是经济学研究中常用的分析范式。比较静态分析用于考察模型对不同参数值变化的反应。接下来,我们在只有投资和折旧的基本索洛模型中进行比较静态分析。

假设该经济体已经达到劳动力人均产出的稳态,现在令该经济体中消费者的储蓄率永久性提高。如图 3.8 所示,储蓄率的增加使得 sy 曲线上移为 $s'y$ 曲线。在原来的均衡资本存量 k^* 下,人均资本投资超过了人均资本折旧,人均资本将增加,直到达到新的稳态。在新的稳态下，人均资本为 k^{**}，此时产出更高，经济体比以前更为富有。

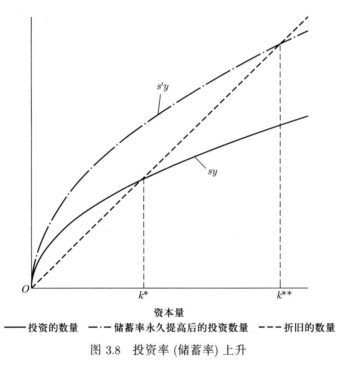

图 3.8 投资率 (储蓄率) 上升

也就是说，对于国家贫富差异，索洛模型给出了一种解释：在其他条件不变的情况下，高储蓄率的国家将会更富有。这是因为这些国家有更快的资本累积速度，长期均衡会有更高的人均产出。

3.2.6 理解索洛模型的结果

索洛模型的内涵丰富，我们还可以从索洛模型的稳态结果进一步分析：

$$sy^* = \delta k^* \Rightarrow \frac{k^*}{y^*} = \frac{s}{\delta} \tag{3.29}$$

k/y 被称作**资本产出比 (资本强度)**。这个推导结果告诉我们，储蓄率更高的国家往往有更高的资本产出比。数据也支持这个结论，图 3.9 是世界上各个国家资本产出比和投资率 (储蓄率) 的关系。如果在该图中画一条直线来近似地表明资本产出比和投资率的关系，我们会得到一条斜率为正的直线，这说明资本产出比与投资率的确存在正相关关系。

接下来我们考察经济增长率的问题。在基本索洛模型中，稳态下是没有人均增长的，也是没有总体经济增长的。有两个角度可以解释这个结论。

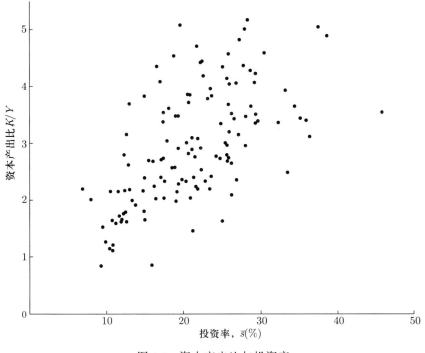

图 3.9 资本产出比与投资率

注: 投资率越高的国家, 资本产出比越大。

解释一: 投资等于折旧, 二者抵消, 资本没有变化。

解释二: sy 函数的性质是边际产出递减。当资本水平不断上升时, 产出增加得越来越少, 最终趋向于 0。

可以直接写出增长率的数学表达式:

$$\frac{\dot{k}}{k} = sk^{\alpha-1} - \delta \tag{3.30}$$

其中, $\alpha < 1$, 因此随着 k 的增加, k 的增长率是逐渐下降的。不难看出, 最终 k 的增长率会逐渐趋向于 0, 整个经济会达到稳态。

3.2.7 用数值模拟方法求解索洛模型

前面我们通过两种方法求解了索洛模型的稳态, 但是并没有解出经济达到稳态之前的过程。为了模拟这个经济增长的过程, 我们可以借助计算机进行数值计算。回顾索洛模型的核心方程:

$$\dot{k} = sk^\alpha - \delta k \tag{3.31}$$

描述资本量的变化过程是一个微分方程, 我们不会展开介绍如何求解这个微分方程, 而是利用计算机帮我们在离散情形下模拟出资本累积过程。首先, 将这个资本

累积方程改写成离散形式:

$$k_{t+1} - k_t = sk_t^\alpha - \delta k_t \tag{3.32}$$

这个方程的含义是第 $t+1$ 期的资本水平等于第 t 期的资本水平加上投资,再减去资本折旧。这个方程有两个未知数,不能求解,但是我们知道第 t 期和第 $t-1$ 期的资本水平仍然有同样的关系,即:

$$k_t - k_{t-1} = sk_{t-1}^\alpha - \delta k_{t-1}$$
$$k_{t-1} - k_{t-2} = sk_{t-2}^\alpha - \delta k_{t-2}$$
$$\cdots\cdots$$
$$k_1 - k_0 = sk_0^\alpha - \delta k_0 \tag{3.33}$$

如果给定 k_0,我们就可以从第 0 期出发,模拟出整个资本累积的过程。

图 3.10 描述了一个国家资本积累的过程,表明资本如何随时间推移而变化 (实际的计算结果是一系列散点,计算机帮我们把散点连成了曲线)。资本从初始状态 $k_0 = 2$ 出发,随时间的推移,资本逐渐积累,增速不断放缓,最终达到 $k^* = 4$ 的稳态水平。

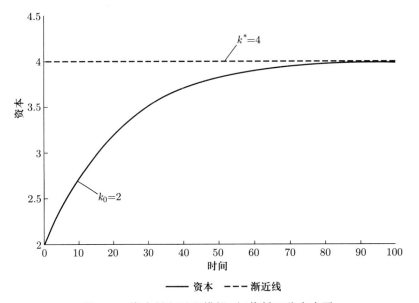

图 3.10 资本累积过程模拟: 初值低于稳态水平

我们能不能从这张图中看出,资本水平距离稳态水平越远,资本的 (给定时间间隔内) 增长率越大; 越靠近稳态水平,资本的增长率越小呢? 事实上,虽然这一结论是正确的,但我们并不能从图中直观看出这一点。让我们回顾一下,在离散的情况下,一段时间内增长率的定义是:

$$\frac{k_{t+\Delta t} - k_t}{k_t} \tag{3.34}$$

我们从图 3.11 中选取两个时间点 t_1 和 t_2，并取一个相同的间隔 Δt，考察 t_1 和 t_2 时刻在时间 Δt 之内的变化率。从图中可以看出，$\Delta k_1 > \Delta k_2$，而且 $k_1 < k_2$，因此 t_1 时刻的资本增长率大于 t_2 时刻的增长率。利用相似的方法，我们可以把这个结论推广到整条曲线上，即增长率随时间推移逐渐减小。

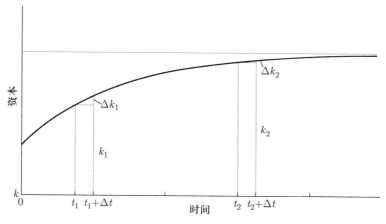

图 3.11 人均资本增长率是否在减小

图 3.12 给出了一个初值高于稳态水平的例子。无论初值是多少，给定折旧率、储蓄率和生产函数，资本最终会收敛到同一个稳态水平。同时，我们会发现收敛的速度会越来越慢，即离稳态水平越远，资本增长率越大。

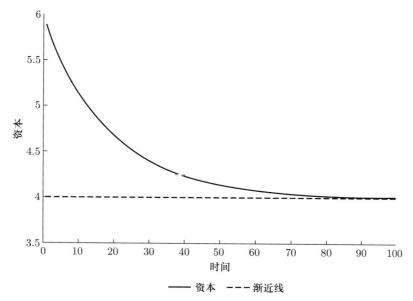

图 3.12 资本累积过程模拟：初值高于稳态水平

在图 3.13 中，随着时间的推移，Δk 不断减小，但 k 也随之不断减小，根据增长率定义的公式，我们无法判断增长率随时间变化的关系。换言之，一个变量的增长率不仅取决于我们能看到的曲线斜率的变化，还取决于这个变量本身的大小。

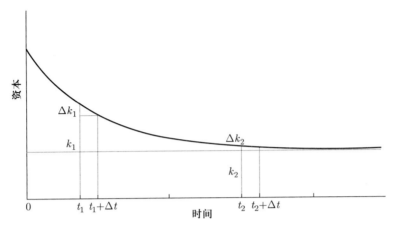

图 3.13 人均资本增长率是否在减小？

我们之前提到过"取对数求导"的数学技巧，这个技巧能够帮助我们简便地判断增长率的变动。在这里我们引入**比率尺度**(Ratio Scale) 的概念，即在图表中相等间隔的标度之间不再是等差的关系，而是等比关系。取了对数之后，增长率就非常直观了。在比率尺度的图中，某一点上的增长率其实就是该点的切线的斜率。

更进一步，资本增长率的表达式如下：

$$\frac{\dot{k}}{k} = sk^{\alpha-1} - \delta \tag{3.35}$$

从中我们可以看到，资本增长率是关于 k 的减函数，显然随着 k 的增加而下降。

综上所述，对于资本累积的计算部分，我们可以得出如下结论：① 资本积累过程最终会收敛到稳态水平；② 离稳态水平越远，收敛速度越快；③ 无论初值是多少，给定折旧率、储蓄率和生产函数，资本最终会收敛到稳态水平。

3.3 带有人口增长的索洛模型

3.2 节对基本索洛模型的学习，意在培养通过图形、模型和数值模拟分析经济学问题的能力。接下来我们将改变模型的假设，使得模型对更多现象具有解释能力。基本索洛模型的缺陷是模型达到稳态后不存在增长，因此我们要引入第二个模型，以便研究经济在稳态下的持续增长。

现在我们放松对人口增长的假设，认为经济体中存在稳定的增速为 n 的人口增长。回顾**人均资本积累方程**：

$$\dot{k} = sy - (n+\delta)k \tag{3.36}$$

在图 3.14 中,实线代表人均投资量。虚线表示折旧造成的资本损失和人口增加造成的人均资本下降,它依然是一条直线。交点代表的依然是经济的稳态,即新的投资刚好可以抵消折旧以及人口增长造成的人均资本下降,此时人均资本不变。

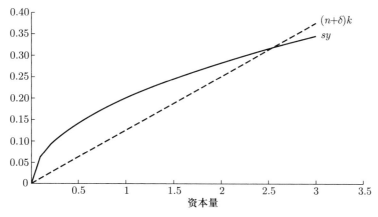

图 3.14　带有人口增长的索洛模型

考虑一个经济已经达到稳态,但是由于长期的移民,人口增长率从 n 增加到 n',在图中表现为曲线 $(n+\delta)k$ 逆时针旋转至新曲线 $(n'+\delta)k$。在新的稳态下,人均资本下降。人均产出最终变得更低,人均意义下经济体也变得更贫穷。(请思考,此时经济总产出是否一定下降?)

人口增长率变化后的图 3.15 和 3.2 节中基本索洛模型的图 3.8 并没有区别,因为人口增长率的引入与变化反映在图形上与折旧率的变化类似,但是两者的经济含义

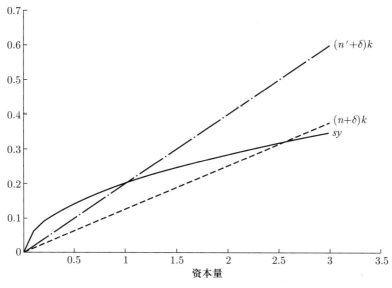

图 3.15　人口增长率上升

不同。真实情况下人均资本量的下降，是由折旧和人口增加共同造成的。

图 3.16 是 1960—1992 年部分国家人均收入与人口增长率之间的关系，可以看出索洛模型预测的结果与现实是吻合的。

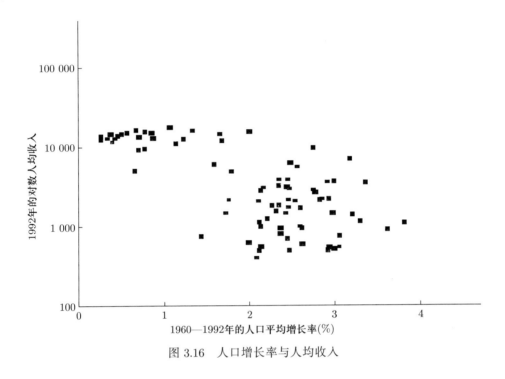

图 3.16　人口增长率与人均收入

尽管人均产出在稳态下并不增长，但经济总体的产出是不断增长的，其增长率即人口增长率，这是因为：

$$Y = yL \Rightarrow \frac{\dot{Y}}{Y} = \frac{\dot{y}}{y} + \frac{\dot{L}}{L} = n \tag{3.37}$$

类似地，我们发现，经济体在稳态下的资本存量增长率也与人口增长率一致。

带有人口增长的索洛模型的特点可以归纳如下：

(1) 人口增长率高的国家，在长期会有更低的人均收入。

(2) 带有人口增长的索洛模型在稳态下不存在人均增长。

(3) 人均产出、人均资本是一个常数，其中，$k^* = \left(\dfrac{s}{n+\delta}\right)^{\frac{1}{1-\alpha}}$。

(4) 总产出是增长的，其增长率是人口增长率。

(5) 储蓄率的增加不影响稳态增长率，但影响稳态的资本水平。

(6) 人口增长率影响稳态增长率，同时影响稳态的资本水平。

3.4 带有技术增长的索洛模型

托马斯·马尔萨斯 (Thomas Malthus) 在他的《人口论》(*The Essay on the Principle of Population*) (1789) 中写道, 经济增长会带来更高的生活水平, 从而引起更快的人口增长。但是, 指数级别的人口增长终究会被算术级别的粮食产量增长所限制, 经济增长又依赖于人口的规模, 所以经济的增长会永久受到粮食产量的制约。这样的论断看起来是如此令人信服, 但是他却忽视了人类最宝贵的能力——创造能力。因为生产技术的指数级提高, 两百多年来的农业生产已经发生了翻天覆地的变化。即使如今的总人口已经是当时的十余倍, 我们似乎依然没有看到经济发展的天花板到底在哪里。

3.4.1 新的生产函数

在前面的章节中, 我们都忽略了一个非常重要的决定增长的因素: 技术进步。下面我们更进一步, 在之前的模型中引入技术进步, 让这个模型产生人均产出增长。我们将生产函数改写成以下三种形式:

$$Y = AF(K, L) = AK^\alpha L^{1-\alpha}$$

$$Y = F(AK, L) = (AK)^\alpha L^{1-\alpha}$$

$$Y = F(K, AL) = K^\alpha (AL)^{1-\alpha}$$

第一个函数中的技术进步被称为**希克斯中性** (Hicks-Neutral) 技术进步, 这是因为技术进步同时对资本和劳动都造成了影响。这里的 A 有时还被叫作**全要素生产率** (Total Factor Productivity, 简称 TFP)。第二个叫作**资本增强型**技术进步, 最后一个叫作**劳动增强型**技术进步, 也可以叫作**哈罗德中性** (Harrod-Neutral) 技术进步。我们在这里主要考察最后一个技术进步。

索洛模型的一个重要假设是技术进步是外生的, 不讨论技术进步的来源在哪里, 即简单地认为技术进步是存在的。至于技术进步究竟来自何处, 这属于内生增长理论的研究范畴。

按照之前的推导过程, 我们假设 A 以一个固定的速度 g 增长:

$$\frac{\dot{A}}{A} = g \Rightarrow A(t) = A(0)e^{gt} \tag{3.38}$$

人均生产函数:

$$y = k^\alpha A^{1-\alpha} \tag{3.39}$$

取对数求导:

$$\frac{\dot{y}}{y} = \alpha \frac{\dot{k}}{k} + (1-\alpha) \frac{\dot{A}}{A} \tag{3.40}$$

我们在这里假设稳态下 y/k 是一个常数 c，则有：

$$\frac{\dot{y}}{y} = \frac{\dot{c}}{c} + \frac{\dot{k}}{k} = \frac{\dot{k}}{k} \tag{3.41}$$

联立式 (3.40) 和式 (3.41) 可以解出：

$$\frac{\dot{y}}{y} = \frac{\dot{k}}{k} = g \tag{3.42}$$

即人均产出和人均资本以相同的速率 g 增长，技术进步是人均收入可持续增长的源泉。我们把此时资本、产出、消费和人口的增长率都为常数的情况称为**平衡增长路径** (Balanced Growth Path，简称 BGP)。

3.4.2 图解带技术的索洛模型

在这一部分，我们将完全仿照前一节的思路来研究。我们引入一个新的变量：

$$\tilde{k} \equiv K/AL = k/A \tag{3.43}$$

$\tilde{k}$ 代表人均资本与技术之比。我们也可以类似地定义人均产出与技术之比：

$$\tilde{y} \equiv Y/AL = y/A \tag{3.44}$$

此外，我们把 AL 称作有效劳动力。

经过简单的计算，我们可以得出如下形式的生产函数：

$$\tilde{y} = \tilde{k}^{\alpha} \tag{3.45}$$

根据：

$$\frac{\dot{\tilde{k}}}{\tilde{k}} = \frac{\dot{K}}{K} - \frac{\dot{A}}{A} - \frac{\dot{L}}{L} \tag{3.46}$$

人均资本比技术的累积方程为：

$$\dot{\tilde{k}} = s\tilde{y} - (n + g + \delta)\tilde{k} \tag{3.47}$$

同样，从数学上看图 3.17 和前面的图 3.7 并没有区别，但是在经济学意义上与之前略有差异。此时的投资要抵消三个因素的影响：资本折旧、人口增长、技术进步产生的新的有效劳动力。

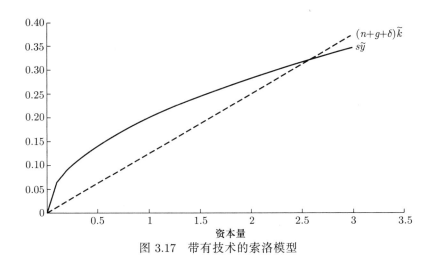

图 3.17 带有技术的索洛模型

3.4.3 带技术的索洛模型的解析解 (稳态)

稳态人均产出比技术是由生产函数和条件 $\dot{\tilde{k}} = 0$ 决定的。通过联立生产函数和资本积累方程, 我们不难得出以下结果:

$$\tilde{k}^* = \left(\frac{s}{n+g+\delta}\right)^{\frac{1}{1-\alpha}} \tag{3.48}$$

$$\tilde{y}^* = \left(\frac{s}{n+g+\delta}\right)^{\frac{\alpha}{1-\alpha}} \tag{3.49}$$

$$k^*(t) = A(t)\left(\frac{s}{n+g+\delta}\right)^{\frac{1}{1-\alpha}} \tag{3.50}$$

$$y^*(t) = A(t)\left(\frac{s}{n+g+\delta}\right)^{\frac{\alpha}{1-\alpha}} \tag{3.51}$$

从这里我们可以看出, 稳态下的 y/k 的确是一个不随时间变化的常数。

根据上面的分析, 平衡增长路径上的人均产出是由技术、投资率和人口增长率决定的, 其中投资率和人口增长的变化影响劳动力人均产出的长期水平, 但是不影响劳动力人均产出的长期增长率 g。事实上, 如果我们设 $g=0, A(0)=1$, 那么我们得到的结论和 3.3 节是完全一致的。我们将带技术的索洛模型中各变量的稳态增长率总结在表 3.2 中。

表 3.2 各变量稳态增长率

变量	符号	稳态增长率
人均资本比技术	$\tilde{k}$	0
人均产出比技术	$\tilde{y}$	0
人均资本	k	g
人均产出	y	g
总资本	K	$n+g$
总产出	Y	$n+g$

3.4.4 带技术的索洛模型数值解

由于人均资本比技术的求解方法与 3.4.3 节的方法完全相同，在这里不做更多介绍。下面将对存在技术进步情况下的人均资本求解，求解思路依然与 3.4.3 节的思路类似。已知人均资本比技术的累积方程为：

$$\dot{\tilde{k}} = s\tilde{k}^\alpha - (n+g+\delta)\tilde{k} = s\left(\frac{k}{A}\right)^\alpha - (n+g+\delta)\frac{k}{A} \tag{3.52}$$

因为：

$$\tilde{k} = \frac{k}{A} \tag{3.53}$$

所以：

$$\frac{\dot{\tilde{k}}}{\tilde{k}} = \frac{A(t)\dot{\tilde{k}}}{k} = \frac{\dot{k}}{k} - g \tag{3.54}$$

这样我们可以得到人均资本存量变化的表达式：

$$\dot{k} = A(t)\dot{\tilde{k}} + gk = sA^{1-\alpha}k^\alpha - (n+\delta)k \tag{3.55}$$

此时，我们可以把式 (3.55) 右边的式子分成两部分来求解。求解的思路和步骤与 3.3 节基本相同，唯一有所区别的是 n 和 g 两个参数的引入。对于技术水平 $A(t)$，由于增长率恒定，我们其实已经知道了它关于时间的函数关系：

$$A(t) = A(0)e^{gt} \tag{3.38}$$

因此，只要给定 $A(0)$ 的取值，我们就能通过简单的代数计算得出各个时刻 $A(t)$ 的值，进而得到每一期的人均资本存量。

图 3.18 是我们采取上述方法求得的结果。可以看出在对数标度下，k 的渐近线是

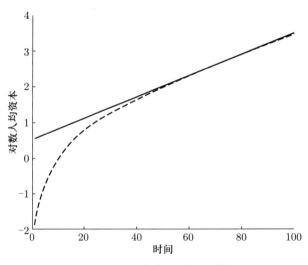

图 3.18 人均资本积累过程模拟

一条斜率 (g) 为正的直线,随时间的推移,人均资本不断向这条直线靠近,即增长率逐渐下降,最终稳定在 g。

本小节最后,我们将从技术进步的角度分析阿根廷在 20 世纪的衰落过程。

阿根廷是地处南美大陆的发展中国家,2018 年人均 GDP 约为 1.17 万美元。但在 100 年以前,阿根廷的人均收入曾排名全球第七,超过了德国、加拿大、荷兰等发达国家。一般来说,发达国家都拥有较高的人均资本存量,提高资本存量带来的边际产出是很小的,因此只有技术水平的不断提升才是保持经济增长的关键要素。而技术进步的停滞,恰恰是阿根廷衰落的重要原因之一。

地理上,阿根廷距离当时的科技中心 (北美洲、欧洲) 太远,难以产生直接的经济接触与技术交流。产业结构上,阿根廷农业、畜牧业发达,高新技术产业并不突出,据估计当时阿根廷用于科技研发 (R&D) 的资金占 GDP 的份额不足 1%,而如今多数发达国家的这一数字则超过了 2%。制度上,经济繁荣时期的阿根廷政府希望将一些企业国有化,收缴它们的利润,这样的政策带来的影响是企业没有充分的激励扩大生产、增加研发投入,这抑制了企业当期和未来的发展。没有足够先进的技术,较多依靠偏低端的产业,这样的国家更有可能在变幻莫测的世界中走向衰落。

3.5 内生增长理论初探: AK 模型

含有技术进步的索洛模型用投资率和人口增长的差异,以及技术的外生差异来解释人均收入的不同。根据索洛模型,从长期来看,一个国家的生活水平与储蓄率呈正相关,但与人口增长呈负相关。储蓄率增长会导致长期更高的产出、短期更快的增长,但不会影响稳态增长速度。含有技术进步的索洛模型的关键结论在于,技术进步是可持续增长的源泉,稳态时人均收入增长仅仅取决于外生技术进步。如果没有技术进步,人均资本和产出增长会因为资本的边际酬报递减而终止。

因此,索洛模型的增长根本上是基于外生的增长,但考虑到很多国家经历过长期稳定的增长,把如此稳定的增长全部归因于外生因素稍显牵强。那么,这种增长的原动力是否有可能来自经济本身而非外部因素呢?

为了简化模型,我们假设经济体中不存在人口增长,因此劳动投入为常数 (不妨记为 1)。根据规模报酬不变的假设,我们可以令 $\alpha = 1$,得到:

$$Y = AK \tag{3.56}$$

其中 A 是一个正的常数。

上述的生产函数具有恒定的资本边际产出 A,这是与之前的索洛模型的最大差异。

类似地我们可以得到 AK 模型下的资本累积函数:

$$\dot{K} = sY - \delta K = (sA - \delta)K \tag{3.57}$$

如果假设总投资大于总折旧,那么 AK 模型如图 3.19 所示。

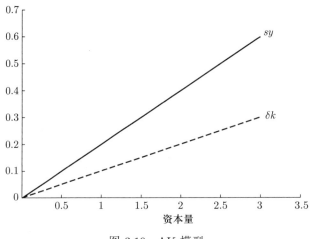

图 3.19 AK 模型

在图 3.19 中有两条直线 sy 和 δk,分别表示储蓄和折旧关于人均资本存量的变化。假设模型中投资总是大于折旧,因此资本存量会不断增加,增长也会永不停止。对比可发现,在之前资本边际产出递减的索洛模型中,经济体中每新增一单位资本带来的产出都比前一个单位低,最终总投资将会下降到折旧水平,资本边际收益为 0,资本累积的过程也相应结束。

资本积累方程式 (3.57) 两边同时除以 K,得到:

$$\frac{\dot{K}}{K} = sA - \delta \tag{3.58}$$

由于我们假设不存在外生的技术进步 $(\dot{A}/A = 0)$,所以我们可以计算出 AK 模型中总产出的增长率为:

$$\frac{\dot{Y}}{Y} = \frac{\dot{A}}{A} + \frac{\dot{K}}{K} = sA - \delta \tag{3.59}$$

通过上述讨论,我们可以发现 AK 模型有如下特点:

(1) 产出的增长率 $\frac{\dot{Y}}{Y}$ 也是常数。

(2) 经济增长率是投资率的增函数。

(3) 提高投资率将提高经济增长率,这与索洛模型结果不同。

(4) 在 AK 模型中存在内生的、可持续的增长。

罗默模型 罗默模型由 2018 年诺贝尔经济学奖得主保罗·罗默 (Paul Romer) 于 1990 年提出,是另一个将技术水平内在化的模型。罗默模型中的生产函数具有以下形式:

$$Y = K^\alpha (AL)^{1-\alpha} \tag{3.60}$$

这里的 A 被称为"创意存量"。尽管生产函数显示 K 和 L 的规模报酬不变,但因为创意 A 在这里也是一种投入品,所以总的规模报酬是递增的。举例来说,一旦人们发明出了一种组装个人电脑的方法,这种方法 (创意) 就不必再次被发明。如果需要令个人电脑的产量增加一倍,仅仅把生产资本和劳动力投入都增加一倍就可以了。换句话说,如果同时投入了两倍的创意、资本和劳动,那么实际产出会超过原来的两倍。规模报酬递增的一个关键假设是,创意是可以溢出的,也就是说一个好的创意能够被整个经济中的所有厂商所利用。

模型中还有一个关键的假设:一段时间内新产生的创意数量与劳动力的数量相关,即:

$$\dot{A} = \theta L \tag{3.61}$$

其中 $\theta > 0$。由于 L 的投入始终是正值,因此技术的变化量 $\dot{A}$ 也为正值,从而实现了技术的持续进步。

3.6 经济增长会使得居民更幸福吗? —— 黄金准则

投资率提高后,人均产出水平会提高,收入会提高。但是收入的提高是否必然意味着人们会更幸福? 一般而言,我们用稳态人均消费的多少来衡量人们的幸福感。"黄金准则"(见图 3.20) 的思路就是选取合适的参数使得稳态人均消费达到最大值。接下来我们从两个不同的角度来说明"黄金准则"。

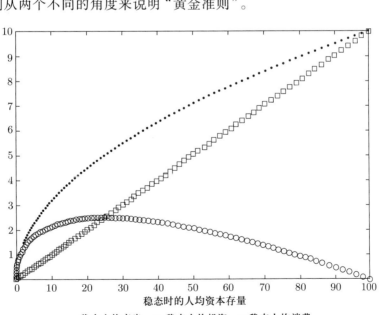

图 3.20 黄金准则 (1)

一种角度是，我们令稳态的人均资本存量为自变量，把稳态人均消费 c 写成关于 k 的函数，然后在其他因素不变的前提下，选择一个合适的稳态人均资本以实现最大的人均消费。回到人均资本累积方程：

$$\dot{k} = sy - \delta k \tag{3.62}$$

稳态下 $\dot{k}^* = 0$，因此全部的储蓄恰好用来补偿资本的损耗，即：

$$sy^* = \delta k^* \tag{3.63}$$

代入稳态下的家庭预算方程：

$$y^* = c^* + i^* = c^* + sy^* \tag{3.64}$$

可得：

$$c^* = y^* - \delta k^* = k^{*\alpha} - \delta k^* \tag{3.65}$$

根据一阶条件，为了使 c^* 取到最大值，我们只需要对式 (3.65) 关于 k^* 求导并令导数等于 0 即可。最后求得：

$$k^* = \left(\frac{\alpha}{\delta}\right)^{\frac{1}{1-\alpha}} \tag{3.66}$$

这也就是当稳态人均消费取得最大值时的人均资本存量。

图 3.21 中，虚线表示的是人均产量 $k^{*\alpha}$，资本折旧曲线 δk^* 是由无数个小正方形构成的曲线，二者的差值即为人均消费 c^*。可以看出，c^* 随 k^* 的增大并非单调增加，而是先增加后减少。这一点也很容易理解——当 k^* 过小时，整个经济中没有生产，消费也就无从谈起；当 k^* 过大时，人们把自己所有的收入都用于投资，即使经济生产水平很高，人们也没有多余的收入来进行消费，所以 k^* 的黄金水平处于中间位置。

现在我们从另一个角度来考虑这个问题，把人们的储蓄率当作自变量，将人均消费改写成关于储蓄率的函数，并确定人均消费取最大值时储蓄率的值。

我们曾经在 3.2.4 节计算出稳态时人均资本的表达式：

$$k^* = \left(\frac{s}{\delta}\right)^{\frac{1}{1-\alpha}} \tag{3.67}$$

容易得出稳态时的人均收入为：

$$y^* = k^{*\alpha} = \left(\frac{s}{\delta}\right)^{\frac{\alpha}{1-\alpha}} \tag{3.68}$$

那么稳态时的消费为：

$$c^* = (1-s)y^* = (1-s)\left(\frac{s}{\delta}\right)^{\frac{\alpha}{1-\alpha}} \tag{3.69}$$

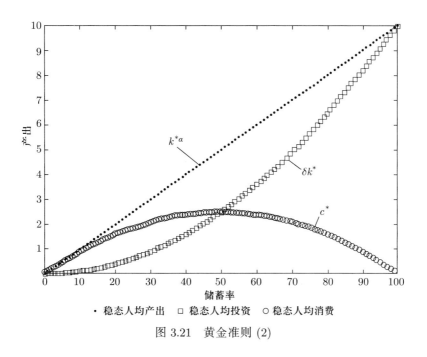

图 3.21　黄金准则 (2)

再次令一阶导数等于 0, 经过一些计算后我们得到 "黄金准则" 下的储蓄率应为:

$$s = \alpha \tag{3.70}$$

到此为止, 我们通过两种不同的方法求出了 "黄金准则"。事实上, 尽管计算的方法有很大差异, 但我们最终得到的结果其实是等价的, 也就是说两种参数的最优取值对应着同一个稳态。上述结果告诉我们, 收入的增加并不意味着人均消费的增加, 收入过高反而导致消费趋向于 0, 人均消费的最大值是在收入处于中间位置时取得的。在学习索洛模型之前, 这样的结论想必是令人难以置信的。

3.7　文献导读

3.7.1　经济增长理论中的一个贡献

这是增长理论中最为经典的文献之一, 也是这一章所讨论的主要内容。在索洛模型前, 哈罗德 – 多马 (Harrod-Domar) 模型使用短期工具研究长期经济增长, 认为即使在长期增长的经济系统中, 平衡路径依然是 "刀刃上的增长"。如果储蓄率、资本产出率、劳动力增长率等关键参数稍微偏离均衡点, 后果将是失业率上升或持续通货膨胀。Solow (1956) 对上述模型进行了关键性的改进: 生产函数边际产出递减; 资本与劳动互补。在此基础上, 资本可以动态积累, 最终达到稳态。然而索洛模型也受到了一些批判: ① 没有长期的经济增长 (无技术进步的条件下); ② 依据索洛模型推导出的收敛性有待商榷。后人依据该模型做了大量的理论与实证方面的研究,例如 Mankiw et al. (1992) 检验了收敛性问题, De Mel et al. (2008) 利用 RCT (随机对照试验) 方法检验了索洛模型中的贫困陷阱, Lucas (1988) 在该模型中引入了人力资本, 等等。

参考文献: Solow R M. A contribution to the theory of economic growth[J]. The Quarterly Journal of Economics, 1956, 70(1): 65-94。

Mankiw N G, Romer D, Weil D. A contribution to the empirics of economic growth[J]. The Quarterly Journal of Economics, 1992, 107 (2): 407–437。

De Mel S, McKenzie D, Woodruff C. Returns to capital in microenterprises: Evidence from a field experiment[J]. The Quarterly Journal of Economics, 2008, 123(4): 1329-1372。

Lucas R E. On the mechanics of economic development[J]. Journal of Monetary Economics, 1988, 22(1): 3-42。

3.7.2 内生技术进步

Romer (1990) 基于三个假设进行论述: ① 技术变革是经济增长的核心,因此与索洛模型的技术进步在假设上相同。② 技术变迁产生的原因是人们对于市场激励做出的反应,这也是为什么这一模型被称为"内生增长理论"。但这并不意味着市场激励是技术进步的唯一来源,而是说市场激励在新知识转化为具有实际价值的商品的过程中发挥着重要作用。③ 此处的技术进步指从原材料开始研发的创新技术 (instructions for working with raw materials),而非传统意义的商品,相当于固定成本。该论文认为作为价格接受者的均衡 (price-taking equilibrium) 是不可行的, 合理的结果是垄断竞争均衡。厂商以固定成本研发出新产品,并以高于生产成本的价格出售商品来弥补研发成本。由于厂商可以自由进入,因此均衡时利润为 0。传统的静态理论模型认为,以固定成本进行的生产通过市场规模优势扩大利益。内生增长模型的一个吸引人之处在于市场规模不仅可以提高收入和福利,还可以提高经济增长率。

参考文献: Romer P M. Endogenous technological change[J]. Journal of Political Economy, 1990, 98(5, Part 2): S71-S102。

3.7.3 实证经济增长的一个贡献

Mankiw et al. (1992) 在使用传统的索洛模型进行实证检验时,发现尽管储蓄率和人口增长率两个变量可以正确预测经济增长的方向,但它们不能很好地预测参数的规模,这两个变量对人均收入的影响过大。作者认为导致这一问题的原因有两点: ① 给定任何水平的人力资本积累速率的情况下,更高的储蓄率和更低的人口增长率导致收入的增加和更高水平的人力资本积累。② 人力资本积累与储蓄率和人口增长率相关,因此有内生性,使得估计结果有偏误。作者对传统的索洛模型进行了改进,其最大的创新之处是引入了人力资本,即将资本分为人力资本和实物资本两个类别,这一模型可以很好地解释跨国数据。同时,这篇文章检验了各国生活水平的收敛性,即贫穷的国家是否比富有的国家经济增长更快。实证分析表明,改进后的索洛模型对于经济体的收敛性质有很好的预测能力。

参考文献:Mankiw N G, Romer D, Weil D N. A contribution to the empirics of economic growth[J]. The Quarterly Journal of Economics, 1992, 107(2): 407-437。

3.7.4 比较发展的殖民起源:一项实证研究

Acemoglu et al. (2001) 研究制度对于经济的影响,也是经济学历史中最为著名的工具变量之一。欧洲的殖民者在不同的殖民地采用了不同的政策,政策的类型与欧洲人的死亡率相关。在死亡率较高的殖民地区,欧洲人很难定居并长期生活,因此他们倾向于使用"extractive institutions"(剥削性制度),即暴力的、侵略性的政策;在死亡率较低的地区,欧洲人则倾向于使用更好的制度(例如更好地保护产权),并且这种制度长期被保留,延续至今。使用历史的死亡率作为当今制度的工具变量,作者估计了制度对于人均收入的影响。研究表明,控制制度因素后,非洲和其他靠近赤道地区的国家的收入水平并不低。

参考文献:Acemoglu D, Johnson S, Robinson J A. The colonial origins of comparative development: An empirical investigation[J]. The American Economic Review, 2001, 91(5): 1369-1401。

3.7.5 资本为什么不从富国流向穷国?

Lucas (1990) 提出了经济学历史上非常有名的"卢卡斯之谜",即"虽然我们可以看到一些富国向穷国投资的现象,但这种资本流动远远没有达到新古典理论预测的水平"。作者给出了如下三种可能的原因:① 新古典理论忽视了不同国家之间劳动力质量的不同和人力资本积累水平的不同。② 人力资本的正外部性可以获得额外收益。③ 资本市场不完美,资本不能自由流动,并且发展中国家存在一定的政治风险。作者尤其强调了前两种可能的原因,在模型中引入人力资本积累后,可以有效地消除美国和印度两国资本流动的预期收益差距。该理论也相当于部分否定了发展中国家的后发优势。

参考文献:Lucas R E. Why doesn't capital flow from rich to poor countries?[J]. The American Economic Review, 1990, 80(2): 92-96。

练习

1. 卡尔多典型事实是经济学家尼古拉斯·卡尔多在 1961 年的论文总结出的事实。重温课上的九条增长事实,查找资料并指出卡尔多在 1961 年总结的六条事实。

2. 下列四个选项中，一国人民生活水平的最佳度量指标是 _____。
   (a) 真实 GDP。
   (b) 名义人均产出。
   (c) 人均资本存量。
   (d) 真实人均产出。

3. A、C 两国当年的真实人均 GDP 分别为 25 000 美元与 5 000 美元，已知 C 国真实 GDP 的年增长速度为 7.5%，A 国真实 GDP 的年增长速度为 3%，两国人口增速均为 1%，运用 70 规则估算 C 国真实人均 GDP 赶超 A 国大约需要几年。
   (a) 15。
   (b) 25。
   (c) 35。
   (d) 45。

4. 如果一个经济体 t 期初的资本存量价值 1 亿元，$t+1$ 期初的资本存量是 3 亿元，若 t 期的折旧率是 20%，则 _____。
   (a) 该经济 t 期的总投资是 2 亿元。
   (b) 该经济 t 期的总投资是 2.2 亿元。
   (c) 该经济 t 期的总投资是 1.8 亿元。
   (d) 该经济 t 期的总投资是 0.8 亿元。

5. 在柯布 – 道格拉斯生产函数形式下，假定产出每年增长 3%，资本与劳动的收入份额分别是 0.3 和 0.7，资本与劳动年均增长 1%，则全部要素生产率的增长率为多少？(注：全部要素生产率的增长可以看作社会技术水平的增长。)
   (a) 1%。
   (b) 2%。
   (c) 3%。
   (d) 4%。

6. 判断下面的生产函数是规模报酬递增、不变还是递减 ($\overline{A}$ 是某个固定正数)。
   (a) $Y = K^{\frac{1}{4}} L^{\frac{3}{4}}$。
   (b) $Y = \overline{A} + K^2 L^3$。
   (c) $Y = \overline{A} - K^{\frac{1}{4}} L^{\frac{3}{4}}$。
   (d) $Y = L + K^{\frac{1}{3}} L^{\frac{2}{3}}$。
   (e) $Y = \overline{A} K^{\frac{2}{3}} L^{\frac{2}{3}}$。

7. 将以下生产函数改写为人均形式 (给定 $y \equiv Y/L$ 和 $k \equiv K/L$)，并讨论人均资本的边际产出。
   (a) $Y = L + K^2 L^4$。
   (b) $Y = \overline{A} - K^{\frac{1}{3}} L^{\frac{2}{3}}$。

8. 生产函数为柯布－道格拉斯形式,假定技术水平不变,规模报酬不变,请简要证明,在资本产出比不变的情况下,人均资本也不变。

9. 索洛模型是长期增长理论的重要成果,其中关于资本积累的方程有如下形式:
$$\dot{K} = sY - \delta K$$
同时,假设生产函数为
$$Y = K^\alpha (AL)^{1-\alpha}$$
假设技术进步增长率为 g,人口增长率为 n。
   (a) 请推导用有效人均资本 $\tilde{k}$(人均资本比技术) 和有效人均产出 $\tilde{y}$(人均产出比技术) 表示的资本累积方程与生产函数。
   (b) 推导索洛模型并求出稳态的有效人均资本 $\tilde{k}^*$ 和有效人均产出 $\tilde{y}^*$。
   (c) 假设产出只用来消费和积累资本,请写出稳态的有效人均消费 $\tilde{c}^*$ 的表达公式。
   (d) 求解黄金准则生效时的储蓄率以及对应的有效人均资本。
   (e) 请直接写出平衡增长路径 (BGP) 下的总产出、人均产出、总资本、人均资本的增长率。
   (f) 如果用计算机模拟人均资本的累积过程,请简述思路。
   (g) 请谈谈 AK 模型中如何产生内生经济增长。

10. 利用索洛模型分析,考察一个处于稳态的索洛经济体。后来一场强烈的地震摧毁了它一半的资本存量。(提示: 注意稳态下,人均产出和人均资本投入量之间的函数关系。)
    (a) 利用 Matlab 画图解释该经济体如何随时间的推移而变化。
    (b) 利用 Matlab 画图解释产出如何随时间推移而变化。
    (c) 解释人均资本的水平和增长率会发生什么变化。
    (d) 请回答是否发生了曲线移动。

11. 利用索洛模型的计算,考虑如下方程:$Y = K^{0.5}(AL)^{0.5}$,其中人口以 7% 的速度增长,资本存量的折旧率是 $\delta = 0.03$,技术水平 $A = 1$。回答下列问题。
    (a) 资本与劳动的收入份额是什么?
    (b) 储蓄率 $s = 0.2$,计算 k 和 y 的稳态值。
    (c) 稳态的人均产出增长率是什么? 总产出增长率是什么?

12. 假定一个经济体一开始处于稳态,并且外生的储蓄率 $s = 0.2$,资本折旧率 $\delta = 0.1$,技术进步 $A = 1$,总人口为 100。请回答如下情况的增长率。
    (a) 投资率增加一倍。
    (b) 生产率水平上升 10%。
    (c) 得到一笔外国资助,增长了 50% 的资本存量。
    (d) 更宽松的移民政策导致人口增加一倍。

13. 索洛模型的增长属于外生增长,我们给定了储蓄率等参数,先考虑一个简单的内生增长模型。
    (a) 首先考虑劳动力投入为一常数 $\bar{L}$,根据规模报酬不变的假定,$\alpha = 1$,求出这一生产函数的资本边际产出,并与索洛模型进行比较,讨论 AK 模型与索洛模型最大的不同之处。
    (b) 写出 AK 模型下的资本积累函数并讨论产出的增长率与哪些因素有关,解释其中的经济学含义。

14. 考虑以下的生产函数 $Y = K^\alpha (AL)^\beta R^{(1-\alpha-\beta)}$,其中 R 是土地数量。$\alpha > 0, \beta > 0$,且 $1 - \alpha - \beta > 0$。我们假设 R 的数量是固定不变的,资本的折旧率为 δ,储蓄率水平固定为 s,生产率 A 和人口 L 分别以固定的速率增长,其增长率分别为 g 和 n。假设所有人口均参与生产,即人口等于劳动力。
    (a) 假设 A、L 在 $t = 0$ 时的值分别为 A_0、L_0,写出 A_t、L_t 随 t 而变化的函数。
    (b) 求此状态下的资本积累方程式和人均资本增长方程式。
    (c) 设 K 的增长率为 g_K,Y 的增长率为 g_Y,直接根据生产函数的形式写出 g_Y 与 g_K 的关系。
    (d) 若我们称 K 以恒定速率增加的状态为"平衡增长",考虑在上述条件下,该经济体能否实现"平衡增长"?如果能,K 与 Y 的增长率各是多少?如果不能,为什么?
    (e) 在土地资源恒定不变的情况下,经济体是否有实现人均产出持续增长的可能?若有,需要满足什么条件?若没有,也请给出理由。

15. 再谈生产函数 $Y = AK^\alpha L^{1-\alpha}$。
    (a) 证明在一个完全竞争的市场下,产出等于资本报酬与劳动报酬之和,α 代表了资本份额。
    (b) α 是非常重要的参数,其深刻的内涵和丰富的外延,吸引了经济学家的广泛关注。请查阅资料并讨论该参数还有哪些重要的经济学含义。

16. 2018 年诺贝尔经济学奖得主保罗·罗默 (Paul Romer) 在芝加哥大学本科所学的专业并非经济学,而是数学和物理,他于 1977 年获得芝加哥大学物理学学士学位。然而,他曾经在《美国经济评论》(*American Economic Review: Papers and Proceedings*) 上发表了一篇题为《经济增长理论中的数学滥用》(*Mathiness in the Theory of Economic Growth*) 的文章,严肃地批评了经济学界存在多年的滥用数学的现象,并点名批评了理性预期学派大师、1995 年诺贝尔经济学奖得主罗伯特·卢卡斯。2017 年发表在《管理世界》上的《经济学研究中"数学滥用"现象及反思》也讨论了这一问题。另一位经济学大师邹至庄曾在文章《论数学在经济学的应用》中讨论过数学对于经济学研究的重要意义。对于这一问题,并没有一个统一的答案。请阅读以上三篇文章,并分享你对这一问题的思考。

4　储蓄、投资和金融体系

记住，时间就是金钱。

—— 本杰明·富兰克林 (Benjamin Franklin)

▌导言▌

从本章开始，我们将把视线转向金融市场。金融本身就是一个独立的学科，如果细分，还有金融数学、投资学、金融工程、公司金融等领域，我们重点关注的是金融和宏观经济学的联系。在上一章增长理论的最后，我们知道了什么是黄金准则，这一准则告诉我们当储蓄率处于什么水平时，居民消费量达到最高水平。在这一章，我们将从微观和宏观两个层面出发，考察消费和储蓄的权衡问题。

▌内容提要▌

在本章中我们需要了解以下内容：
- 消费与储蓄的权衡
- 金融市场与金融中介
- 货币的时间价值
- 风险偏好与保险

4.1　消费和储蓄

对于消费和储蓄行为的研究，一般可以分为微观和宏观两个层面。在微观个体层面，我们着重考点消费和储蓄是如何决定的。事实上，消费和储蓄行为是个体在面临预算约束时进行的动态最优决策，个体面临的选择是要么在今天消费，要么为了明天消费而推迟今天的消费（即进行储蓄）。在宏观总体层面，我们主要考虑的则是如何对消费、储蓄、投资进行核算。总体消费和投资是 GDP 中非常重要的一部分，属于拉动经济的三驾马车之二，而总体储蓄与投资密切相关，因此也是研究宏观经济不可忽视的因素。

4.1.1　储蓄的度量

首先，我们回顾一下用支出法核算 GDP 的公式：

$$Y = C + I + G + \text{NX} \tag{4.1}$$

为了简化模型，假设该经济体是一个封闭经济体，既不与外界发生货物交易 (贸易)，也不发生金融交易 (国际借贷)，则 NX = 0，因此上述公式可以改写为：

$$Y = C + I + G \tag{4.2}$$

从中我们可以发现，GDP 等于消费、投资和政府购买的总和。每一单位的产出要么被消费，要么被投资，要么被政府购买。我们对式 (4.2) 进行变形，可以得到：

$$I = Y - C - G \tag{4.3}$$

式 (4.3) 表明，投资等于产出减去消费，其中消费可进一步分为个体消费 C 和政府消费 G。而产出减去消费的剩余部分就是**储蓄** (Saving)，也被称作**国民储蓄**。因此，在这样一个封闭经济中，储蓄等于投资。

$$I = Y - C - G = S \tag{4.4}$$

如果考虑经济体中存在政府对个人的征税行为，税收 T 同时又是政府的收入来源，那么式 (4.4) 可以变形为：

$$S = (Y - T - C) + (T - G) \tag{4.5}$$

式 (4.5) 告诉我们，国民储蓄由两部分组成。用**个人可支配收入** $(Y - T)$ 减去个人消费 C，我们就得到了**私人储蓄** $(Y - T - C)$。同理，用政府的税收收入 T 减去政府支出 G，我们得到了**公共储蓄** $(T - G)$。公共储蓄可正可负，当税收收入大于政府支出时，称为**预算盈余** (Budget Surplus)；当政府支出大于税收收入，称为**预算赤字** (Budget Deficit)。图 4.1 和图 4.2 展示了 20 世纪 70 年代以来世界主要经济体的储蓄率变化趋势。根据世界银行的定义，这里的储蓄率指的是总储蓄占 GDP 的比例，而总储蓄等于总国民收入减去总消费，再加上净转移支付。图 4.1 和图 4.2 显示，中国的储蓄率与其他金砖国家和发达国家相比都明显偏高，且在过去 40 年中整体保持上升态势。

4.1.2 如何理解中国的高储蓄率？

中国是全球储蓄率最高的国家之一。2008 年中国储蓄占 GDP 的比重一度达到了 52% 的峰值，随后逐渐回落，2017 年这一数字为 46%。与此同时，全球平均储蓄率水平仅为 20%，而部分新兴市场经济体的平均储蓄率水平更低，只有 15%。中国的储蓄率常年"居高不下"，我们该如何理解这一现象背后的原因和机制呢？

从理论上讲，储蓄的主体主要分为三个部分：家庭、企业和政府。图 4.3 显示了 2008 年金融危机以前，中国不同主体的储蓄率的变化情况。可以看到，相对政府而

图 4.1 金砖国家的储蓄率

资料来源：https://data.worldbank.org.cn/。

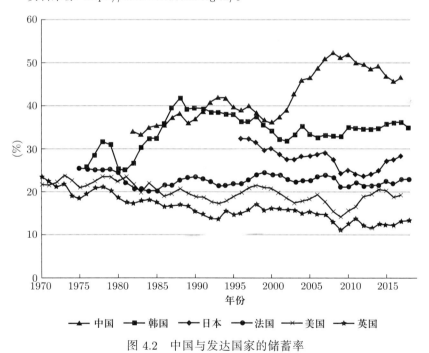

图 4.2 中国与发达国家的储蓄率

资料来源：https://data.worldbank.org.cn/。

言,企业和家庭的储蓄率水平更高。从趋势来看,家庭的储蓄率相对稳定,整体维持在 20% 上下,而企业和政府的储蓄率则有相对明显的提升,尤其是在 2000 年以后,中国储蓄率的上升在很大程度上是由政府储蓄率的上升所导致的。

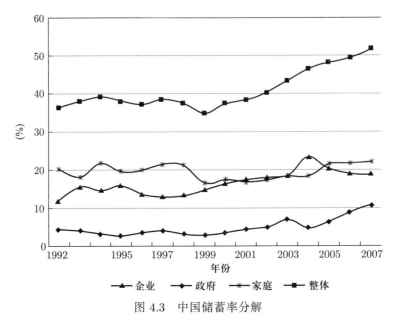

图 4.3 中国储蓄率分解

资料来源: Yang D, Zhang J, Zhou S. Why are saving rates so high in China[M]//Capitalizing China, Chicago: University of Chicago Press, 2012: 249-278。

家庭储蓄 20 世纪 70 年代后,中国家庭储蓄主要经历了三个增长阶段。第一阶段是 1980—1985 年,独生子女政策和改革开放全面落地,一方面居民可支配收入增多,经济状况变好;另一方面受到传统"养儿防老"思想的影响,孩子数量越少,人们越是希望多储蓄以应对退休生活的开销。如图 4.3 所示,第二阶段以 1992 年邓小平"南方谈话"为起点,中国市场经济转型持续推进,此阶段社会保障和就业保障的增加是储蓄率提高的主要原因。第三阶段则以 2001 年中国加入世界贸易组织 (WTO) 为起点,在此期间,家庭储蓄率上升至 20%,创历史新高。国际货币基金组织 (IMF) 的研究指出,人口结构变化、收入不平等加剧、社会保障体系转型以及住房市场不完善均是中国家庭高储蓄率的重要影响因素。值得注意的是,与其他国家相比,中国家庭储蓄率在不同收入阶层中都明显偏高,这也在一定程度上反映了中国存在的转移支付不足、税收缺乏累进性、社会保障有限等问题。

企业储蓄 中国的企业储蓄在 21 世纪初飙升,部分原因是汇率被低估。2008 年全球金融危机以后,企业储蓄量下降,而中国的汇率也逐渐调整到符合经济基本面的水平。在过去十年中,由于投资的高速增长,中国的净储蓄率 (总储蓄减去投资与资产的比率) 为负,所以企业部门并不是中国经常账户盈余的主要推动因素。

政府储蓄 中国政府储蓄率自 2008 年开始稳定在 GDP 的 5% 左右, 在世界主要经济体中也处于相对高位。在政府收入和其他经济体大致相当的情况下, 这体现了较低的政府支出水平。中国政府更注重公共投资而非公共服务, 中国的社会保障体系同其他发达经济体相比仍处于初级阶段。此外, 人口老龄化问题也导致养老金支出的压力日渐增大。

综合来看, 老龄化加剧、社会保障支出增加等因素将会导致家庭储蓄和政府储蓄下降, 而较低的资本回报率和劳动报酬比重增加等因素将导致企业储蓄下降。对此, 我们可以提出以下政策建议: ① 使用更加累进的税收制度 (更多依赖个人所得税和财产税); ② 增加向贫困家庭的社会转移支出; ③ 增加医疗卫生、养老金和教育方面的支出; ④ 加大国有资本划拨转移, 为更高的社会支出需求提供资金; ⑤ 增加民营企业获得融资的机会。

4.1.3 消费和储蓄: 一个简单的家庭问题

当期的收入要么用于当期的消费, 要么储蓄起来用于未来的消费, 这是一个跨期选择问题。我们假设一个个体存活两期, 第 1 期对应年轻时期, 个体有劳动收入; 第 2 期对应老年时期, 个体退出劳动力市场, 只能依靠第 1 期留存的收入存活。个体的目标是总效用最大化, 即当期效用与未来效用的现值之和最大。

$$\max u(c_1) + \beta u(c_2) \\ \text{s.t.} \quad c_1 + c_2 = e \tag{4.6}$$

其中, c_1 是消费, c_2 是储蓄, e 是总预算约束, u 是具有良好性质的效用函数。可以看出, 储蓄的本质是消费的跨期分配, 储蓄和消费的大小取决于两者的边际效用和贴现因子 β。

具有良好性质的效用函数要求效用函数的一阶导大于 0, 二阶导小于 0, 即 $u' > 0$ 和 $u'' < 0$, 这表明效用函数满足边际效用递减的性质。因此, 将所有收入都花在第 1 期或都花在第 2 期肯定不是最优的, 最优的选择一定是两期均有消费。更关键的是, 最优的选择应该满足的条件是, 当期多消费一个单位的效用和未来多消费一个单位的效用 (贴现后) 是一样的。如果不满足这一条件, 比如当期最后一个单位的消费带来的边际效用是 100, 未来最后一个单位的消费带来的边际效用是 50, 会出现什么情况? 个体最优的消费储蓄行为一定是增加当期的消费, 减少储蓄和未来的消费, 直到当期消费带来的边际效用等于未来消费带来的边际效用 (贴现后)。

这虽然是一个动态问题, 但是我们可以将其近似理解成个体在两种"特殊"商品之间做的权衡取舍, 即将当期的消费和未来的消费看成两种不同的商品。考虑个体在面临预算约束时, 最优的商品组合是什么? 这样的类比思考可以帮助我们理解, 整个经济中储蓄等于投资的均衡状态是如何产生的。在产品市场, 市场通过价格的调节使得供给与需求相匹配, 形成的价格为出清价格。当供给大于需求时, 价格会下降;

当需求大于供给时,价格会上涨。由此类推,也应该存在一个与产品市场类似的市场。在该市场中存在一个价格 (利率),使得资本出清,此时储蓄与投资相等。这个市场就是**金融市场** (Financial Market),或称其为**金融体系**。

4.2 可贷资金市场与利率

常见的可贷资金定义主要有两种:一是私人投资筹资可以得到的资金流量,二是从私人储蓄中得到的资金流量。这些不同定义的区别在于,在可贷资金的供给和需求中,是否包括政府对可贷资金的供给 (公共储蓄) 和政府对可贷资金的需求。例如,在上述两种对可贷资金的定义中,前者把政府考虑在可贷资金市场的供给方内,但不作为可贷资金的需求方;后者则把政府考虑在可贷资金市场的需求方内,而不作为可贷资金的供给方,即认为可贷资金只包括私人储蓄而不包括公共储蓄。

可贷资金的不同定义会对模型产生不同影响。例如,当考虑政府预算赤字对可贷资金市场的影响时,若认为可贷资金的定义是私人投资筹资可以得到的资金流量,则在模型中会出现供给曲线向左移动;若认为可贷资金的定义是从私人储蓄中得到的资金流量,则在模型中会出现需求曲线向右移动,供给曲线不发生移动。但是,在这两种不同的定义下,政府预算赤字导致的可贷资金市场中利率的变化结果是相同的,即均衡利率最终都会上升。

在讨论真实世界里复杂的金融市场之前,我们先从一个最简单的模型出发,即经济中只存在一个单一的存贷款市场,资金富余的人需要存款,而资金紧缺的人则需要贷款。我们将这样的市场称为可贷资金市场。

一方面,可贷资金的供给主要来自那些有额外收入并想进行储蓄和放贷的主体。在现实中,资金供给可以通过多种方式实现,既包括居民向金融中介 (如银行) 存钱的间接方式,也包括购买股票的直接方式。另一方面,可贷资金的需求则主要来自希望借款进行投资的家庭与企业,这种需求包括住房贷款、企业借款等。储蓄和投资可被分别看作可贷资金供给和需求的主要来源。

可贷资金的市场价格又被称作**利率** (Interest Rate)。利率是储蓄或贷款的收益,同时又是借款的成本。当利率处于高位时,借款成本高,借款需求受到一定抑制;当利率处于低位时,借款成本低,借贷需求则表现得比较旺盛。因此,可贷资金需求曲线往往向右下方倾斜,斜率为负。同理,当利率处于高位时,贷款收益高,可贷资金供给充足;当利率处于低位时,贷款不再那么有吸引力,可贷资金供给较少。因此,可贷资金供给曲线往往向右上方倾斜,斜率为正。

如图 4.4 所示,均衡利率为 5%,此时可贷资金的供给量与需求量均为 1.2 万亿美元。试想,如果利率低于均衡水平,可贷资金市场会出现什么情况?毫无疑问,可贷资金供给量将小于需求量,市场上可贷资金短缺,这将鼓励贷款者提高他们所收取的利率。高利率将鼓励储蓄,从而增加可贷资金的供给量,并抑制为投资而进行借款的需求,减少可贷资金需求量。这种调整将不断进行,直到市场出清。

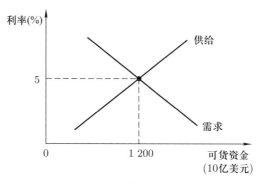

图 4.4 可贷资金市场

此外,值得注意的是,该模型中的利率是实际利率,即名义利率减去通货膨胀率。我们在新闻上看到的一般是名义利率,但是能够真正体现借款成本和贷款收益的往往是实际利率。

接下来,我们将以美国储蓄率较低的问题为例,通过三个观点来说明政策对储蓄和投资的影响。

观点一: 美国储蓄率较低是现行税法对利息所得征税所致,建议对于利息所得给予部分税收减免,进而鼓励美国人更多地进行储蓄。这一做法将使得可贷资金的供给增加(图 4.5 中从 S_1 右移到 S_2),均衡利率下降,而低利率将刺激投资,进而使得可贷资金的需求也相应增加。如图 4.5 所示,均衡利率从 5% 下降到 4%,储蓄和投资的可贷资金均衡数量从 1.2 万亿美元增加到 1.6 万亿美元。

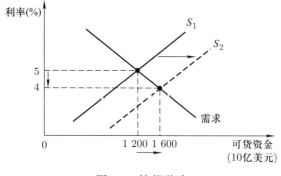

图 4.5 储蓄激励

观点二: 如果考虑对企业投资进行税负减免,那么将能够鼓励美国企业更多地投资,可贷资金的需求则会相应增加。均衡利率上升,而更高的利率又会刺激储蓄。如图 4.6 所示,当需求曲线从 D_1 移动到 D_2 时,均衡利率从 5% 上升到 6%,可贷资金均衡数量从 1.2 万亿美元增加到 1.4 万亿美元。

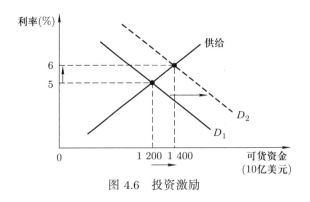

图 4.6 投资激励

观点三： 接下来，我们将把重点放在政府预算赤字对均衡状态的影响上。注意，此处的可贷资金的定义是私人投资筹资可以得到的资金流量。在图 4.7 中，S_1 与需求曲线的交点表示一国政府处于收支平衡状态，即税收收入等于政府支出。如果政府支出大于税收收入，哪一条曲线会发生移动？在既定利率下，家庭和企业的贷款需求不变，因此需求曲线不会移动。预算赤字导致公共储蓄为负，降低了国民储蓄。可贷资金的供给下降，均衡利率上升。当政府通过借款为预算赤字筹资时，就挤出了那些原本想借款用于投资的家庭和企业的可贷资金需求。如图 4.7 所示，当供给曲线从 S_1 移到 S_2 时，均衡利率从 5% 上升到 6%，储蓄和投资的可贷资金均衡数量从 1.2 万亿美元降至 0.8 万亿美元。当政府通过预算赤字减少国民储蓄时，利率上升，投资减少。

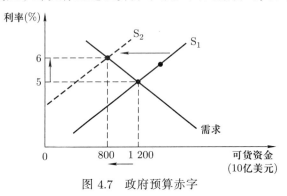

图 4.7 政府预算赤字

最后，我们来看一下如何运用相同的原理来分析现实经济中的案例。2009—2010 年，中国政府大规模地以政府资产与政府信誉为后盾，通过政府融资平台向中国银行系统进行了大约 10 万亿元规模的信贷融资。这对中国的可贷资金市场产生了两种可能的影响：一是政府融资平台的扩张使私人投资所获得的可贷资金供应量减少了，造成供给曲线左移，均衡利率上升，均衡投资量下降，均衡资金供应量下降。这就是所谓的政府融资平台的"挤出效应"。二是政府融资平台扩大了资金需求，使得需求曲线右移，利率上升，均衡投资量上升，可贷资金量上升。从实际结果来看，2011 年以来，中国的利率在上升，而可贷资金市场上的均衡投资量在明显下降，似乎"挤出效应"占据了主导地位。

4.3 金融市场与金融中介

在 4.2 节中，我们讲解了一个非常简单的可贷资金供需模型。但是，现实中的金融系统要复杂得多，金融产品更是多种多样。本节我们将着重介绍金融市场以及一些代表性金融产品。在实际中，金融市场是资金供给方 (储蓄者) 和资金需求方 (投资者) 发生交易的场所，主要包括债券市场与股票市场。债券市场是发行和买卖债券的场所。在债券市场中，我们主要讨论债券的价格决定、期限、信用风险、利率等。股票市场是已发行股票的转让、买卖和流通的场所，它是建立在发行市场的基础上的，因此又被称为二级市场。在股票市场中，我们主要讨论所有权、分红、股息、资本利得税、市盈率指标等。

4.3.1 债券市场

公司可以通过出售债券的方式向公众借款以筹集资金。**债券** (Bond) 是规定借款人对债券持有人负有债务责任的证明，相当于借据。债券的基本信息包括到期日、本金和票面利率，其中到期日指的是偿还借款的时间，本金即借款的额度，票面利率即借款到期之前定期支付的利息比率。图 4.8 中是一张 1988 年发售的价值十万元的债券，债券融资的目的是基础设施建设，债券期限为五年，利息为 7.5%，计息方式为单利。

图 4.8 债券

票面利率是影响债券价格的一个重要因素,决定票面利率的因素包括债券的期限、发债公司的信用评级、税收待遇等。

债券期限　债券期限越长,债券利息越高。债券期限越长、到期日越久远,其间发生不确定性风险的概率就越大,同时,债券持有人为持有债券而付出的代价也会越大。因此,需要更高的债券利息,才能吸引投资者购买债券。一般而言,长期债券支付的利率会高于短期债券。同样的道理,房屋贷款的贷款时间越长,利率越高。

信用评级　发债公司的信用评级越低,利息越高。信用评级是由专门的信用评级机构根据发债公司的具体财务、经营和管理等信息,给出的关于该公司违约风险的评定。信用评级机构是依法设立的从事信用评级业务的社会中介机构,是金融市场上一类重要的服务性中介机构,是由专门的经济、法律、财务专家组成的对证券发行人和证券信用进行等级评定的组织。国际上公认的最具权威性的专业信用评级机构有三家,分别是美国标准普尔公司、穆迪投资者服务公司和惠誉国际信用评级有限公司。信用评级越低,表明该公司潜在的违约风险越高。因此,发债公司必须付出更高的票面利率,以补偿债券持有人为此负担的风险。常见的信用评级包括:

- AAA: 偿还债务的能力极强,基本不受不利经济环境的影响,违约风险极低。
- AA: 偿还债务的能力很强,受不利经济环境的影响不大,违约风险很低。
- A: 偿还债务能力较强,较易受不利经济环境的影响,违约风险较低。
- BBB: 偿还债务能力一般,受不利经济环境影响较大,违约风险一般。
- BB: 偿还债务能力较弱,受不利经济环境影响很大,有较高违约风险。
- B: 偿还债务的能力较大地依赖于良好的经济环境,违约风险很高。
- CCC: 偿还债务的能力极度依赖于良好的经济环境,违约风险极高。
- CC: 在破产或重组时可获得的保护较少,基本不能保证偿还债务。
- C: 不能偿还债务。

税收待遇　债券的利息收入一般要计入个人所得税的税基,并缴纳相应税额。如果某种债券的利息可以免征个人所得税,则该债券在发行时,发行公司就会相应降低其付息利率,从而降低发债成本。在债券市场上,如果两种债券的利率、年限和发行主体信用评级相同,即可以认为它们是完全相同的,但其中一种债券的利息收入享有税收优惠,这将使得该债券更具有吸引力。根据无套利条件,这种债券在市场上的利率也必须更低一些。

4.3.2　股票市场

股票市场 (Stock Market) 是股票发行、转让、买卖和流通的场所,可分为发行市场和流通市场,也即一级市场和二级市场。**上市**就是指企业的资产所有权在股票市场上发行出售,这种股票发行的场所就是**一级市场**。一级市场的交易主体是公司和机构。上市企业通过首次公开发行 (Initial Public Offering, 简称 IPO) 在股市上发行出售其股票,进行股本融资。上市公司经过 IPO 后,股票持有者可以在股市上易手股票,这种股票买卖的场所就是**二级市场**,二级市场的交易主体是股民和机构。二级市场的存在可以服务于一级市场,也可以使股票交易更加有效(使企业所有权最终落到对其出价高的人手里)。但是,二级市场上股票易手时,上市公司本身没有获得增量资金。

股票代表对企业的所有权,也代表对企业所获利润的剩余索取权。上市企业的利润分为两部分:一部分利润以**股息**的形式分给股票持有人,这部分利润即红利 (Dividend);另一部分利润没有支付给股东,叫作留利,用于增加公司未来的投资。投资者还可以直接在二级市场出售股票获得收益,称为**资本利得** (Capital Gains)。例如经济学院一个宿舍的四名同学,成立了一家公司提供经济学原理课程的辅导服务,每人出资 1 000 元购买辅导资料和广告,那么每个同学拥有该公司的 1/4 股份。假设一年过去,公司取得利润 1 000 元,那么每个人应该分得 250 元。

市盈率又被称为"P/E"。P 是股价 (Price),反映的是人们对公司未来盈利的预期;E 是每股收益 (Earnings Per Share, 简称 EPS),就是公司总利润 (红利 + 留利) 除以流通在外的股票总股数。一般地,P/E 比率在 15 左右。如果 P/E 高,可能说明股票是昂贵的,也可能说明企业未来的收益状况被看好;如果 P/E 低,可能说明股价较低,也可能说明企业未来收益被看低。例如,某公司股票的每股价格为 10 元,总共发行 20 只股票,那么该公司的总市值就是 10 × 20 = 200 元。老板 2012 年赚了 20 元钱,那么每只股票分到的利润就是 20 元/20 只股票 = 1 元/股。因此当年的市盈率为 10/1=10,这意味着一个人投资了 10 元买这只股票,每一只股票每年分到的利润为 1 元,理论上经过 10 年就可以收回当初投资时的本金。

4.3.3 股票和债券的区别

债券与股票都代表金融索取权,债券包含对本金与利息的索取权,股票代表对企业利润的剩余索取权。债券与股票都是**金融资产** (Financial Asset)。金融资产不同于实物资本,实物资本是指设备、厂房等;金融资产可以是与实物资产相对应的价值形式,也可以是与企业无形资产相对应的价值形式。金融资产不仅包括股票、债券,还包括石油储备与其他可以变卖的房产、土地储备等。

股本融资与债务融资的区别,主要在于金融索取权的收益—风险不同、出资人对于融资企业的监督成本不同。股本融资是不必偿还的,代价是将公司的所有权出让。债务融资的成本是事先确定的,即到期前每年支付利息,到期归还本金。如果发债公司发生财务危机,优先保证支付债券的利得与本金。因此,债务对于债券持有人来说,是一种低收益、低风险的金融索取权。而股票对于股票持有人来说,收益是较高的,但同时风险也较高,因为一旦上市公司破产,股票就一文不值了。在股本融资中,出资人(股票持有人)的金融索取权取决于上市企业的运作绩效,因此股东必须要关注、监督公司的运行,要求上市企业定期披露财务信息。债券持有人一般不会干预企业的运行,也不会要求发债企业定期披露信息。

在企业运行顺风顺水时,融资企业会偏好债务融资方式,此时企业的自主权、自由度大。当企业破产风险较大时,企业会偏好于股本融资,此时企业的自由度小,面临的约束较多。就前面提到的经济学原理课程辅导公司的例子而言,如果一学期过去,这个公司的业绩良好,数学学院的同学看到了商机,也开了一个高数辅导公司。只不过这一次,他们采取了发债和发股票两种形式。首先,他们向老师借款1 000元,可以认为是发行了1 000元的债券,年化利息5%,期限是1年;其次,每个同学又出资1 000元,每人占据1/4的股份。一年过去了,公司利润为2 050元。首先,他们需要支付债券的利息并归还本金总计1 050元。剩余的利润将分给4个股东,每人250元。股票的收益是明显高于债券的。如果这一年,大家的高数辅导需求不高,公司业绩不好,利润只有1 150元。那么在支付债券利息和归还本金总计1 050元后,剩下的100元分给4名股东,每人25元。在这种情况下,股票收益低于债券。通过这个例子,我们可以总结出:低风险的金融产品一般低收益,高风险的金融产品一般高收益,前者是债券,后者是股票。不可能存在某种金融产品既是高收益,又是低风险。

4.3.4 金融中介机构

前面介绍的两种融资方式,都是借款人直接将钱借给需要资金的企业。在现实中,还有一种常见的间接方式,就是通过金融中介机构借贷。金融中介机构是储蓄者可以通过其间接地向借款者提供资金的金融机构,通过金融中介机构实现的融资又被称为**间接融资** (Indirect Financing)。

银行 (Bank) 是我们最熟悉的金融中介机构。银行的主要功能是吸收存款、发放贷款。银行对存款人支付存款利息,对借款人收取贷款利息。通常贷款利息会高于存款利息,这两者的差额是银行的运行成本和利润。银行充当储蓄者与投资者之间的中介,实现了间接融资,又充当了支付媒介,提高了结算效率。

共同基金 (Mutual Fund) 是一个向公众出售股份,并用收入来购买各种股票、债券以构建资产组合 (Portfolio) 的机构。按照其资产组合构成可分为三类:只购买股票的股票型基金、只购买债券的债券型基金,以及可以同时购买股票与债券的混合型基金。按照共同基金持股人的资金赎回 (Redeem) 方式分为两类:开放式 (Open-end) 基金与封闭式 (Closed-end) 基金。开放式基金是在基金的每个交易日都允许个人向基金机构买卖基金份额的一种基金。封闭式基金是不允许基金股份持有人在基金的封闭期内向基金机构赎回的基金。封闭式基金事先设定基金的规模、股份份数、封闭期,基金股份持有人一旦买下基金,是不能赎回的,但可以在公开市场上将基金股份卖给别人。所以,封闭式基金类似于股票。基金的合理性在于规模效应,由于它掌控的资金规模大,可以节省资金管理的成本,并且可以实现分散投资、分散风险,这有利于资金的合理配置。同时,基金由专业人士选购和配置金融资产,提高管理效益和投资收益。

除银行与共同基金外,还有很多种金融机构,如信用合作社、保险公司等。

4.4 衡量货币的时间价值

本节将跳出宏观的框架,具体介绍一些金融概念和工具,帮助读者理解在金融市场中做出的决策。金融本身就是一个独立的学科,我们在此只能管中窥豹、蜻蜓点水式地介绍一些金融的基础知识。本节中会运用一些非常简单的数学技巧。

我们从一个例子开始。某人今天给你 100 元,或者 10 年后给你 100 元,你会选择哪一个? 如果某人今天给你 100 元,或者 10 年后给你 200 元,你会选哪一个? 第一个问题很好回答,你一定会选择今天的 100 元。第二个问题就比较复杂。要回答第二个问题,我们需要比较不同时间点的货币价值,为此我们要引入现值的概念。任何未来一定量货币的**现值** (Present Value) 是在现行利率下产生这一未来货币量所需要的现在货币量。对应还有**终值** (Terminal Value) 的概念,即在现行利率下,现在货币量将带来的未来货币量。终值和现值的计算依托于**复利**的计算方式。如果用 r 表示利率,复利的计算过程如下:

$(1+r) \times 100$ 一年以后

$(1+r) \times (1+r) \times 100 = (1+r)^2$ 两年以后

$(1+r) \times (1+r) \times (1+r) \times 100 = (1+r)^3$ 三年以后

......

$(1+r)^n$ n 年以后

根据上面推导终值的公式,我们可以逆推出现值的公式。如果利率是 r,那么在 N 年后得到 X 的现值是 $X/(1+r)^N$。这个求解过程也被叫作贴现。应用这个原理,我们可以进行简单的金融产品定价。

债券持有人买入债券后,在到期日之前可以在二级市场上转手交易,因此研究债券定价具有重要意义。债券交易价格可表示为如下形式:

$$P_b = \frac{x}{1+r} + \frac{x}{(1+r)^2} + \frac{x}{(1+r)^3} + ... + \frac{x}{(1+r)^T} + \frac{F}{(1+r)^T} \tag{4.7}$$

其中, x 为发债人承诺的在到期之前每年支付的等额利息, T 为债券的期限, P_b 为债券在二级市场上的交易价格, r 是市场利率, F 是到期支付债券面值即债券的票面价值,是债券到期后发债人应偿还的本金数额。

同样道理，根据债券交易价格的公式，可知永续债券的定价公式为：

$$P_b = \frac{x}{1+r} + \frac{x}{(1+r)^2} + \frac{x}{(1+r)^3} + \ldots + \frac{x}{(1+r)^T} + \ldots \tag{4.8}$$

思考题 如果债券面值 100 元，期限为 30 年，每年支付 3 元利息 (即票面利率为 3%)。某债券持有人在持有 5 年后准备在二级市场卖掉，此时债券价格是多少？(在二级市场上，购买这个债券的人购买的是未来每年 3 元的现金流。如果市场利率为 5%，大于 3%，那么计算价格时使用的利率就是 5%。)

4.5 风险管理

4.5.1 风险厌恶

经济学研究表明，大多数人是风险厌恶的，即不喜欢不确定性。经济学家使用期望效用的概念建立了风险厌恶模型。效用函数的性质是边际效用递减，即一个人拥有的财富越多，效用越高；但拥有的财富越多，每增加一单位带来的额外效用越小；即一阶导数大于 0，二阶导数小于 0。

考虑下面的例子。你面临两个选择：选择一是现在给你 600 元，选择二是采用掷硬币的方式决定你获得的金额：如果是正面你将获得 400 元，如果是反面你将获得 600 元。换句话说，你有 50% 的概率得到 400 元，50% 的概率得到 600 元，因此选项二的期望收益是 500 元。在这种情况下，你当然会选择第一种，因为确定地得到 600 元，肯定比得到不确定的 500 元更有吸引力。但是，倘若把选项一改为提供 500 元，你又该怎么选？这时两种选择的期望收益相同，但风险厌恶者会更倾向于第一种选择。在图 4.9 中也可以比较直观地看出风险厌恶者的选择。

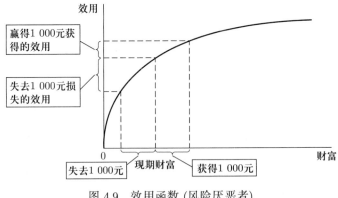

图 4.9 效用函数 (风险厌恶者)

4.5.2 保险市场

应对风险的一种方法就是购买保险。投保人向保险公司支付一笔保费,而在风险发生时保险公司将支付给投保人一笔赔付金作为回报。保险的种类有很多,如医疗保险、汽车保险、失业保险、人寿保险等。注意,保险并不能消除风险,而是分摊风险。

投保人和保险公司之间的信息是不对称的,投保人拥有私人信息,因此保险公司通常需要处理两个问题:一是**逆向选择** (Adverse Selection),即高风险的人比低风险的人更可能购买保险。这一理论由乔治·阿尔克洛夫 (George Akerlof) 提出,他将存在逆向选择的市场称为"柠檬市场",并于 2011 年获得诺贝尔经济学奖。二是**道德风险** (Moral Hazard),即在购买保险之后,因为保险公司会补偿全部或者大部分损失,人们谨慎行事和规避风险的激励减小;或者在风险事件发生后,人们缺乏控制损失的激励,甚至会通过欺诈以骗取保险公司更多的理赔。

在保险市场中,逆向选择的问题比较普遍。比如在健康保险市场中,投保人往往比保险公司更了解自己的身体状况。相对而言,身体健康状况差的个体更倾向于购买健康保险或者选择更高的保额。从保险公司角度来看,提供健康保险的边际成本随支付意愿增加而上升。在均衡里,这种逆向选择会让风险池充满高风险的个体,最终导致保险市场无法维持。

在保险市场中,道德风险问题也相当普遍。美国一所大学的学生自行车被盗比率约为 10%,有几个有经营头脑的学生发起了一个对自行车的保险,保费为被保险标的价值的 15%。按常理,这几个学生应当会获得 5% 左右的利润。但该保险运作一段时间后,这几个学生发现自行车被盗比率迅速提高到 15% 以上。这是因为,自行车投保后,学生们对自行车进行的安全防盗措施明显减少。在这个例子中,投保的学生由于不完全承担自行车被盗的风险后果,因而选择了不作为。这种不作为就是道德风险。可以说,只要市场经济存在,道德风险就不可避免。

4.6 文献导读

4.6.1 竞争性储蓄动机:来自中国性别比和储蓄率上升的证据

中国的高储蓄率源自哪里?文献中有各种解释,但 Wei et al. (2011) 视角新颖,从婚姻市场竞争力的角度来解释中国的高储蓄率现象。作者首先提出理论假说,计划生育政策实施后,随着男女性别比的上升,"单身汉"在婚姻市场上面临的压力越来越大,有男孩的家庭必须进行大量的储蓄让孩子在婚姻市场上更有优势。因此,储蓄率首先在拥有男孩的家庭上升。对于仅拥有女孩的家庭,他们可能会面临两种选择:"搭便车",享受男方财产带来的好处;提高储蓄率来提高女儿在未来婚姻中的议价能力以及婚后的家庭地位。这两种决策对储蓄的影响是相反的。而随着住房等资产的需求上升,房价开始上涨,最终所有人都需要更多的储蓄才能买得起房子,这一过程成为全社会保有高储蓄的传导路径。这就是基于性别比的竞争性储蓄理论。紧接着,该论文使用中国家庭收入调查 (CHIP)、中国人口普查、《新中国 50 年统计资料汇编》等数据库,从家户、省份等层面实证检验了竞争性储蓄理论,发现性别比可以解释 1990—2007 年 60% 的实际储蓄率上升,而预防性储蓄等理论只能解释 40% 的增长。

参考文献: Wei S J, Zhang X. The competitive saving motive: Evidence from rising sex ratios and savings rates in China[J]. Journal of Political Economy, 2011, 119(3): 511-564。

4.6.2 随机收入和迭代效用下的最优消费与储蓄

永久性的收入冲击对家庭的消费和储蓄行为有什么影响? Wang et al. (2016) 建立了一个动态不完全市场模型,研究家庭在永久收入冲击和借贷约束下的最优消费与储蓄行为。模型的结果表明:在跨期替代弹性 (EIS) 不变的前提下,风险厌恶程度上升会提升稳态下的储蓄以及财富不平等;跨期替代弹性对财富和消费的不平等影响是不确定的;主观贴现因子对财富不平等的影响是巨大的;不可保的收入冲击对年化边际消费倾向 (MPC) 的影响为 4%—7%, 预防性储蓄动机并不能完全解释穷人和富人消费的差异。该研究表明,相比于暂时性的收入冲击,永久性的收入冲击由于自我保险可能性较低,对家庭储蓄有显著更强的影响,使得家庭更难平滑消费。伴随着永久性的收入骤降和借贷约束,家庭年化边际消费倾向在 0.2—0.6, 与实证上的发现是一致的。

参考文献: Wang C, Wang N, Yang J. Optimal consumption and savings with stochastic income and recursive utility[J]. Journal of Economic Theory, 2016, 165: 292-331。

4.6.3 长寿风险、退休储蓄和金融创新

个体如何应对长寿风险? Cocco et al. (2012) 构建了一个具有长寿风险的生命周期模型,该模型包含了内生储蓄和退休决策。个体面对预期寿命延长时,可以通过增加储蓄和延迟退休来应对,虽然延迟退休会带来一些效用的损失。个体即使选择最优的退休时间和储蓄水平,仍然可以通过金融资产对冲长寿风险来获益。该论文研究了用于对冲生存概率冲击的金融资产的收益。模型的数值模拟表明,当长寿风险与前瞻性预测相匹配时,对冲的益处是巨大的。该论文还发现,在固定收益养老金计划 (DB Plan) 收益下降且这种下降和总生存率有关的情况下,通过金融资产收益对冲长寿风险的益处显著更多。该论文的模型还研究了长寿债券的优化设计问题。在投资者面临卖空约束的前提下,长寿债券收益的波动性上升,帮助投资者实现更强的对冲。然而,过度的波动可能会让年轻的家庭望而却步。这是设计长寿债券需要重点考

虑的问题。

参考文献：Cocco J F, Gomes F J. Longevity risk, retirement savings, and financial innovation[J]. Journal of Financial Economics, 2012, 103(3): 507-529。

4.6.4 储蓄和流动性问题

Deaton (1991) 关注的是消费者无法借贷时的储蓄理论，以及这种理论能够解释哪些关于储蓄的典型事实。当消费者相对缺乏耐心时，如果跨期的劳动收入满足独立同分布的条件，资产就像一个缓冲保护，以免消费受到收入负向冲击的影响。储蓄的预防性需求与借贷约束相互作用，提供了持有资产的动机。如果收入过程是正自相关的，但是是平稳的，资产仍然可以被用作平滑消费，但这样做的效率较低，且伴随着消费下降带来的损失。当劳动收入服从一个随机游走时，对于缺乏耐心且流动性受限的消费者来说，仅仅消费他们的收入是最优的。从这个角度来说，如果一个流动性受限的代理人获得了总的劳动收入，要么当收入服从随机游走时，没有储蓄；要么当收入过程是正自相关时，储蓄是逆周期的。然而，在现实中，微观个体的收入过程与它们的平均值并不相似，因此有可能在流动性约束下构建一个微观经济储蓄模型，该模型在总体水平上复制了实际数据中的许多典型事实。虽然很明显，许多家庭没有受到流动性约束，但该论文提出的模型似乎解释了传统生命周期模型无法解释的很多现实。

2015年10月12日，安格斯·迪顿 (Angus Deaton) 教授凭借对消费、贫穷与福利的分析，获得了诺贝尔经济学奖。

参考文献：Deaton A. Saving and liquidity constraints[J]. Econometrica, 1991, 59(5): 1221-1248。

4.6.5 中国家庭资产配置与异质性消费者行为分析

资产流动性对消费者行为有什么影响？臧旭恒等 (2018) 综合考虑了资产流动性和住房资产需求的影响，对不同资产结构下异质性消费者行为差异及其原因进行探讨。具体来说，首先，该论文从理论上证明了主动积累财富行为对消费平滑能力和流动性约束的影响，这也反映了资产结构对异质性消费者行为的影响，以揭示异质性消费者行为差异产生的原因。其次，分别以金融资产和住房资产衡量高流动性与低流动性资产，根据既定的资产结构识别异质性消费者。最后，为了检验不同资产结构下异质性消费者行为的差异，该论文利用中国家庭追踪调查 (CFPS) 2010—2014年的数据，通过估计暂时性收入冲击下的边际消费倾向，验证了高流动性资产对流动性约束程度的作用。为了解释流动性约束程度差异产生的原因，该论文以住房资产对不确定性以及财富积累的影响为传导机制，考察异质性消费者当前财富中预防性储蓄的比例差异，反映其主动积累财富的程度，并使用分位数回归的方法，借助财富收入比这一变量，分析了流动性约束与预防性储蓄之间的相互作用对异质性消费者行为的影响。

参考文献: 臧旭恒, 张欣. 中国家庭资产配置与异质性消费者行为分析 [J]. 经济研究, 2018, 53(03): 21-34。

练习

1. 判断题
   (a) 政府提高收入税将导致公共储蓄提高，从而导致总储蓄提高。
   (b) 股票的市盈率越高，投资价值越低。
   (c) 期限长的债券风险小，回报低，因此人们更倾向于持有短期债券。
2. 回答可贷资金市场的相关问题：
   (a) 请写出企业融资的方式并指出哪些是直接融资，哪些是间接融资。
   (b) 画出可贷资金需求曲线，并表述需求和利率的关系。
   (c) 在 (b) 的图上再画出可贷资金供给曲线，并表述供给和利率的关系。
   (d) 当政府对利率收入提高征税额度时，分析均衡下的利率和可贷资金数量。
3. 利用可贷资金市场的供求关系分析以下情况中均衡下利率和资金数量的变化。
   (a) 政府降低了社会医疗保险的报销比例，居民需自付医疗支出比例上升，承担更大的高额医疗支出风险，从居民的储蓄角度分析。
   (b) 政府大力发展义务教育，决定在教育上的支出提高 10%，从政府的预算收支角度分析。
   (c) 政府鼓励企业研发，企业每投资 100 元，可以从政府得到 10 元的税收返还，从企业的投资角度分析。
   (d) 2008 年 10 月 9 日，国务院决定对储蓄存款利息所得暂停征收个人所得税，从居民的储蓄角度分析。
   (e) 2009—2010 年，中国政府通过"政府融资平台"进行融资，向中国银行系统融资大规模信贷 (即银行系统给政府提供贷款)，从政府投资和私人投资角度两方面分析。
4. 小周是一名职工，假设她的一生被分为两个部分：第一期是青年期，这一期她能获得收入，且收入水平为 w；第二期是老年期，这一期她由于退休将不能获得任何收入。老年时的消费带来的效用仅等于年轻时同样数量消费带来的效用的 2/3，假设第 i 期的消费为 c_i，则她在这一期的效用为 $u_i(c_i) = \ln(c_i)$。假设不存在通货膨胀。
   (a) 假设该经济中没有银行，小周的工资要么花掉，要么以现金形式储存在家里。请用数学语言写出她的最大化目标和约束条件，并求出使得她总效用最大化的消费和储蓄安排。
- (b) 假设现在小周所在的地区开设了一家银行, 存款利率每期都为 r, 她不再需要将钱存在保险柜中。此时她在银行的储蓄比例会是多少?

5. 债券相关计算
   - (a) 小明在 2020 年 1 月从银行借出 100 万元, 并采用固定分期支付 (每期还款数额相同) 的方式偿还, 若其从当年 2 月起开始每月都需要偿还, 共分 12 期, 最终在 2021 年 1 月底偿清, 贷款今日的价值等于贷款偿付的现值。若年化利率为 6%(月利率 = 年利率/12), 求解她每月应还款的数额 (列式即可, 无须计算)。
   - (b) 政府发行了面值为 2 万元的 20 年期付息债券, 其每期都会向债券持有人支付等额利息 (面值的 2%), 在最后一期会将当期利息和面值一并偿还。若这份债券的价格为 2.5 万元, 那么到期时收益率是多少 (列式即可, 无须计算)。

6. 两名学生小王和小张想通过购买保险来对冲生病的危险, 他们每月都获得 1 000 元的收入。假设保持健康的情况下不需要支付任何医疗成本, 但如果生病需要每月支付 500 元的医疗开支。他们二人生病的概率并不相同, 假设小王的得病率为 20%, 小张为 5%。他们的效用函数都是关于财富的形式: $u(w) = w^{1/2}$。
   - (a) 假设不存在保险市场, 分别求出两人的期望效用。
   - (b) 假设保险公司知道他们患病的风险并对二人征收公平保险, 分别计算两位同学的最优保险金额。

5 货币制度

一切通货膨胀都是货币现象。

——米尔顿·弗里德曼 (Milton Friedman)

▮导言▮

货币就是钱吗？在日常生活中，我们可能常常听人提起三种表述：张三很有钱，李四挣很多钱，王五花钱请大家吃雪糕。那么在这三个例子中的"钱"，和我们这章所说的"货币"又是什么关系呢？首先，当我们提到某人很有钱时，这里的"钱"指的是财富，可以包括现金或资产 (汽车、房子、股票、债券等)。一般而言，货币资产只占社会总财富的一小部分。其次，我们在平时说某人挣很多钱，这里的"钱"指的是收入，即单位时间内获得的现金流 (以及以货币度量的新增资产)，包括工资、奖金、利息、股息、利润、租金以及资本利得等。只有在最后一个例子中的"钱"指的才是货币本身。这里描述了一个交易过程，即用钱作为交换媒介，完成商品购买这一行为。

▮内容提要▮

在本章中我们需要了解以下内容：
- ☐ 货币的含义
- ☐ 银行与货币供给
- ☐ 货币需求理论
- ☐ 货币增长与通货膨胀

5.1 货币的含义

5.1.1 货币的职能

货币在经济中主要有三种职能：交换媒介、计价单位和价值储藏手段。这三种职能把货币与经济中的其他资产如股票、债券、不动产、艺术品等区分开来。

交换媒介 (Medium of Exchange) 是货币最基本的职能，体现了货币在商品交易活动中充当的中介角色。没有货币，人们只能以物易物。但是，在以物易物的系统里，双方必须对交换物有**双向一致性** (Double Coincidence)。而这种双向一致性在实际操作中很难实现,这可能导致交换最终无法实现。为了更好地理解双向一致性的含义,我们通过以下例子来说明。

假设有一个区域,东边的大草原上有很多只羊,西边则是鱼类资源丰富的海域。这片区域生活着一群人,他们生来就掌握一种技能,要么会抓羊,要么会捕鱼。最开始,大家相安无事,会抓羊的吃羊肉,会捕鱼的吃生鱼片。过了一段时间,他们开始考虑,如果把羊肉和鱼放一起烹饪味道是否会更好,于是他们想到了"交换"。然而,交换要求他们必须对交换物具有双向一致性,也就是说一方想要一只羊,而另一方恰好想要十斤鱼 —— 假设一只羊与十斤鱼的价值相等。但是这种巧合太难发生了。我们不难看出,在货币缺失的系统里,交易成功实现的概率是很低的。

现在,我们将这个故事进一步复杂化。假设这个区域的南边有一大片树林,树林里很多水果。新的问题出现了,有三个人 A、B 和 C,分别有羊、鱼和水果。现在 A 想要鱼,B 想要水果,而 C 想要羊。最理想的情况是,大家都有足够的物品以供交易,而且大家同时产生交易需求,从而顺利实现交易。但是,试想如果今年年景不好,水果歉收,那么 C 将无法提供足够的水果向 A 换羊。进一步,A 也就无法提供足够的水果向 B 换鱼。因此整个交易被迫终止,所有人的需求都无法得到有效满足。可以想象,随着商品的种类增多,参与交易的人员增多,交易的难度会逐步增大。此外,双向一致性在时间上的差异也可能导致交易无法完成。以上例子说明,如果没有货币,或者准确地讲没有一种交换媒介,商品交易是十分困难的。

计价单位 (Unit of Account) 指的是人们用来表示商品价格和记录债务的标准。我们还是沿用上面的例子,比如一只羊 500 元,一条鱼 100 元,因此我们可以说羊的价格是鱼的 5 倍。如果没有货币,我们就要预先知道每种商品的相对价格,比如 1 只羊可以换 5 条鱼。随着商品数量的增多,这样的方式显然是十分不便的。同样,当人们从银行申请一笔贷款时,我们也需要用货币来衡量这笔贷款的价值。货币为衡量不同物品的相对市场价值提供了简单方便的尺度。

价值储藏手段 (Store of Value) 指的是人们可以用来把现在的购买力转变为未来的购买力的工具。为了让人们在出售商品时接受货币,首先需要使他们相信货币能买到他们需要的一切商品或劳务。换言之,如果起到交换媒介的作用,货币至少需要在一段时间内保持其自身价值。货币作为价值储藏手段,是一种超越时间的购买力的贮藏,它可以将我们取得收入的时间和支出的时间分离开来,使我们的支出在时间上更具灵活性。货币并不是唯一的价值储藏手段,但却是流动性最高的手段。货币本身就是交换媒介,不需要转换为任何其他东西,可以直接表现为购买力;而其他资产在转化为货币时,需要付出相应的交易成本。这也是人们愿意持有货币的重要原因。

5.1.2 货币的种类

从是否具有内在价值的标准来看,货币可以分为商品货币和法定货币。**商品货**

币 (Commodity Money) 指的是有内在价值的货币形式。商品货币的一个典型例子就是黄金。黄金之所以有内在价值，是因为黄金除了能够用于制造首饰，还是少有的化学、物理及电子性能优异的金属，其耐高温、耐腐蚀、延展性好，可以用于社会生产的许多领域，例如镀金的玻璃可以被用于航天器以阻挡强紫外线对宇航员身体的伤害。此外，由于黄金相对其他商品而言便于携带、分割和度量，因此在历史上很长一段时间，黄金都是一种主流的货币。

除黄金以外，贝壳、石头、碎银子也曾被视作商品货币。贝币的计量单位是"朋"，"朋"的古字本义就是指一串或两串相连的"贝"，后来逐渐演化成计量单位。而一"朋"到底为多少只贝，从两只到二十只，一直未有一致的说法。朋最早见于远古时代的象形文字甲骨文，在青铜器铭文中常常可以见到"贝五朋"之类的句子，表明"朋"就是一种货币衡量单位。

而没有内在价值的货币就被称为**法定货币** (Fiat Money)，简称法币。事实上，人们之所以接受某种商品作为货币，并不是由于其内在价值，而在于其被人们普遍接受并可用于支付。因此，即使是一种毫无内在价值的符号，也可以成为货币。法币通常是由政府法令所确定的货币，包括纸币与铸币。它可以作为最后的支付手段流通，而本身可以没有任何价值。

5.1.3 货币的数量

货币的数量通常用以下四个指标来刻画: M_0、M_1、M_2、M_3。在这里引入一个概念: **流动性** (Liquidity)。流动性是一种资产转变为社会普遍接受的另一种资产的难易程度。狭义上来讲，我们可以认为货币具有完全流动性；广义上来看，如果我们使用不同的流动性标准，我们又可以用 M_0、M_1、M_2、M_3 来度量货币的规模。在这里我们重点关注我国的货币度量体系。

M_0: 流通中的现金，即国民经济中企业和居民手中持有的现金。

M_1: M_0+ 企业活期存款 + 机关团体部队存款 + 农村存款 + 个人持有信用卡类存款。

M_2: M_1+ 城乡居民储蓄存款 + 企业存款中具有定期性质的存款 + 外币存款 + 信托类存款。

M_3: M_2+ 金融债券 + 商业票据 + 大额可转让定期存单。

M_1 是各国普遍采用的狭义货币标识，它包含现金、活期存款、其他支票存款等流动性最强的金融资产。M_2 是广义货币。M_1 与 M_2 之差为准货币。M_3 是根据金融工具的不断创新而出现的一种货币度量。通常我们所说的货币供给 M 指的是 M_1，即现金 C 和活期存款 D 的总和。

5.2 中央银行

银行系统运作主要涉及三个角色: 公众 (Public)、商业银行 (Commercial Banks) 和中央银行 (Central Bank)。如果用 C 表示现金、D 表示活期存款, 那么总货币量 M 则可表示为现金和活期存款之和, 即:

$$M = C + D \tag{5.1}$$

为了更好地表示货币内部现金与存款的数量关系, 我们引入**现金储蓄率** (Currency Deposit Ratio) 的概念, 即现金对存款的比率 (通常用 c 表示):

$$c = C/D \tag{5.2}$$

商业银行是银行体系的主体。商业银行以盈利为经营目的, 其基本业务是吸收存款与发放贷款, 从中赚取利息差。因此, 从利润最大化的角度来看, 银行会尽最大可能把存款全部用于放贷。但是, 这样做的后果是, 一旦有储户前来取款, 银行就会出现无法兑付的问题。因此, 银行需要在利润最大化和保持适当流动性之间做一个权衡取舍, 既要保证储户的取款需求, 同时还要争取最大化利润。政府用银行法来限制银行放贷的最大尺度, 具体做法是规定一个最低**银行准备金率** (Reserve Ratio), 即存款总额中不得用于放贷的部分所占的比率 (通常用 r 表示)。商业银行需要把准备金存放在中央银行, 中央银行则在个别商业银行出现流动性困难时进行适当干预, 从而利用国家信誉防范上述危机。如果以 RE 表示储备, 仍以 D 表示存款, 那么银行准备金率可表示为:

$$r = \text{RE}/D, \quad 0 < r < 1 \tag{5.3}$$

这样一来, 商业银行的基本活动可视为在准备金率规定范围内接受存款和发放贷款。

银行系统的最后一个组成部分是中央银行。中央银行是中央政府的一部分, 主要负责货币发行, 接受商业银行存款, 并制定有效的货币政策。商业银行可以在中央银行开设账户, 用于银行间结算 (注意中央银行不接受公众即个人和企业的存款)。在银行系统中, 商业银行为公众提供存贷款服务, 中央银行又为商业银行提供银行服务。我国货币政策的目标主要包括: 物价稳定、充分就业、经济增长、金融市场稳定、利率稳定、外汇市场稳定。

5.3 银行与货币供给

在本节中我们要说明现代经济是如何通过银行系统创造出货币的。要理解银行与货币供给的关系, 我们首先需要了解什么是资产负债表。**资产负债表** (Balance Sheet)

是一个会计概念，编制资产负债表的基本方法是设计左右两个栏目：左边记录资产 (Assets)，右边记录负债 (Liabilities) 和净价值 (Net Worth，又称资本权益)。左右栏目具有恒等关系：资产 = 负债 + 净价值。也就是说，资产负债表阐述了一个企业所有权的关系：一个企业的全部资产属于它的债权人 (债券持有人) 和它的法定主人 (股票持有人)。关于资产负债表更详细的讲解和研究会在货币银行学、财务会计和公司财务等课程展开，我们在这里只进行简单介绍。下面我们来看一个具体的例子。

假设有一家银行，发行了 2 500 万元股票，资产负债表如表 5.1 所示。在没有负债的情况下，该银行全部资产属于股票持有人。

表 5.1　资产负债表一

资产（万元）	负债和净价值（万元）
现金储备 2 500	股票价值 2 500

为了开展业务，银行支付 2 400 万元购买办公室和设备，资产负债表变动见表 5.2。

表 5.2　资产负债表二

资产（万元）	负债和净价值（万元）
现金储备 100	股票价值 2 500
房地产 2 400	

该银行开始开展存贷款业务。银行接受了 1 000 万元的存款，这笔存款作为银行现金资产计入左边储备项，同时作为银行对顾客的负债计入右边存款栏目。资产负债表变成表 5.3，目前该银行总资产为 3 500 万元，其中有 1 000 万元是银行对客户的负债。

表 5.3　资产负债表三

资产（万元）	负债和净价值（万元）
现金储备 1 100	股票价值 2 500
房地产 2 400	存款 (负债) 1 000

接下来，假设法定准备金率是 10%，那么该银行 1 000 万元的存款中有 900 万元可以用于发放贷款。假如银行找到了比较好的企业和项目，贷出 900 万元，资产负债表变成表 5.4。这时，左边资产项增加了借据 900 万元，这代表银行预期企业后续会还款 900 万元。注意，在右边现金储备项并没有改变，因为贷款人并不是要把现钞取走，而是让银行在自己存款单上加上借到的这些数字。右边负债项增加了 900 万元存款，总的存款上升为 1 900 万元。

表 5.4 资产负债表四

资产 (万元)	负债和净价值 (万元)
现金储备 1 100	股票价值 2 500
房地产 2 400	存款 (负债) 1 900
借据 900	

5.3.1 银行如何影响货币供给

到此为止,我们理解了资产负债表是怎么工作的。那么银行是如何影响货币供给的呢? 我们接下来进一步抽象这个例子。假设有三种情形。

情形一:经济体中没有银行,流通的现金是 1 000 万元,那么货币供给就是 1 000 万元。此时,$D=0$, $M=C=1\,000$。

情形二:经济体中存在银行,同时中央银行实行 100% 的银行准备金制度,在初始时点,家庭持有 1 000 万元现金。此时,$D=0$, $M=1\,000$, $C=1\,000$。现在假设家庭把钱都存入银行。存款之后,$D=1000$, $M=1000$, $C=0$。如表 5.5 所示,我们可以发现,100% 的准备金率并不影响货币供给。

表 5.5 情形二: $r=100\%$

资产 (万元)	负债和净价值 (万元)
准备金 1 000	存款 1 000

情形三:中央银行将准备金率设为 20%,那么情况会有何变化呢? 此时,该银行需要将 200 万元存入中央银行,因此可贷资金变成 800 万元。若该银行将这 800 万元全部贷出,则有 $D=1\,000$, $M=1\,800$, $C=800$。不难发现,此时银行的活期存款仍为 1 000 万元,但流通中的现金增加了 800 万元。因此,在部分准备金制度下,银行创造了货币。此时该银行的资产负债表为表 5.6。

表 5.6 第一家银行资产负债表 ($r=20\%$)

资产 (万元)	负债和净价值 (万元)
准备金 200	存款 1 000
贷款 800	

假设情形三下银行系统内有多家银行,存款行为不断进行,借款人把这 800 万元存入第二家银行,然后第二家银行又将 80% 的存款用于放贷,并以此类推,我们可以得到第二家和第三家银行的资产负债表分别如表 5.7 和表 5.8 所示。

表 5.7　第二家银行资产负债表 ($r=20\%$)

资产 (万元)	负债和净价值 (万元)
准备金 160	存款 800
贷款 640	

表 5.8　第三家银行资产负债表 ($r=20\%$)

资产 (万元)	负债和净价值 (万元)
准备金 128	存款 640
贷款 512	

最终, 我们可以得到总货币量的计算公式, 即总货币量等于初始货币量除以银行准备金率:

$$1\,000 + 1\,000 \times 0.8 + 1\,000 \times 0.8^2 + 1\,000 \times 0.8^3 + \cdots$$
$$= \sum_{n=0}^{\infty}(1\,000 \times 0.8^n)$$
$$= 1\,000/(1-0.8)$$
$$= 5\,000$$

5.3.2 基础货币与货币乘数

基础货币 (Money Base) 指的是流通于银行体系之外被企业和居民持有的现金 (即 M_0, 用 CU 表示), 加上银行体系持有准备金 (用 RE 表示), 即 $M_b = \text{CU} + \text{RE}$。由于中央银行可以控制现金发行量和准备金率, 因而其对基础货币具有相当程度的控制力。中央银行可以改变基础货币量, 并通过货币乘数的放大作用来调节货币供应总量。接下来, 我们推导 M_b 与 M 的关系, 得出货币乘数。

$$M = \text{CU} + D = c \times D + D = (c+1) \times D$$
$$D = M/(c+1)$$
$$M_b = \text{CU} + \text{RE} = c \times D + r \times D = (c+r) \times D$$
$$D = M_b/(c+r)$$

因此, 我们有:

$$M = \frac{c+1}{c+r} \times M_b \tag{5.4}$$

由于 $\dfrac{c+1}{c+r} > 1$, 所以当基础货币 M_b 发生变动时, 货币总量会有更大幅度的变动。M_b 前面的系数 $\dfrac{c+1}{c+r}$ 被称为**货币乘数**。

在货币乘数模型中,我们需要注意以下几点:

(1) 基础货币 (M_b) 由中央银行直接控制。

(2) 准备金率 (r) 取决于银行的经营状况和银行政策。

(3) 现金储蓄率 (c) 取决于家庭持有货币形式的偏好。

(4) 准备金率下降,货币乘数增大。

(5) 现金储蓄率下降,货币乘数增大。

(6) $r<1$,所以货币乘数 $\frac{c+1}{c+r}>1$。

(7) 如果货币乘数等于 3,意味着 1 单位的基础货币增加将导致 3 单位的货币供给增加。

此外,从货币乘数的表达式中我们不难看出,随着现金储蓄率上升,货币乘数减小。从直觉上,现金储蓄率更大意味着人们更愿意持有货币,那么银行里的储蓄量就会减小,货币乘数的效果也会减小。通过数学推导得出的结论也是一样的。

需要注意的是,该模型只是一个参考。事实上,中央银行很难精准地控制货币总量 (M)。原因一是银行实际的准备金可能超过法定的最低准备金率,实际准备金的持有比例不容易实时精准测量;原因二是家庭有可能改变持有现金的意愿。

5.3.3 货币政策与货币工具

货币政策 (Monetary Policy) 是中央银行通过价格手段或者数量手段调控货币供应量的政策。与之相对的**财政政策** (Fiscal Policy) 则是财政相关政府部门通过调节税率或改变政府开支等影响宏观需求或供给的政策。

我们以美国联邦储备委员会 (以下简称"美联储") 为例介绍货币政策工具。中央银行的主要任务是管理货币,这需要通过一系列政策手段 (Instruments) 实现。政府对货币的管理通常会遵循一定的市场规律。美联储独立制定和实施货币政策,更会遵从货币市场上的供求法则,依靠市场机制来实施货币管理,而绝不是依靠行政手段。美联储的三种主要货币政策工具包括公开市场操作、调整法定准备金率和调整再贴现率。

公开市场操作 (Open Market Operations,简称 OMO) 是美联储最经常使用的办法。"公开"指每一个人包括美联储都可以参与,"操作"指债券的买卖。美联储如果想要增加货币供给,就会从公众手中买入政府债券,并支付相应的美元,从而增加基础货币;反之,则会向公众卖出政府债券,公众为债券支付相应的美元,从而达到减少基础货币的目的。

法定准备金率是中央银行对商业银行规定的最低准备金率,并对准备金存款比率和货币乘数产生影响。当美联储降低法定准备金率时,银行可以将更多的存款用于贷款,从而创造出更多的货币;反之,银行需要减少贷款,则会降低货币供给。提高或降低法定准备金率便是货币紧缩或货币扩张的重要信号。而差别准备金率则是对于某一类银行实行特殊的准备金率,比如我国下调农村商业银行的准备金率,定向降准向"三农"领域增发贷款以增加货币供给。值得注意的是,频繁调整准备金率会影响银行和市场的预期。此外,若法定准备金率过低,则容易发生挤兑;若准备金率过高,则会影响银行的盈利能力。因此在实际操作中,法定存款准备金率是使用最少的一种货币政策工具。

再贴现率是商业银行或者其他存款机构在美联储中的准备金低于法定准备金率时,需要向美联储贷款支付的利率。目前,美联储设定的法定准备金率是10%,如果商业银行的准备金比率在两周内持续低于法定准备金率,则会遭受罚款。如果想免于惩罚,可以减少贷款,用收回的贷款补充准备金;或向持有超额准备金的其他银行借款,支付联邦基金利率;或者直接向美联储借款。联邦基金利率是指商业银行之间借款的利率,贴现率会比联邦基金利率高,因此中央银行鼓励商业银行间在市场上进行拆借,抑制银行对中央银行的依赖。但与法定准备金率类似,贴现率在实际中同样很少应用。

5.4 货币的需求

在上面的章节中,我们系统讨论了货币的供给机制,接下来我们学习货币的需求问题。根据货币需求理论,货币需求主要由三方面因素决定:

一是**交易性因素**。货币的基本功能是交换媒介。1911年,欧文·费雪(Irving Fisher)在《货币的购买力》(*The Purchasing Power of Money*)中提出了著名的费雪交易方程式:

$$M \times V_T = P \times T \tag{5.5}$$

其中,M代表一定时期内流通的平均货币数量;V_T代表货币的平均流通速度,即一定时期内货币从交易一方支付给另一方的换手次数;P是物价水平,表示所有交易的商品和服务的平均价格水平;T是表示该交易时期商品和服务的总的交易数量。因而,等式右边是该时期商品和服务交易的总价值。因为T很难获得,通常用国民收入Y代替,即等式右边代表了名义国民收入:

$$M \times V_T = P \times Y \tag{5.6}$$

这个公式的直观含义非常好理解:交易中发生的货币支付总额等于被交易的商品和服务的总价值。费雪进一步认为,货币流通速度V取决于人们的支付习惯、信用发达程度和通信条件等,与流通中的货币数量无关。V只会在长期发生缓慢变动,而在短期变化很小,甚至可以看作一个常数。Y是由劳动、资本、人力资本、自然禀赋及技术决定的,在一定时期内可以假设Y不变。由于货币流通速度和Y在短期内不变,则实际需要的货币数量取决于交易数量和货币流通速度的倒数,即:

$$M = (1/V) \times PY \tag{5.7}$$

从中我们可以看到,随着名义国民收入的提高,货币需求也在不断增大。

二是**预防性因素**。预防性因素指的是人们为了预防一些紧急事件而愿意持有一部分货币。和银行持有超额准备金类似,人们持有预防性货币也是为了避免流动性不足造成的损失。正如凯恩斯所一贯认为的那样,未来是充满不确定性的,因此个人和企业总要在日常支出计划以外留有一部分货币,以应付诸如生病、原材料涨价等突发事件。

三是**投机性因素**。货币需求是对财富资产持有形态的一种选择行为,选择持有货币必然失去以非货币方式持有资产可能带来的收益,这构成持有货币的机会成本。货币作为财富的一种形式,当其他资产的相对价格下降时,持有货币的需求上升。如果一个经济体里只有债券和货币作为财富贮藏手段,当利率水平下降时,债券的预期回报率下降;货币的预期回报率上升,则货币需求上升。使用机会成本的概念同样可以得到类似的结论。当利率水平下降时,债券预期回报率下降,持币的机会成本下降,货币需求上升。

5.5 货币增长与通货膨胀

5.5.1 货币与通货膨胀

通货膨胀可以分为可预期到的通货膨胀和未预期到的通货膨胀,两者对经济有着不同程度的影响。**可预期到的通货膨胀**带来的成本主要包括皮鞋成本和菜单成本。**皮鞋成本** (Shoeleather Cost) 意味着访问银行的频率增加。当发生通货膨胀时,货币贬值。假设没有获得更高的资金回报的途径,即没有其他渠道使得资金保值或增值,人们更倾向于把钱存入银行,以便获取利息收入来抵消通货膨胀对货币购买力的削弱。为了尽可能把钱放在银行,减少手上持有的货币,人们会每次尽量少取钱。尽管这样会增加取钱的次数,但可以使存入银行的钱尽可能多。**菜单成本** (Menu Cost) 指的主要是价格调整的成本。在通货膨胀的情况下,企业需要频繁调整价格,无论是原材料价格还是产品出厂价格。价格的调整一方面带来印刷品的印刷成本,另一方面迫使企业调整生产和投资计划,而后者的调整也伴随着一定成本的发生。

未预期到的通货膨胀带来的成本主要源于财富的再分配过程。债权人 (Lender) 持有债券,在债券到期时拿到本金不变,债务人 (Borrower) 可以使用借到的款项购买等额的商品,到期偿还时再卖掉商品。因为发生了未预期到的通货膨胀,债务人售出商品的价格更高,但需要偿还的债务不变,从而获益。因此,这一情况有利于债务人而不利于债权人。同理,未预期到的通货膨胀有利于利润收入者和浮动收入者,而不利于固定收入者。

我们可以通过货币数量论理解货币增长率和通货膨胀率之间的关系。根据费雪方程式 $M \times V = P \times Y$,我们有:

$$\frac{\dot{M}}{M} + \frac{\dot{V}}{V} = \frac{\dot{P}}{P} + \frac{\dot{Y}}{Y} \tag{5.8}$$

假定货币流通速度不变，$\frac{\dot{V}}{V} = 0$，则有：

$$\frac{\dot{M}}{M} = \frac{\dot{P}}{P} + \frac{\dot{Y}}{Y} \tag{5.9}$$

如果用 π 表示通货膨胀率：

$$\pi = \frac{\dot{P}}{P} \tag{5.10}$$

因此，我们可以得到通货膨胀率和货币供给的关系：

$$\pi = \frac{\dot{M}}{M} - \frac{\dot{Y}}{Y} \tag{5.11}$$

根据货币数量论，我们可以得到一系列有意义的结论：经济的增长需要货币供给的增长，以满足交易增长的需求。若货币增长的速度超过经济增长的速度，将导致通货膨胀。经济增长 $\frac{\dot{Y}}{Y}$ 取决于要素增长和技术进步。货币数量论预示了货币增长率与通货膨胀率之间的一一对应关系。

从图 5.1 我们看到，在 2008 年以前，M_2 增长率和 CPI 走向一致，直至 2009 年发生了背离。2009 年货币流通速度在经济和金融危机期间急剧下降，因此大量的货币供给在短期内也不会带来严重通货膨胀。

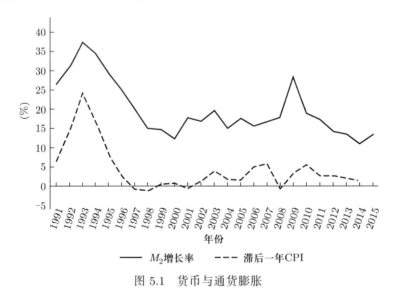

图 5.1　货币与通货膨胀

事实上，中国的货币流通速度并不是一个常数，而是存在较大的波动。图 5.2 显示了不同口径下货币流通速度的增长率。比较三条曲线可以看出，口径越窄的货币，其流通速度的增长率越大。

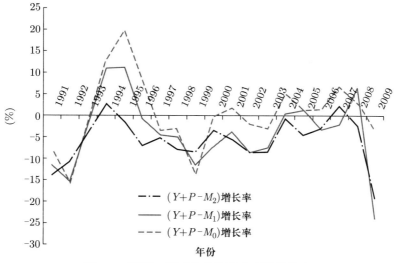

图 5.2 不同口径下货币流通速度的增长率

5.5.2 古典二分法

重商主义时期,货币解决了物物交换中交易难度大、难以满足时间空间一致性等问题,极大地促进了经济发展。人们都视货币为财富。该时期的经济学家认为流通领域才是财富的真正来源,其对于货币和实体经济的分割一定程度上已经具有了"古典二分法"的色彩。

随着古典经济学理论的出现,古典二分法也开始发展成熟。古典二分法是把经济分为实体经济和货币两个部分的研究方法,相应地,经济学研究也分为经济理论和货币理论两个部分。做出如此划分的直接根源在于以萨伊 (J. B. Say)、休谟 (David Hume) 为代表的"货币面纱论"和以穆勒 (John Stuart Mill) 为代表的"货币机械论"。

经济理论研究实际经济中产量的决定,认为产量是由制度、资源、技术等实际因素决定的,与货币无关,即货币中性;所用到的变量均是真实变量。我们之前所学的索洛模型就是典型的体现。货币理论认为货币数量变动与物价及货币价值变动之间存在因果关系,所用到的变量均为名义变量,费雪效应就是其典型应用。在这样的理论框架下,货币对于实体经济而言是外生变量,实体经济的长期发展完全由实体部门决定,货币供给量的变化只会引起商品价格的同比例上涨和下跌,政府任何积极的货币政策都是多余的甚至是有害的,不会真正促进实体经济发展。货币政策的任务应只在于控制货币数量,稳定物价水平,维持货币购买力。

后期古典经济学家也试图对理论进行一定的发展,他们注意到了实体经济和货币经济的密切联系,并尝试解释现实中纷繁复杂的经济现象。例如,理查德·坎蒂隆 (Richard Cantillon) 指出,只有当货币增长在经济体的所有成员中进行平均的、一致的最初分配时,经济才呈现出货币中性。

5.5.3 通货膨胀与利率：费雪效应

费雪效应 (Fisher Effect) 指的是名义利率会随着通货膨胀率的增加而增加。费雪效应 $i = r + \pi$ 反映了名义利率、实际利率和通货膨胀率三者的关系，即名义利率等于实际利率加上通货膨胀率。在经济体中，实际利率由实体经济决定，相对稳定，因此通货膨胀率的变化往往反映在名义利率的变化上面。

图 5.3 显示了通货膨胀率与名义利率。可以看到，二者呈现出几乎相同的变动趋势。图 5.4 显示了全球部分国家通货膨胀率与名义利率的关系。各国通货膨胀率与名义利率呈现出正相关关系，可以近似拟合出一条向上倾斜的直线。

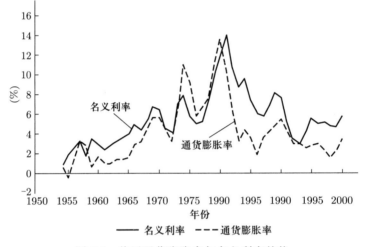

图 5.3 美国通货膨胀率与名义利率趋势

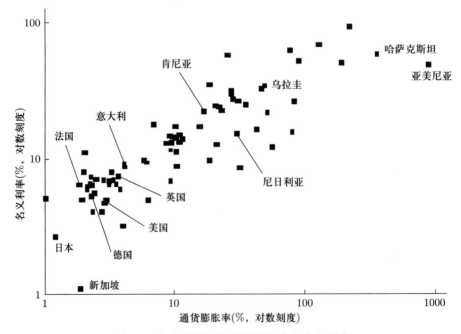

图 5.4 全球部分国家通货膨胀率与名义利率

5.6 文献导读

5.6.1 货币分析的一个理论框架

Friedman (1970) 搭建了货币分析的理论模型,并讨论了名义货币和实际货币的关系。作者认为,如果价格和工资可以自由变化,那么人们以名义货币表现的消费倾向的增加,将导致价格的上升和产出的增加。如果价格受政府管制或是具有黏性,这将导致短缺,继而会使得价格上升。作者首先讨论了欧文·费雪于 1911 年提出的传统货币数量论方程: $MV = PT$,然而在这一方程中,"传导渠道"(transaction) 与"一般价格水平"(general price level) 的定义并不清晰,因此人们对这一方程进行了修正,以收入而不是交易的形式来进行衡量,即 $MV = Py$。另一种方法是,假设个人和企业的货币需求取决于收入,即名义货币是国民总收入的一个比例: $M = kPy$。随后作者论述了影响货币供给和需求的因素。名义货币供给量的决定因素包括高能货币量、法定准备金率和公众对通货的偏好。货币需求主要由以下因素决定: ① 财富总水平; ② 财富的分配形式; ③ 持有货币和其他形式资产的期望回报率; ④ 持有货币带来的效用。

参考文献: Friedman M. A theoretical framework for monetary analysis[J]. Journal of Political Economy, 1970, 78(2): 193-238。

5.6.2 货币政策影响的时滞性

J. M. Culbertson 批判了弗里德曼"货币政策具有较长且多变的时滞性"这一观点,他认为货币政策短时间内就可以取得效果。Friedman (1961) 对 Culbertson 的批判给予了回击: 第一,作者认为货币政策可以影响经济周期,经济周期也可以反过来影响货币政策,货币政策产生的直接影响会部分地被实际经济的反馈机制抵消,这也是为什么作者认为货币政策的时滞性应该是较长且多变的。第二,有关时滞的长度,产生时滞性的原因是个体需要时间做出资产调整和支出调整,例如厂商需要花费一段时间考虑是否投资新建一家厂房,再花费数个月的时间来制订计划和完成工厂的建设。第三,货币政策时滞性在不同的经济周期中有很大的变化,标准误差是 6—7 个月的时间,这种变化源于真实变化和度量误差。基于以上论述,作者给出了 "discretionary policy"(自主裁量权) 的不足之处: 一是相机抉择政策并不一定以稳定性为目标,二是经济惯性和政治因素会影响相机抉择政策的灵活性。

参考文献: Friedman M. The lag in effect of monetary policy[J]. Journal of Political Economy, 1961, 69(5): 447-466。

5.6.3 固定汇率制与浮动汇率制下货币的国际动态调整

实现充分就业和国际收支平衡这两个目标需要考虑贸易条件 (物价水平、汇率) 与利率 (金融政策)。基于动态角度, Mundell (1960) 认为在固定汇率制下, 物价水平被用来满足国内市场的平衡, 货币政策被用来满足国际收支平衡; 在浮动汇率制下, 汇率被用来修正外部失衡, 货币政策被用来维持内部稳定。当资本高度自由流动时, 使用固定汇率制更加有效, 因为此时利率的变化对于国际收支有直接影响; 反之, 使用浮动汇率制可以更好使经济趋向均衡。在文章最后, 作者 (1999 年诺贝尔经济学奖得主, 被誉为"欧元之父") 给出了一句非常有启发性的话: "A system works best if variables respond to the markets on which they exert the most direct influence。"(如果变量对其影响的市场做出最直接的响应, 那么系统就能以最佳状态运行。) 这句话也成为分析经济政策效力的一条法则。

参考文献: Mundell R A. The monetary dynamics of international adjustment under fixed and flexible exchange rates[J]. The Quarterly Journal of Economics, 1960, 74(2): 227-257。

5.6.4 1300—1914 年的欧洲货币与货币稳定

Karaman et al. (2020) 研究了欧洲自中世纪晚期至第一次世界大战影响货币稳定的因素。在此期间, 货币锚定白银或黄金价值。然而各国常常放弃这一锚定政策, 在 1500—1914 年, 有些国家的货币相对白银和黄金贬值到将近十分之一, 有些国家的货币则贬值到不及万分之一。为了深入理解导致这种差异的因素, 作者为欧洲所有主要国家构建了一个全面的历史数据集, 并对相关理论进行了检验。实证数据表明, 政治因素尤其是财政能力、政治制度和战争这三个因素可以很好地解释货币稳定的模式。这一结论在解决内生性问题、控制由货币体系机制引起的不稳定性以及解释新货币技术和法令标准的出现所产生的影响后依然稳健。

参考文献: Karaman K K, Pamuk Ş, Yıldırım-Karaman S. Money and monetary stability in Europe, 1300–1914[J]. Journal of Monetary Economics, 2020, 115: 279-300。

5.6.5 货币政策对微观企业的经济效应再检验 —— 基于贷款期限结构视角的研究

刘海明等 (2020) 基于贷款期限结构的异质性检验了货币政策对微观企业的经济效应。首先, 企业短期借款占比越高, 货币政策对企业投融资的影响越大, 说明较短的贷款期限会放大货币政策冲击对实体经济投融资的影响。其次, 短期借款占比越高, 紧缩货币政策条件下过度投资和经理人代理成本下降得越快, 说明较短的贷款期限会强化紧缩货币政策与代理成本之间的负向关系。最后, 短期借款占比越高, 紧缩货币政策条件下企业绩效上升得越快, 说明紧缩货币政策条件下贷款期限产生的治理效应超过了流动性风险效应。从非对称效应的角度看, 期限结构视角下紧缩货币政策的效果强于宽松货币政策的效果。从异质性的角度看,对于成长期的企业、高成长性行业以及面临融资约束的企业而言,紧缩货币政策条件下短期借款对公司绩效的正向影响减弱。该论文从贷款期限的视角进一步揭示了货币政策传导的具体机制,对于经济新常态下如何更好地进行总需求管理具有一定的启示。

参考文献: 刘海明, 李明明. 货币政策对微观企业的经济效应再检验 —— 基于贷款期限结构视角的研究 [J]. 经济研究, 2020, 55(2): 117-132。

练习

1. 判断题

   通货膨胀伴随的价格上涨将抑制生产。
2. 美联储从美国银行购买了价值 100 000 美元的政府债券,请分析:
   (a) 假设人们持有现金的意愿为 $0(c=0)$。如果法定准备金率是 10%,美国银行最多可以从这 100 000 美元中贷出多少钱?
   (b) 假设存贷行为在银行系统中持续进行,直到没有剩余的钱可借。这时,100 000 美元所创造出的总的存款增加量为多少?
   (c) 如果 $c>0$, 那么对于 (b) 的结果会有什么影响?
   (d) 请结合货币乘数分析准备金率在银行创造货币过程中的效应。
3. 分析在下面的每一种情况下货币供给会增加、减少还是保持不变。
   (a) 存款者担心存款机构的安全而开始提取现金。
   (b) 美联储降低了法定准备金率。
   (c) 经济陷入衰退,银行发现很难找到信用可靠的借款人。
   (d) 美联储出售 1 亿美元的债券给美国银行。
4. 古典货币数量论描述了货币市场中交易的总价值和流通的货币总量的相等关系。
   (a) 假定货币流通速度是定值, 价格增长 3%, 产出增长 2%, 计算货币需求的变化。
   (b) 如果中央银行没能及时调整货币供给以满足 (a) 中的货币需求,分析该经济可能的结果。
   (c) 小明持有按照名义利率支付利息的债券, 当发生未预期到的通货膨胀时, 小明的财富会如何受影响?
   (d) 小强持有按照实际利率支付利息的债券, 当发生未预期到的通货膨胀时, 小强的财富会如何受影响?
   (e) 恶性通货膨胀发生时, 货币的哪一个职能会失去作用?
5. 古典货币数量论与费雪方程

某经济体当前实际产出 Y 为 1 万亿, 总体价格水平 P 为 200。假设每年实际收入保持 2% 的增速, 货币供给增长率为 4%, 实际利率保持 1% 不变, 货币流通速度 V 恒定为 10。

(a) 该经济体通货膨胀率为多少?

(b) 若中央银行一次性额外增发货币 2 万亿, 则当下和长期内价格水平会如何变动? 请定量描述 (假设价格调整一步到位)。

(c) 若中央银行将货币供给增长率永久性地上调至 5%, 则当下和长期内价格水平会如何变动? 请定量描述。

(d) 在 (b) (c) 两问中, 名义利率分别为多少?

(e) 增发货币必然引起通货膨胀吗? 你怎么看待这个问题?

6. 准备金制度与银行的资产负债表

小王和小张商定共同投资一家银行, 小王出资 3 000 万元, 小张出资 2 000 万元, 二人按照投资份额持有公司的相应股份。二人还想继续扩大公司规模, 于是与小赵协商, 小赵同意以债权形式投资 1 000 万元。三人的投资均是现金形式。

(a) 画出此时银行的资产负债表。

(b) 该银行拿出 2 000 万元购置地产, 随即开始进行存贷款业务, 接受了 3 000 万元现金形式的存款, 画出此时的资产负债表。

(c) 现法定存款准备金率为 5%, 延续 (b) 的存款, 银行在保证满足法定存款准备金率的前提下成功放出最大规模的贷款 (借据形式), 画出此时的资产负债表。

(d) 在 (c) 的存款准备金率水平下, 小孙的家庭持有的 6 000 元存款最多能派生出多少货币量?

7. 货币政策与工具

(a) 公开市场操作、法定准备金率、再贴现率是中央银行调控货币供给的三个主要工具。若中央银行想增加货币供应量, 应分别如何操作?

(b) 美联储和我国中央银行有哪些新型货币政策工具? 请列举两个, 并简述其如何影响货币供给。

8. 有关货币的理论知识

(a) 请举例说明货币的交换媒介和计价单位职能。

(b) 中央银行可以改变基础货币量或者通过货币乘数的放大作用来调节货币供应量。请写出货币乘数的式子并解释存款准备金率如何影响货币乘数。

(c) 中国人民银行 2022 年 4 月 3 日宣布, 决定对中小银行定向降准 1 个百分点, 并下调金融机构在中央银行超额存款准备金利率至 0.35%。相比于直接降准, 定向降准的作用以及优势是什么?

9. 2021 年年初, 随着疫情好转和美联储释放鸽派信号, 美国 10 年期国债收益率持续走高, 请结合费雪效应方程对此加以解释。

6 劳动力市场和失业

经济实现充分就业意味着在某一工资水平之下,所有愿意接受工作的人,都获得了就业机会。

—— 约翰·梅纳德·凯恩斯 (John Maynard Keynes)

▌导言▌

以人为研究对象的经济学和其他学科不同。在经济学中,与人有关的概念有很多,比如我们耳熟能详的理性人、个体和家庭 (Household),等等。在本章中,我们将着重研究另一个与人有关的概念 —— 劳动力。

▌内容提要▌

在本章中我们需要了解以下内容:
- 劳动经济学理论框架
- 失业与失业率的计算
- 失业的分类
- 影响失业率的因素

6.1 劳动经济学

在卡尔·波兰尼 (Karl Polanyi) 所著的《巨变:当代政治与经济的起源》(*The Great Transformation: The Political and Economic Origins of Our Time*) 中有一段话写道:"'双重运动',一重是市场原则不断扩张的运动,另一重运动是在虚拟商品(即劳动力、土地和货币等要素)领域中,各种反对市场的力量不断地对市场原则的扩张进行抵抗或限制。"以劳动力为研究对象的经济学正是如此:一方面,劳动力作为一种社会生产要素,有需求,有供给,自然也会形成价格,需要放在劳动力市场中去研究,同时也需要依靠市场的力量调节;另一方面,出于"以人为本"的考虑,对于劳动力的分析又有反市场化的一面,讨论利用各种工具和政策干预劳动力市场,比如成立保护工人的工会、设置最低工资线等,这也反映了"人"的自我保护。

劳动经济学 (Labor Economics) 是经济学的一个分支,主要研究劳动力雇佣市场的运作,即工人和企业、工会等社会团体在就业、工资或其他雇佣条款中做出的选择。

劳动经济学理论大致分为**劳动力市场理论**和**劳动力市场制度**两个方面。雇佣行为和商品交易一样，在买卖双方的互动中实现。经济学家通过劳动力市场理论，尝试将需求、供给、价格等市场机制引入对雇佣劳动问题的分析中，构造了一个特殊的要素市场——劳动力市场。劳动力作为一种生产要素，其需求取决于劳动的边际产出，供给则由劳动力的参与、工作时间和人力资本决定，供给和需求形成市场均衡，对应的价格就是劳动力市场的工资水平(见图6.1)。劳动力市场制度则主要研究影响劳动力市场的外生因素，包括政治制度、经济制度和社会信仰习俗等。政治制度指直接影响劳动力市场的政策、法律，如最低工资制度、反歧视法等。经济制度指在劳动力市场活跃的各种经济组织，其中包括雇用工人的企业和组织集体议价的工会组织。而在对社会信仰习俗的讨论中，我们更关注劳动力市场中存在的种族、性别等歧视。

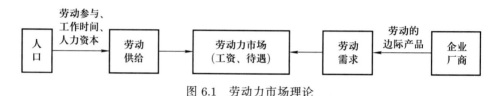

图 6.1　劳动力市场理论

在劳动力市场理论的框架下，劳动经济学的前沿研究覆盖了与劳动投入有关的各种话题，这些话题包括：

(1) 人口经济学，即结合年龄、性别、种族等人口特征研究劳动力市场，以及通过经济学方法研究人口增长、人口政策、人口分布等人口问题。

(2) 劳动力市场的供给和需求变化，比如技术进步对劳动需求的冲击、移民对劳动供给的冲击。

(3) 工资和补贴报酬的差异以及对工人的激励效果。

(4) 特定的劳动力市场，如女性群体、特定教育水平群体的劳动力市场、某种行业或职业的劳动力市场等。

(5) 经济组织，如工会和贸易联盟。

(6) 劳动力的流动，包括失业、职位空缺和移民工人。

(7) 劳动力市场歧视，如性别歧视、种族歧视等。

(8) 劳工标准，如童工的使用、用工条件的规定等。

以上八类话题可能有部分重叠，但基本上涵盖了劳动经济学中各种角度的前沿研究。

劳动力市场与宏观经济密不可分。回顾生产函数的形式 $Y = AF(K, L)$，劳动投入是决定产出的生产要素之一，因此劳动投入的变化与长期经济增长和短期经济波动密切相关。对于长期经济，我们已经在索洛模型中分析过劳动在经济增长中的作用；而对于短期经济，劳动投入的变化以失业的形式表现出来。因此，我们尤其关注经济体中的失业现象。失业既是研究短期经济运行状况的重要指标，也是总供给－总需求模型、真实经济周期理论等短期经济波动机制中的重要一环。

6.2 失业率到底是多少?

失业 (Unemployment) 是一个非常重要的问题。尤其在美国,从政府到学者,再到民众,失业率几乎是一个每天被讨论、被所有人关心的指标。失业率作为一个显示经济状况的指标,比 GDP 更加直观。这种个体层面的结果可以直接影响到美国的总统选举。从宏观上来讲,一个较低的失业率是好的,一个降低的失业率也是好的,前者说明经济处于比较好的状态,后者证明这届政府能力较强,经济从衰退中复苏,民众又有了工作。而找到工作的人,自然会支持总统连任。

6.2.1 美国对失业的定义

美国劳工统计局的一个重要工作就是统计失业率。美国将 16 岁以上的人口大体分为三类。

就业者: 为得到工资报酬而工作的人,包括在自己的企业工作的人以及在家族企业工作但是不拿工资的人。这类人还包括带薪休假的人、停薪休假的人等。

失业者: 能够工作且在之前四周内努力求职但没有找到工作的人,还包括被解雇(不到四周) 正在等待重新被召回工作岗位的人。

非劳动力: 不属于前两类的其他人,即在过去四周内既没有工作也没有求职行为的人,比如学生、家务劳动者和退休人员。

值得注意的是,在实际调查中,同一个人可能同时拥有上述三类人群的特征。美国劳工统计局在处理这些个例时,通常优先将其认定为就业者,其次为失业者,最后才会被认定为非劳动力。下面我们通过两个案例来理解这一特殊现象。

(1) 小花在受访当周周三被解雇,并且在当周的剩下时间内积极求职,但并未获得工作。在这个例子中,小花既有就业行为 (工作),又有失业行为 (求职未果),但由于她当周的工作时间已达到认定就业状态的要求,因此她被优先认定为就业者。

(2) 小强和小琳都是大学生,小强课余在学校的书店兼职,小琳也想要一份兼职工作,于是她在四周内向书店谋求兼职职位,但并未获得工作。在这个例子中,小强和小琳都在上学,但小强存在就业行为 (兼职),小琳存在失业行为 (求职未果),因此小强被认定为就业者,小琳被认定为失业者。

根据美国劳工统计局的数据,九成以上的非劳动力在受访时表示没有工作意愿,一般是出于疾病、残障、退休、上学和从事家务劳动等原因。而另外有不到一成的非劳动力在受访时表示有工作意愿,这些有工作意愿但在四周内没有求职行为的人被称为"失去信心的工人"。

在就业调查中,受访者为"失去信心"提供了不同的原因。有的受访者怀有对劳动力市场的悲观看法,认为当前没有可寻求的职位,或者认为自身缺乏教育或技能,不能胜任劳动力市场所提供的工作;还有的受访者则认为劳动力市场存在歧视现象,即自己的年龄、性别、种族不能被劳动力市场所接纳。

有趣的是,持上述两种观点的受访者回到劳动力市场的概率是不同的。认为劳动职位太少和自身技能不足的人更有可能在一年之内回到劳动力市场。相比之下,认为市场存在歧视的人重新求职的概率则相对较低。这种出现在劳动力市场的可能性被称为对劳动力市场的附着 (Labor Market Attachment)。对劳动力市场的附着的差异既出现在原因不同的"失去信心的工人"之间,也出现在原因不同的其他非劳动力之间。

根据就业者、失业者和非劳动力的定义,我们可以得到如下关系式:

$$\text{总人口} = \text{成年人口} + \text{未成年人口} \tag{6.1}$$

$$\text{成年人口} = \text{劳动力} + \text{非劳动力} \tag{6.2}$$

$$\text{劳动力} = \text{就业者} + \text{失业者} \tag{6.3}$$

失业率 (Unemployment Rate) 被定义为失业者占劳动力的百分比。这个指标实际计算的是想要工作但是没有找到工作的人数和具有工作能力的人数的比值。

$$\text{失业率} = \frac{\text{失业者人数}}{\text{劳动力}} \times 100\% \tag{6.4}$$

而另一个指标,**劳动参与率** (Labor-force Participation Rate) 衡量的是成年人口中劳动力所占的百分比。

$$\text{劳动参与率} = \frac{\text{劳动力}}{\text{成年人口}} \times 100\% \tag{6.5}$$

成年人口共有三种状态: 就业 (E), 失业 (U), 非劳动者 (I)。**就业状态转化比率**是一个流量变动率概念,指的是在一个月内从某一种状态向另一种状态转变的人数与初始状态人数的比值。例如,EU 的具体计算公式为,当月从就业状态变为失业状态的人数,除以月初就业状态的人数。

- EU: 当月从就业转化为失业的人数/月初就业人数
- EI: 当月从就业转化为非劳动者的人数/月初就业人数
- UE: 当月从失业转化为就业的人数/月初失业人数
- UI: 当月从失业转化为非劳动者的人数/月初失业人数
- IE: 当月从非劳动者转化为就业的人数/月初非劳动者人数
- IU: 当月从非劳动者转化为失业的人数/月初非劳动者人数

如图 6.2 所示,对于处于失业状态的人 (U) 来说,37.1% 的失业者在一个月以后会找到工作;约 1/3 的失业者会在一个月以后放弃找工作,成为非劳动者;剩下的人仍处于失业状态。对于处于工作状态的人 (E) 来说, 一个月之后, 其中绝大多数仍会拥有工作岗位, 只有 3.6% (即 1.9%+1.7%) 的就业者在一个月后会丢掉工作。对于一个月前处于非劳动状态 (I) 的人来说, 一个月后, 绝大部分 (92.1%) 仍会处于非劳动状态, 只有 4.3% 的非劳动者会在一个月之后变成就业者, 另有 3.6% 的非劳动者会开始主动地找工作。总体而言, 就业者 (E) 与非劳动者 (I) 是一个稳定的群体, 不会频繁地变动, 但失业者 (U) 是一个不稳定、易变的群体。

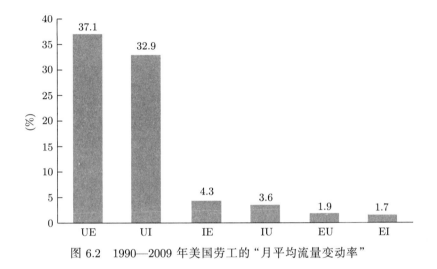

图 6.2　1990—2009 年美国劳工的"月平均流量变动率"

需要注意的是, 在计算失业率时, 由于以下三类人员的存在, 失业率可能被高估或低估, 因此需要进行调整。调整后的失业率与统计失业率的对比如图 6.3 所示。

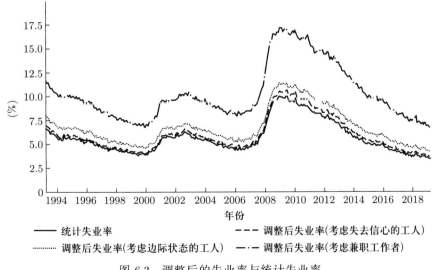

图 6.3　调整后的失业率与统计失业率

(1) 失去信心的工人 (Discouraged Workers)：有工作意愿但暂时放弃寻找工作的人，被统计为非劳动力，但实际上他们处于失业状态。在经济萧条时期，失去信心的工人增多，进行失业率计算时，失业率被低估。

(2) 边际状态的工人 (Marginally Attached Workers)：过去 12 个月在找工作，但是过去 4 周没有在找工作的人，也被统计为非劳动力，失业率被低估。

(3) 兼职工作者 (Involuntary Part-time Workers)：每周工作 1—34 小时的人。只要被调查者在过去一周工作过，他就被定义为工作者。但是这里面有一些人是被动地成为兼职工作者，应该算作失业人群的一部分，因此失业率也被低估了。

6.2.2　中国失业统计框架

中国的失业统计中主要包含了三类人：一是**经济活动人口**，即 16 岁以上适龄人口中有劳动能力的，参加或者要求参加社会经济活动的人口。二是**从业人员**，即从事一定社会劳动并取得劳动报酬或经营收入的人员，包括全部职工、再就业的离退休人员、私营业主、个体户主、私营和个体从业人员、乡镇企业从业人员、农村从业人员等。三是**城镇登记失业人员**，即拥有非农业户口，在一定劳动年龄内，有劳动能力，无业而要求就业，并在当地就业服务机构进行求职登记的人员。我国官方公布的失业统计指标是**城镇登记失业率**，即城镇登记失业人数与城镇从业人员总数的比值。

中国目前的失业统计指标可能存在以下问题：① 仅包括城镇经济，没有包括农村经济；② 仅限于有城市户口的经济活动人口，没有包括来自农村但实际常住城市的劳动力对象，即农民工；③ 失业统计中以人们是否在就业服务机构求职登记为标准，如果没有在相关机构正式登记，就会被失业统计所遗漏；④ 没有包括下岗人员。

下岗是我国对劳动力的一种特殊身份安排。部分公有企业因人员冗杂、效率低下等情况，将部分员工分离出企业之外，这些离开工作岗位但仍保留与原工作单位劳动关系的员工被称为下岗人员。20 世纪 90 年代，中国的国有企业曾出现大规模的"下岗潮"。下岗人员并未解除与原工作单位的劳动关系，因此，他们无须进行失业登记，也不被统计为城镇失业人员。除了保留劳动关系，下岗与被裁员没有本质区别，因此国外也将中国的下岗工人称为 layoff workers。

由于城镇登记失业率没有将下岗工人认定为失业，学者常常需要自行调查或估计中国的失业率。20 世纪末 21 世纪初，国有企业下岗问题日益凸显，而官方的下岗与失业统计又存在混乱和矛盾的现象，国内外学者纷纷着手估计中国的真实失业率。有些学者将下岗工人和城镇登记失业人口简单相加 (见图 6.4)，计算出 1999 年的实际失业率在 8%—9% (国家统计局公布的当年城镇登记失业率仅为 3.1%)。[①] 还有些学者通过调查部分城市的失业率来估计全国整体失业率，得到的结果也远高于城镇登记失业率。2003 年以后，我国的下岗和公开失业逐步实现并轨，城镇登记失业率反映实

[①] Solinger D J. Why we cannot count the "unemployed" [J]. The China Quarterly, 2001(167): 671-688.

际失业率的准确程度有所提高。

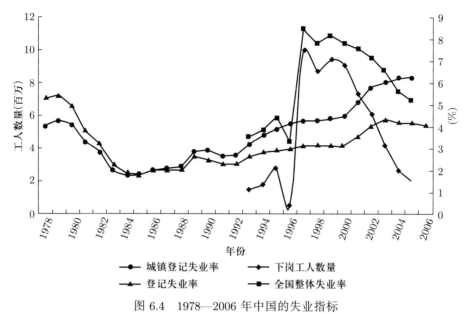

图 6.4 1978—2006 年中国的失业指标

中国的失业率成为热点的另一时期是 2008 年金融危机后,国内国际社会普遍关注中国的就业状况,而城镇登记失业率有时间上的迟滞,不能及时反映就业形势的变化。2008 年的城镇登记失业率仅为 4.2%,只比 2007 年高 0.2%。中国社会科学院在 2008 年进行抽样调查,第一次将农民工的失业状况统计进来,推算城镇失业率高达 9.4%,引起了决策者对于周期性失业的关注。

蔡昉是研究中国失业统计的重要学者,他所推崇的失业指标是调查失业率。国家统计局根据国际劳工组织的失业统计标准进行抽户调查,这样调查得到的失业率被称为**调查失业率**。但由于国家统计局没有直接公布调查失业率,我们一般采用下述公式进行间接计算:

$$调查失业率 = \frac{城镇经济活动人口 - 城镇就业人口}{城乡经济活动人口 - 农村就业人口} \tag{6.6}$$

调查失业率考虑了下岗人员的就业状况,同时还考虑到退出劳动力市场的人数和非正规就业的人数,是一个相对准确的失业统计指标。

在 21 世纪初和金融危机时关于中国失业率的讨论中,蔡昉通过将估计失业率与调查失业率进行比对,验证了调查失业率相对准确地反映了中国的实际失业状况的结论。2004 年关于下岗的失业统计研究中,他认为有部分实际失业者没有进行失业登记,而下岗员工也不全处于失业状态,因此将登记失业人数与下岗人数简单相加计算出的失业率,在概念和数值上都与实际失业率有较大偏差。由于城市的失业率普遍高于城镇,调查部分城市得出的失业率有被高估的倾向。他采取这项调查的结果,通过滤去城镇和城市在失业状况上的差别,并模拟退出劳动力市场的情况,估算出当时的实际失业率应与国家统计局的调查失业率水平相当(见图6.6)。①

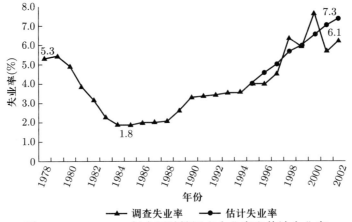

图 6.5　1978—2002 年中国城镇调查失业率和估计失业率

2009年,蔡昉通过投入产出数据模拟金融危机下出口、投资、消费对就业的冲击,并结合美国采购经理人指数(Purchasing Managers' Index,简称PMI)与就业关系的经验事实,估算出2008年城镇失业率大概为6.0%,比2007年上升1.0%。②在往年,调查失业率大约比登记失业率高1%,而2008年估计得出的失业率比登记失业率高1.80%(见图6.6),这种差异也揭示了周期性失业现象,而这种现象恰是登记失业率没有呈现的。

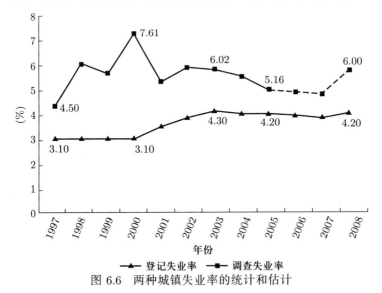

图 6.6　两种城镇失业率的统计和估计

---

① 蔡昉. 中国就业统计的一致性: 事实和政策涵义 [J]. 中国人口科学,2004(03):4-12+81.
② 蔡昉. 金融危机对就业的影响及应对政策建议 [J]. 中国发展观察,2009(03): 5-9.

蔡昉对于失业率的估计,往往基于一定的调查结果,再通过理论模型矫正这些统计数据的偏差,估算出实际失业率。这样的方法可以矫正统计过程中产生的偏差,但由于现实社会往往与理论模型存在差异,因此估计出的失业率往往还要结合其他的统计数据进行一致性的检验。

当前中国的失业统计中,登记失业率与调查失业率并重。登记失业率详细准确,且在下岗与公开失业并轨后,反映失业状况的准确程度有所提高;调查失业率灵活客观,更符合劳动力市场的实际状况。2019年的《政府工作报告》中,稳就业目标被描述为"城镇调查失业率 5.5% 左右,城镇登记失业率 4.5% 以内",足见两个指标在我国失业统计中的地位。

6.3 失业的类型

现在我们聚焦于失业的人群。我们按照失业的原因将失业人群分为四类: 一是**丧失工作者**,即失去以前工作的人,具体是指之前工作的部门或者岗位裁员导致失去工作的人,比如 2018 年中国大量的金融机构被裁员者。二是**离职者**,即主动退出现有工作,寻找新的工作机会的人。一般在经济衰退时,离职者的比例很小。三是**新进入者**,即首次进入劳动力大军找工作的人。四是**重新进入者**,即退出劳动力市场后重新进入市场的人。比如一个人曾经工作一段时间后,选择回到学校深造,之后又回到劳动力市场,这就属于重新进入者。

6.3.1 失业和职位空缺

在讨论失业的种类前,我们先引入职位空缺的概念。**职位空缺** (Job Vacancy) 通常有两种定义: 一是企业正在积极招募,但尚未被填补的工作岗位; 二是面对与相应岗位的在职员工能力、工资要求相同的求职者时,企业将会招募的人数。这两种定义本质上区别不大,但在统计上,前者可以根据就业市场上的招聘信息进行统计,后者则通过对企业进行走访调查得出。

职位空缺是如何被统计出来的呢? 职位空缺常常被用于衡量劳动力市场的健康程度,但直接统计出职位空缺数量是有难度的。招聘广告指数 (Help-Wanted Advertising Index, HWI) 是职位空缺数量的一个替代指标,它统计了 51 家美国主流报纸上的招聘广告数量,一定程度上可以估计当前劳动力市场上职业空缺的变化。这一指标从 1951 年一直编制到 2008 年,后来因招聘广告更多出现在网络上而被取代。

另一个关于职位空缺的统计方式是由美国劳工统计局组织的职位空缺及劳动力流动调查 (Job Openings and Labor Turnover Survey, JOLTS)。JOLTS 选取近 16 000 个企业作为调查样本,统计它们在每月最后一天的职位空缺数量。除了职位空缺,新雇用工人和离职工人等与劳动状态转化有关的指标也在 JOLTS 的统计范围之内。

每一个空缺的职位都是求职者的工作机会,从直觉上我们很容易得出猜想:职位空缺越多,求职难度越小,失业率也就越低。在统计上,图 6.7 显示这样的关系是存在的。

图 6.7　2012—2019 年美国失业率与职位空缺率

在经济分析中,职位空缺对失业率的影响不是直接的。职位空缺主要影响从失业者转化为就业者 (UE) 的这部分人,职位空缺的数量多少和是否匹配,都会影响他们就业成功的可能性。一般而言,职位空缺越多,就业难度越低,新雇用的工人越多,如图 6.8 所示。失业者与职位空缺的比值越大,就业竞争越激烈,如图 6.9 所示。往往在

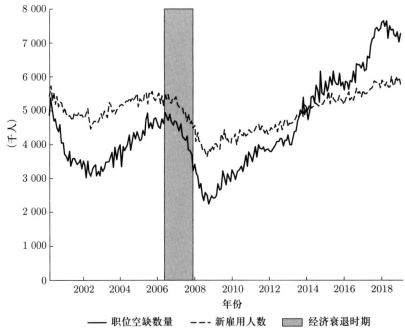

图 6.8　2001—2018 年美国的职位空缺数量与新雇用人数

经济萧条的时期,职位空缺、新雇用工人数量都会出现下降,而失业者与职位空缺的比值则急剧上升,这都表明了在经济萧条时期就业困难的情况。

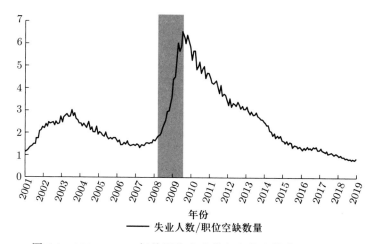

图 6.9　2001—2018 年美国失业人数与职位空缺数量的比值

6.3.2　失业的种类

根据失业原因的不同,我们可以将失业分为摩擦性失业、周期性失业和结构性失业。其中,**摩擦性失业**(Frictional Unemployment)指的是由于寻找工作需要时间而存在的失业。**周期性失业**(Cyclical Unemployment)体现了失业率围绕自然失业率的波动。它与经济活动的短期波动密切相关,是经济衰退或萧条时需求下降造成的失业。**结构性失业**(Structural Unemployment)则是由工资刚性导致,通常在工资水平高于均衡水平时出现。

在上述三种失业中,结构性失业是劳动力市场与产业间就业结构调整失灵所发生的一种严重的失衡,不能迅速、自发地通过市场价格信号的调整被克服。工会、效率工资和最低工资等因素,都会导致结构性失业。

工会会通过集体谈判的方式与企业达成共识,一般是将工资提高到均衡工资以上。如果谈判失败,工会就会组织罢工。在这种政策下,之前有工作并通过工会谈判使得工资提高的人受益,但是之前有工作却由于工资提高、企业需求下降而被裁掉的人受损。对于工会的作用,大家的评价不一致。

效率工资(Efficiency Wage)是指企业付给员工高于市场出清水平的工资,这样的工资能够起到激励专业人员的作用,可以提高生产率与企业经营绩效。这里我们着重介绍两种效率工资理论:第一种效率工资理论认为,工资影响工人的健康。工人获得的工资更多,就能够购买营养更丰富的食物,具备更健康的体魄,进而提高生产效率。一般认为这种解释只适用于穷国。第二种效率工资理论认为,高工资提高了工人的努力程度。企业不可能完全监督其雇员的努力程度,雇员是否努力工作只能由自身决定。雇员可以选择努力工作,也可以选择偷懒(尽管有被解雇的风险),由此产生了工人的道德风险。企业可以通过高工资降低工人的道德风险,提高工人的努力程度,进而提高工人效率。

此外,结构性失业还与最低工资水平有关。一般而言,最低工资越高,结构性失业也越严重。图 6.10 是由最低工资造成的劳动需求小于供给,这是属于自愿失业。还存在非自愿的结构性失业,如中国 20 世纪 90 年代的国有企业下岗。

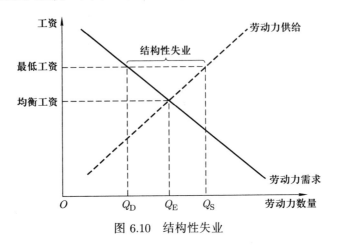

图 6.10 结构性失业

另外一个经济研究常关注的指标是**自然失业率** (Natural Unemployment Rate)。自然失业率是稳定状态的失业率或长期平均的失业率,自然失业率中包含摩擦性失业和结构性失业。可以理解为经济处于充分就业水平下的失业率(真实 GDP 等于潜在 GDP 时),但并不是说这种失业率是好的,只是说存在自然失业率是一种正常的状态。这里需要做两点说明:第一,自然失业率不是常数;第二,自然失业率是经济学家估算的一个数字。造成自然失业率变化的原因主要包括:劳动力特点发生变化、科技进步、劳动力市场制度发生变化、政府政策发生变化等。比如,当有大量的年轻人(如婴儿潮"Baby Boomer"一代)进入劳动力市场时,自然失业率就会变大,因为平均来看,年轻人的失业率更高。图 6.11 中实线为估计的自然失业率。

图 6.12 展示了不存在冲击的时候,劳动力市场供需平衡的情况。图 6.13 展示了某种原因造成劳动力需求下降的情况,这个原因可能是机器代替人力或经济萧条。图 6.14 展示的情况是,某种原因造成劳动力需求下降,但是由于工资刚性,比如工会的作用,工资不可以调整,进而出现失业。在工资刚性的情况下,均衡下的就业数量更少。

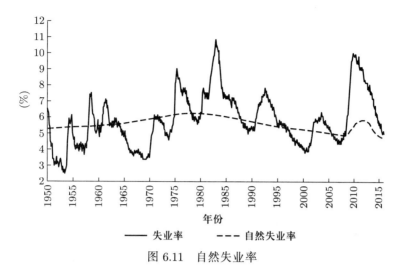

图 6.11 自然失业率

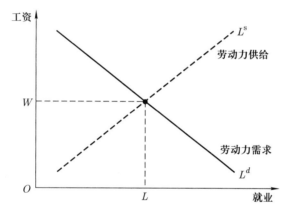

图 6.12 劳动力市场均衡

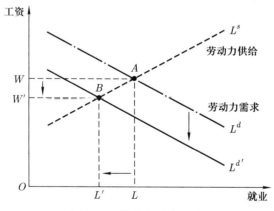

图 6.13 劳动力需求下降

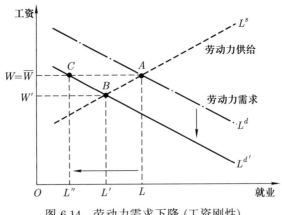

图 6.14 劳动力需求下降 (工资刚性)

6.4 影响失业率的其他因素

6.4.1 失业率和经济增长

图 6.15 显示了真实 GDP 增速和失业率变动的关系。可以看到, GDP 增长率增大, 失业率降低, 即失业率与经济增长率存在反向关系。经济零增长或者衰退时, 失业率一定上升; 经济快速增长时, 失业率下降。

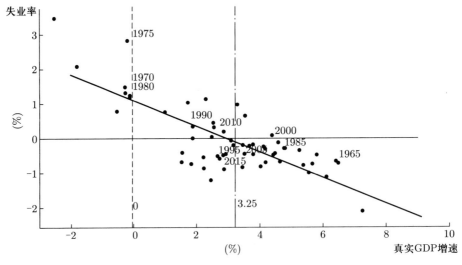

图 6.15 真实 GDP 增速和失业率

美国经济学家阿瑟·奥肯 (Arthur Okun) 对美国经验数据进行分析, 发现经济增长率与失业率变动之间存在明显关联, 并提出了**奥肯定律** (Okun's Law), 即实际失业率每高于自然失业率 1 个百分点, 将导致真实 GDP 增速低于潜在 GDP 增速 2 个百

分点。当潜在 GDP 增速为 3% 时,我们有如下表达式:

$$\text{失业率的变动} = -0.5 \times (\text{真实 GDP 增长率} - 3\%) \tag{6.7}$$

根据奥肯定律,失业的最大代价是产出的损失。经济增长下降,导致失业率上升,收入减少,需求下降,产出进一步减少,经济陷入衰退。GDP 增长率为 3% 时,失业率保持不变。增长率高于 3% 时,失业率下降幅度等于增长率超过 3% 部分的一半。增长率低于 3% 时,失业率上升幅度等于增长率不足 3% 部分的一半。

图 6.16 显示了美国失业率与经济周期之间的关系,阴影区域表示经济的衰退期。可以看到,经济衰退阶段的失业率总是会上升,经济扩张阶段的失业率经常 (但并不总是) 会下降。

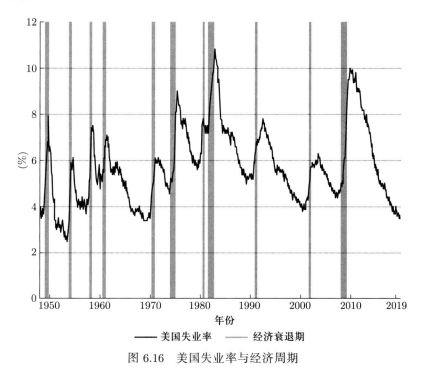

图 6.16　美国失业率与经济周期

另一个与失业率紧密相关的问题便是通货膨胀。**菲利普斯曲线** (The Phillips Curve) 描述了通货膨胀与失业之间的短期权衡取舍关系。1958 年,经济学家威廉·菲利普斯 (William Phillips) 利用英国数据发现了失业率与通货膨胀的这一关系。两年后,经济学家萨缪尔森、索洛用美国数据证实了这一关系的存在,并把根据这种关系绘制的曲线称为菲利普斯曲线,如图 6.17 所示。

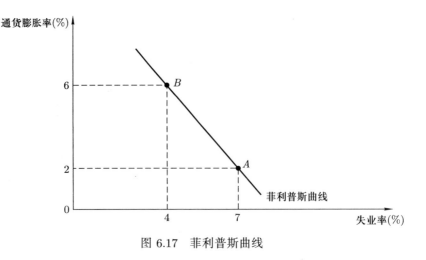

图 6.17 菲利普斯曲线

6.4.2 教育

事实证明，大学教育的回报是巨大的，并且随着时间的推移在不断上升（见图 6.18）。1963 年大学毕业生的工资比高中毕业生的工资高出 50%，这叫作**工资溢价**。这种溢价随着时间的推移一直在上升，在 2000 年以后接近 90%。如果考虑大学毕业生工作的总时间占全社会总工作时间的份额这一比例，可以发现其几乎以匀速增长，没有发生大的波动。1963 年大学生的工作量占总工作量的 20%，2000 年以后这一比例几乎达到 50%。

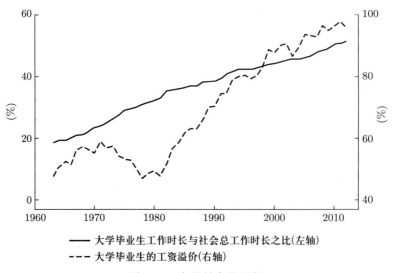

图 6.18 大学教育的回报

如果将上述情况放在供需框架中思考，一定会产生一些困惑：在劳动供给越来越多的同时，为什么价格反而越来越高？我们可以通过图 6.19 来理解这个问题。首先，应该将劳动力市场分割成两部分,一个是高中毕业生的劳动力市场,另一个是大学毕业生的劳动力市场。假设高中毕业生的劳动力市场没有受到冲击,我们更关注的是大学毕业生的劳动力市场的变化。当大学毕业生的供给增加时,供给曲线向右移动,在其他条件不变的情况下,大学毕业生的工资降低。但此时,需求曲线也发生了变化,市场对于大学生的需求增加,导致需求曲线向右移动,而且需求曲线对工资水平的影响的变化足以抵消供给曲线移动的影响。

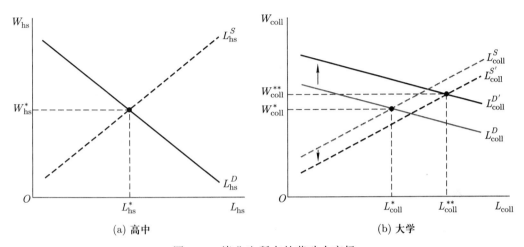

图 6.19 毕业生所在的劳动力市场

那么,为什么对于大学毕业生的需求会上升呢? 也就是说,为什么对于高技能劳动力需求会上升? 一种解释是偏向技能的技术变化 (Skill-biased Technology Change),即技术进步对于劳动力产生了非对称的需求,新技术在被高技能的工人使用时会产生更高的效率,所以技术进步导致市场对这一类人的需求更大。

6.5 职业分类

学者在对不同种类的职业进行分析时,往往根据不同职业的某些特征对职业进行分类,这有利于解释不同职业在劳动力市场中的不同表现。例如麻省理工学院教授大卫·奥特尔 (David Autor) 在分析机器的应用对劳动力需求的影响时,构建了一个以工作特征划分的职业分类方法。一方面,以能否遵循一定规则完成为标准,将工作分为常规工作 (Routined Task) 和非常规工作 (Nonroutined Task);另一方面,以是否需要认知、互动、分析等处理信息的过程为标准,将工作分为认知工作 (Cognitive Task) 和人力工作 (Manual Task)。根据这两个标准,所有的职业被划分入一个 2×2 的表格中,分为四个类别,如表 6.1 所示。

表 6.1　大卫·奥特尔对职业的分类

	常规工作	非常规工作
认知工作	计算、重复性的互动等	医疗诊断、法律公文写作等
人力工作	流水线装配等	保洁人员、司机等

这四个类别的劳动力需求在应对机器应用的冲击时显示出了截然不同的特征。无论是否需要处理信息,常规工作都很容易被机器和计算机替代;而在非常规工作中,机器的使用让需要处理信息的工作更方便,机器和劳动力呈现互补的关系,所以非常规的人力工作受机器的冲击不大。图 6.20 是 1983—2013 年美国不同种类的职业吸纳的就业人数。由图可知,非常规工作吸纳的就业人数在 30 年间持续增长,而常规工作人数则在 30 年间增长停滞,在 2008 年的金融危机后还出现了显著的下降。

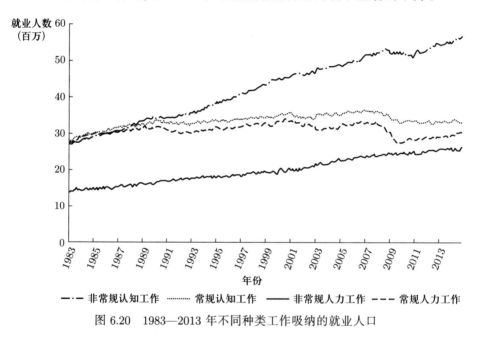

图 6.20　1983—2013 年不同种类工作吸纳的就业人口

劳动力市场中的职业种类纷杂繁多,对众多的职业作出系统的划分与辨别是很有必要的。1938 年, 美国劳工部制定了第一版职业名称词典 (Dictionary of Occupational Titles, DOT),定义了当时存在的约 17 500 种具体职业,并将它们归入 550 个职业组别当中。在 1998 年之前,历经四个版本的变更和定期修订,DOT 一直是美国职业分类的重要目录。20 世纪末,随着服务业和信息行业的快速发展,以工业职业为主的 DOT 不再适应求职活动的要求。1998 年,一个新的职业目录"职业信息网络"(Occupational Information Network, O*NET) 发布,取代了 DOT。美国劳工部现行的职业分类标准是标准职业分类 (Standard Occupational Classification, 简称 SOC) 系统,主要参考 O*NET,划分 23 个主要类别,定义近 900 种具体职业。

划分职业种类最主要的用途是服务于就职活动。在人才市场或招聘网站等就职平台上,适当的分类目录可以帮助雇主和求职者有针对性地发布、检索招聘信息。在就职活动之外,职业种类的划分标准还被广泛应用于政府事务中。美国劳工部的档案记录、调查统计以及社会保障的实施都需要参考职业种类的定义与分类。

我们可以看到,职业名称词典等职业目录和大卫·奥特尔等学者的"职业分类"是有区别的。前者是对每一个具体职业种类的定义与区分,后者则是根据一定的特征将具体职业归类。这两种分类方式并非毫无关联,后者一定程度上建立在前者的基础之上。职业目录在编制的过程中,不仅对每一个具体职业做出定义,而且还会对职业的某些"变量"或"组件",也即职业的特征进行测量。第一版的 DOT 对每一种职业的技术水平做出评估,每一个职业将被评定为需要技能 (Skilled)、半需要技能 (Semi-skilled) 或不需要技能 (Unskilled)。而 O*NET 从工人特征、工人要求、经验要求、职业要求、劳动力特征和职业特有信息等六个方面,对上百个变量进行了评估。学者需要根据自己的研究课题对职业进行分类时,无须自己进行调查和评估,而是直接调用职业分类目录中的评估数据库,根据其中某些变量将职业进行分类。

6.6 文献导读

6.6.1 工作搜寻、工资和失业保险

失业保险对工作搜寻行为有什么影响?Blau et al. (1986) 利用美国就业机会试点项目调查 (Employment Opportunity Pilot Projects) 1979—1980 年的数据,实证检验了失业保险对失业人群找工作行为的影响。实证发现,失业保险推出后,个体失业时间变长,工作到达率 (Offer Arrival Rate) 降低;失业保险从事实上提升了保留工资水平,这与理论上的预测是相符的;此外,失业保险提升了失业人群的就业工资。这种效应背后有两个主导的渠道:第一,公司为了降低离职成本,通过高工资来吸引有失业保险的求职者;第二,失业保险促使求职者去找生产力更高的公司工作,从而获得更高的就业工资。总体而言,失业保险政策延长了求职者找工作的时间,这与工作到达率下降和保留工资上升都相关。这些实证发现有利于政策制定者优化失业保险政策。

参考文献: Blau D M, Robins P K. Job search, wage offers, and unemployment insurance[J]. Journal of Public Economics, 1986, 29(2): 173-197。

6.6.2 第二次世界大战前日本农业制度对经济的抑制作用

劳动力流动受限对经济会产生多大影响?Hayashi et al. (2008) 基于第二次世界大战前日本经济,构建了一个城乡两部门模型,假设限制劳动力流动,则可以解释战前日本经济的相对停滞。然后该论文解除劳动力流动限制,来看战前日本经济有什么变化。反事实模拟显示,战前每个工人的 GNP 会增加大约 32%,这意味着日本的人

均产出达到美国的一半而非事实中的 1/3。这个产出增加是因为劳动力流动限制解除后，投资增加，生产效率提升。那么这个劳动力流动限制是从哪里来的呢？很大程度上来自根深蒂固的家长制观念。也就是说，农民进城的限制不是一些法律制度，而是由于农民父母希望孩子留在农村继承自己的职业。战前的日本并不是历史上唯一的大规模持续的城乡收入差距较大的经济体。即使在今天，很多发展中国家也出现了二元经济下收入差距较大的问题，因此也适用于该论文的两部门模型。收入差距较大往往是因为不同的制度、文化因素限制了劳动力自由流动。

参考文献: Hayashi F, Prescott E C. The depressing effect of agricultural institutions on the prewar Japanese economy[J]. Journal of Political Economy, 2008, 116(4): 573-632。

6.6.3 道德风险或流动性效应？最优失业保险政策

失业保险会引发求职者的道德风险，延长求职时间吗？传统的经济学理论认为，失业保险政策扭曲了消费和闲暇的相对价格，会降低失业者求职的动机，这是一种道德风险。但是，Chetty (2008) 基于一个含不完全信贷和保险市场的工作搜寻模型分析发现，除道德风险外，失业保险政策会对失业者产生流动性效应：失业者无法平滑消费，而失业保险直接增加了失业者持有的现金和消费水平。失业者不急于找工作，找工作的时间变长。道德风险和流动性效应的区别在于，第一，道德风险是基于失业者可以完全平滑消费的前提，而流动性效应是基于失业者无法完全平滑消费；第二，道德风险对全社会是次优的，而流动性效应对全社会来说是最优的。该论文利用 1985—2000 年收入和项目参与调查数据 (Survey of Income and Program Participation, 简称 SIPP)，估计了这两种效应。实证发现，大约 60% 的求职延长来自流动性效应。结合搜寻模型，这一估计意味着如果按求职者失业前工资 50% 的水平提升失业保险福利，边际福利是正的，但是很小。因此，最佳失业保险福利水平应当在现有支付 6 个月固定福利的制度基础上，超过工资 50% 的水平。

参考文献: Chetty R. Moral hazard versus liquidity and optimal unemployment insurance [J]. Journal of Political Economy, 2008, 116(2): 173-234。

6.6.4 失业保险福利会挤出配偶的劳动供给吗？

失业保险福利会挤出配偶的劳动供给吗？失业者家庭中的其他成员有可能会增加劳动供给，以弥补失业者的收入损失，而失业保险政策的福利也因此可能会挤出家庭其他成员的劳动供给。为了检验这个假说，Cullen et al. (2000) 利用收入和项目参与调查数据，匹配了家庭所在州的失业保险政策数据。实证发现，在没有失业保险的情况下，在丈夫失业期间，妻子的总工作时间将增加 30%。失业保险政策推出后，丈夫找工作的时间变长，妻子的工作时间随之减少 40%。同时，该论文发现配偶的反应对家庭收入下降来说，只占很小一部分 (约 13%)。这表明在没有失业保险的情况下，配偶的劳动力供给无法为家庭收入波动提供保险。配偶的劳动力供给对失业保险福利的反应, 在有幼年孩子的家庭更强, 这与家庭内部时间分配的模型预测是一致的。

参考文献: Cullen J B, Gruber J. Does unemployment insurance crowd out spousal labor supply?[J]. Journal of Labor Economics, 2000, 18(3): 546-572。

6.6.5 住房财富与劳动力供给: 来自断点回归的证据

家庭住房财富对劳动力供给会产生什么影响? Li et al. (2020) 采用了中国家庭金融调查 (CHFS) 数据、中国家庭追踪调查 (CFPS) 数据及两次人口普查 (2000 年第五次全国人口普查、2005 年全国 1% 人口抽样调查), 针对建筑面积 90 平方米上下的房屋的首付比例和房产契税的差别, 构造断点, 研究 2006 年以后的住房政策法规的财富效应对劳动力供给的影响。实证发现, 住房财富对劳动力供给具有实质性的抑制作用, 具体而言, 优惠的政策使得住房面积 90 平方米的家庭过去一周工作时间减少了至少 0.567 小时 (占比 12.57%), 过去一个月减少了 12.59%, 过去一年减少了 13.12%。同时, 住房价格的年增长率每增加 1%, 工作时间就减少 118.09 小时, 这相当于对照组每年平均工作时间的约 10%。该论文还计算出, 住房财富每年增加 1%, 劳动收入每年就会减少 182.67 元人民币 (合 26.92 美元)。住房财富效应在很大程度上源于劳动参与决策, 住房财富的增加导致个人退出劳动力市场。

参考文献: Li H, Li J, Lu Y, et al. Housing wealth and labor supply: Evidence from a regression discontinuity design[J]. Journal of Public Economics, 2020, 183: 104139。

练习

1. 根据美国统计失业的方法, 判断下列情况分别属于就业者、失业者、非劳动力中哪类人口。
    (a) 全日制学生。
    (b) 刚毕业正在找工作的人。
    (c) 认为薪水太低而辞去工作的人。
    (d) 对找工作失去了信心并不再寻找工作的青少年。
    (e) 每周做 10 小时的兼职工作并试图寻找一份稳定工作的人。
2. 假设某劳动力市场需求曲线 $L = 200 - 6W$, 供给曲线为 $L = 6W - 40$。
    (a) 均衡工资和劳动数量各是多少?
    (b) 疫情影响下大量企业停工, 劳动力需求出现大幅下跌, 新的需求曲线变为 $L = 140 - 6W$。在工资刚性的前提下, 短期内会带来多少失业? 长期均衡中的工资和劳动数量又是多少?

(c) 在原需求曲线下，假设通过了一项禁止雇主支付低于 25 美元/小时工资的法律，此时市场上的劳动力数量将是多少？这项法律谁受益、谁损失？

(d) 政府意识到了最低工资的坏处，决定取消最低工资，同时对于所有工作的人给予 2 美元/小时的劳动补助。请分析这项计划对于劳动力市场的影响。

3. 下面的表格给出了在不同小时工资下对熟练工人的供给和需求。

劳动需求		劳动供给	
工资 (元/小时)	数量 (人)	工资 (元/小时)	数量 (人)
12	75	12	47
14	68	14	54
16	61	16	61
18	54	18	68
20	47	20	75

(a) 画出劳动的供给曲线和需求曲线。

(b) 均衡的工资和劳动数量是多少？

(c) 假设通过了一项禁止雇主支付低于 20 元/小时的法律。此时，市场上的劳动力数量将是多少？这项法律谁受益、谁损失？

(d) 政府意识到了最低工资的坏处，决定取消最低工资，同时对于所有工作的人给予 3 元/小时的劳动补助。请分析这项计划对于劳动力市场的影响。

4. 请叙述摩擦性失业和结构性失业的定义以及结构性失业产生的三种原因。

5. 1999 年中国高校扩招对国内劳动力市场和经济增长产生了深远的影响。请查找数据并用散点图分析高校扩招和 GDP 增速的关系。

7 短期宏观：总需求与总供给

"在长期中"我们都死了。

—— 约翰·梅纳德·凯恩斯

┃导言┃

在本书的前半部分，我们通过长期模型理解经济体是如何运行的。接下来，我们要学习短期模型，旨在理解经济体偏离长期趋势时是如何运行的。我们认为长期模型决定了潜在的产出水平和长期的通货膨胀水平。相反，短期模型则决定了我们在短期内观察到的产出水平和当前的通货膨胀水平。

┃内容提要┃

- 实际产出与潜在产出之间的关系
- 奥肯定律
- IS-MP 模型与菲利普斯曲线
- AD-AS 模型
- 稳态与外生冲击
- 其他短期经济波动模型

7.1 潜在产出与实际产出

潜在产出是指经济体的所有投入按它们的长期可持续水平得到利用的情况下，经济体可能生产的产量。**实际产出**有可能偏离潜在产出，因为经济会受到各种冲击，其中包括正向和负向冲击，正向冲击如新技术的成功开发；负向冲击如国际原油价格暴涨、自然灾害等。本章主要聚焦短期宏观问题，我们认为潜在产出和长期通货膨胀率等长期变量是由长期模型决定的，在短期模型中这两个变量可看作外生变量。长期与短期的关系可用式 (7.1) 表达：

$$\underbrace{\text{实际产出}}_{Y_t} = \underbrace{\text{长期趋势}}_{\overline{Y}_t} + \underbrace{\text{短期波动}}_{\tilde{Y}_t} \tag{7.1}$$

公式中的长期趋势是潜在产出 $\overline{Y}_t$，说明了 GDP 的总体趋势，短期波动则用 $\tilde{Y}_t$ 来表示。但在实际过程中，人们希望用百分比而不是用人民币或美元来表示短期波动。例如，某一年的实际产出低于潜在产出 1 亿美元，在不同的国家和不同的年份，实际产出下降 1 亿美元带来影响的严重程度是不同的。因此，我们引入一种新的关于短期波动的度量方法，重新定义短期波动。

$$\tilde{Y}_t = \frac{Y_t - \overline{Y}_t}{\overline{Y}_t} \tag{7.2}$$

在图 7.1 中，(a) 展示了实际产出与潜在产出，而 (b) 则展示了消除了经济增长趋势的经济波动。从图中我们可以比较清楚地辨别经济繁荣和衰退。但如果只给出用货币衡量的实际产出，我们则很难区别短期经济的增长和衰退状况。

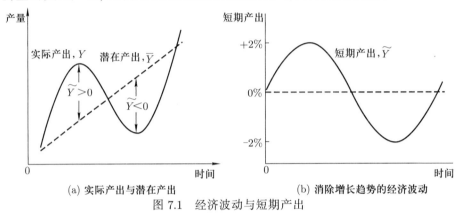

图 7.1 经济波动与短期产出

图 7.2 显示了美国自 1929 年以来的实际 GDP 和潜在 GDP。可以明显看到，20 世纪 30 年代大萧条期间，实际 GDP 远低于潜在 GDP。其他时间段里，实际 GDP 和潜在 GDP 的区别看似并不大。但美国经济是否真的如此平稳呢？

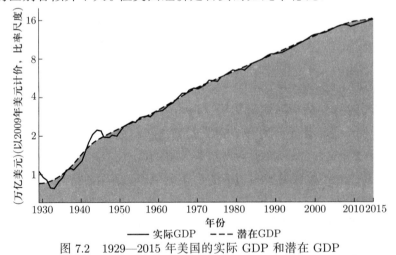

图 7.2 1929—2015 年美国的实际 GDP 和潜在 GDP

图 7.3 计算了实际产出与潜在产出之间差额的百分比，其中阴影部分为美国国家经济研究局 (NBER) 确定的衰退时期。当实际产出下降到低于潜在产出，即短期产出为负值时，衰退就开始了。图 7.3 中经济波动十分明显，图 7.2 中"经济波动不大"的现象是使用比率尺度造成的错觉。

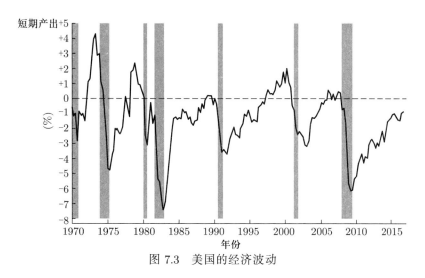

图 7.3 美国的经济波动

7.1.1 奥肯定律: 产出与失业

经济周期不仅反映在产出水平上, 也反映在劳动力市场上。可以认为, 衰退期间发生的产品与服务生产的下降总是与失业率上升相联系。描述这一关系的是奥肯定律, 它以经济学家阿瑟·奥肯命名。奥肯定律是从数据中得到的经验规律, 描述了短期产出和周期性失业之间的紧密联系。周期性失业被定义为当前的失业率 (u) 与自然失业率 ($\bar{u}$) 的差值。

$$u - \bar{u} = -\frac{1}{2} \times \tilde{Y} \tag{7.3}$$

奥肯定律告诉我们, 产出每低于潜在水平一个百分点, 失业率将超过其长期水平半个百分点。图 7.4 中横轴代表短期产出, 纵轴为周期性失业。奥肯定律告诉我们: 经济衰退时, 实际产出低于潜在产出, 通常伴随着高失业率; 经济景气时, 实际产出高于潜在水平, 失业率通常较低, 如表 7.1 所示。

表 7.1 主要经济变量在经济衰退时的表现

	1950 年以来历次衰退时期的平均表现	大萧条时期
GDP	−1.7%	−4.7%
非农就业人口变化	−2.5%	−6.3%
失业率	2.5%	4.5%
GDP 的构成		
消费	0.4%	−3.4%
投资	−14.4%	−34.0%
政府购买	1.2%	5.5%
出口	−1.5%	−10.3%
进口	−4.2%	−18.7%

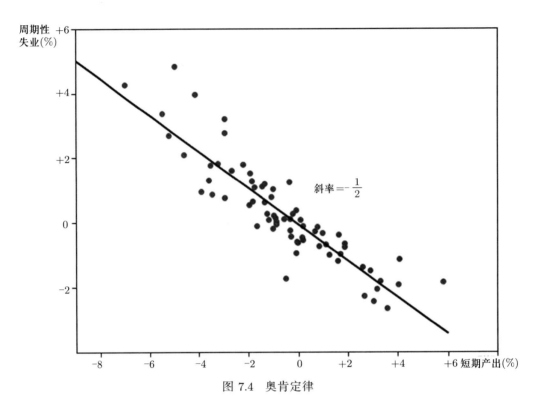

图 7.4 奥肯定律

7.2 IS 曲线

在本节,我们要学习短期模型的第一个重要组成部分: IS 曲线。它描述了实际利率变动通过投资对短期产出的影响。GDP 除去投资外的部分都取决于经济体的潜在产出,在解释消费与潜在产出的关系时,我们会介绍生命周期理论与持久性收入假说。最后,我们会分析 IS 曲线在受到总需求冲击(消费、投资、政府购买或净出口变化)时会如何移动。

7.2.1 什么是 IS 曲线?

IS 曲线描述的是利率变化在短期内对经济的影响,如图 7.5 所示,横轴是短期产出,纵轴是利率。在这条曲线上的任何一点都代表了产出和利率的某种组合,在这些组合下,投资等于储蓄,产品市场达到均衡状态。

IS 曲线的基本逻辑是,提高利率会增加企业与家庭的借款成本,企业对这种变化做出反应,减少对机器与土地的采购,即减少资本投入;消费者对于这种变化的反应是,减少用于购买新房的借款。这两种渠道都使得投资减少,进而导致产出下降。

利率↑→ 投资↓→ 产出↓

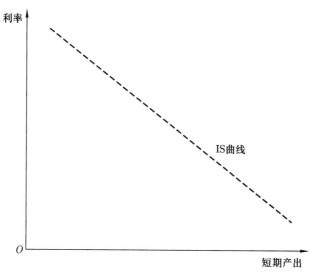

图 7.5 IS 曲线

7.2.2 IS 曲线的推导

$$Y_t = C_t + I_t + G_t + \text{NX}_t \tag{7.4}$$

$$\frac{C_t}{\overline{Y}_t} = \bar{a}_c, \frac{G_t}{\overline{Y}_t} = \bar{a}_g, \frac{\text{NX}_t}{\overline{Y}_t} = \bar{a}_{nx} \tag{7.5}$$

$$\frac{I_t}{\overline{Y}_t} = \bar{a}_i - \bar{b}(R_t - \bar{r}) \tag{7.6}$$

其中，Y_t 表示产出，C_t 表示消费，I_t 表示投资，G_t 表示政府购买，NX_t 表示净出口，R_t 表示实际利率，$\bar{r}$ 表示资本的边际产出，$\bar{b}$ 表示投资对利率变化的敏感程度。

式 (7.4) 至式 (7.6) 的成立主要依赖以下两个假设：一是除投资以外的总产出，即消费、政府购买、出口和进口，都取决于经济体的潜在产出；二是在短期模型里，潜在产出水平是给定的外生变量。

消费占潜在产出的比例是由参数 $\bar{a}_c$ 给出的一个固定份额。例如，$\bar{a}_c = 2/3$，意味着每 3 美元的产出有 2 美元被用于消费。如图 7.2 所示，潜在产出比实际产出波动小，而消费又是潜在产出的一个固定份额，这一假设意味着消费的波动比 GDP 要小，即消费比 GDP 更平稳。人们具有平滑消费的动机，当衰退到来时，人们动用储蓄以抵消收入受到的冲击，使消费保持在稳定的水平。

接下来介绍两个与消费有关的理论：第一个理论是由米尔顿·弗里德曼 (Milton Friedman, 1976 年诺贝尔经济学奖得主) 提出的**持久性收入假说** (Permenant Income Hypothesis)。该假说认为，人们的消费基于他们的长期收入的平均值，而不是他们的现期收入。第二个理论是由弗兰科·莫迪利安尼 (Franco Modigliani, 1985 年诺贝尔经济学奖得主) 提出的**生命周期模型** (Life Cycle Model)。生命周期模型给出类似于持久性收入假说的主张，认为消费的依据是一生的平均收入而不是任何给定年龄的收入。例如，年轻人的消费明显高于收入，且随着年龄增长，消费增长缓慢，储蓄增加；退休后，人们没有收入，依靠储蓄生活。

这是 IS 曲线非常重要的微观基础。虽然表述有所不同，但两个理论都是从现象出发，其结论也有异曲同工之妙：人们更偏好平稳的消费路径，而不是大幅波动的消费路径。

投资占潜在产出的比例 $\bar{a}_i$ 主要取决于实际利率 R_t、资本的边际产出 $\bar{r}$ 以及投资对利率变化的敏感程度 $\bar{b}$。具体关系如下：

$$\frac{I_t}{\bar{Y}_t} = \bar{a}_i - \bar{b}(R_t - \bar{r}) \tag{7.7}$$

投资方程由两部分组成：第一部分是投资占潜在产出的固定比率，第二部分是投资和利率的关系。$\bar{b}$ 越大，意味着投资对利率变化的敏感程度越大，很小的利率变动将导致较大的投资变动。$\bar{r}$ 代表资本的边际产出，即企业通过多投资一单位资本能增加的产出数量。我们假设资本的边际产出是外生的，由长期模型决定，不随着时间推移而变化。那么，投资量将取决于实际利率和资本的边际产出的差。

长期中，实际利率一定等于资本的边际产出。在长期模型中，企业的最优选择就是租用资本直到资本的边际产出等于实际利率。也可以说，在长期，企业可以调整资源达到最优的配置。但在短期，资本的边际产出和实际利率可以不相等。资本投资需要时间，而中央银行调整利率几乎是瞬间发生的，因而在新的投资投入生产之前，资本的边际产出没有变化，但实际利率已经发生变化，造成短期模型中实际利率与资本边际产出的差异。请同学们思考：当实际利率大于资本的边际产出时，企业将如何决策？反之，情况又会是如何呢？

式 (7.8) 中，短期波动模型里投资量是内生变量，实际利率也是内生变量。

$$\tilde{Y}_t = \bar{a} - \bar{b}(R_t - \bar{r}) \tag{7.8}$$

$$\bar{a} = \bar{a}_c + \bar{a}_i + \bar{a}_g + \bar{a}_{nx} - 1 \tag{7.9}$$

其中，$\tilde{Y}_t$ 表示短期产出，$\bar{a}$ 表示总的需求冲击 (该项通常情况下为 0)，R_t 表示金融市场上的真实利率，$\bar{r}$ 表示资本的边际产出，$\bar{b}$ 表示投资对于利率的敏感度，同时也是短期产出对于实际利率的敏感度。$\bar{a}_g$ 表示政府购买占潜在产出的比例，$\bar{a}_{nx}$ 表示净出口占潜在产出的比例。

短期产出是实际利率的函数，二者是线性关系。实际利率越大，短期产出越低。企业发现借款成本上升，会减少投资，从而产出下降，直到实际利率等于资本的边际产出。当然，这均衡背后的假设是 $\bar{a}$ 为 0。

7.2.3 IS 曲线的应用

利率变化的影响　IS 曲线表示的是产出作为利率的函数变化的轨迹,实际利率的变化相当于点沿着曲线移动。经济体开始处于潜在产出的水平,因此均衡点 A 对应的短期产出为 0,实际利率水平等于资本的边际产出。如图 7.6 所示,实际利率上升,经济从 A 点变化到 B 点,此时短期产出为负。

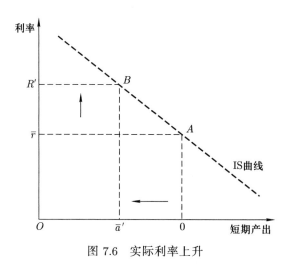

图 7.6　实际利率上升

需求冲击　如图 7.7 所示,假定信息技术的进步导致投资热,企业对未来表示乐观,在任意给定的利率水平上都会增加对机械仪器、电脑设备和厂房的需求。根据式 (7.8),总需求冲击参数 $\bar{a}$ 上升,在给定的利率水平上,产出提高。这一冲击使得 IS 曲线向外移动。假定实际利率依然等于资本的边际产出,新的曲线穿过 B 点,需求的正向冲击造成实际产出大于潜在产出,即短期产出为正。总需求冲击会按 1:1 的比例转化为短期产出变化,即 $\bar{a}$ 上升 1 个百分点,短期产出上升 1 个百分点。

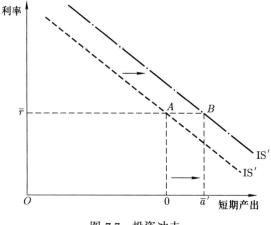

图 7.7　投资冲击

对潜在产出的冲击 对潜在产出的冲击包括新技术发现、资本遭到大幅破坏(如地震、海啸)等情况,它会同时影响潜在产出和实际产出。如果对两者影响幅度相同,则实际产出与潜在产出之间的差额与潜在产出的比值保持不变。因此,许多人认为潜在产出并不影响短期产出。

但事实往往并没有这么简单。例如,新技术发现提高了资本的边际产出,在实际利率不变的情况下,资本的边际产出将高于实际利率,投资需求上升,IS 曲线将向右移动。(注意区分资本边际产出的变动和实际利率的变动,前者为外生变量,后者为内生变量,对 IS 曲线影响不同。)再如,地震之后资本量减少,边际产出变大(考虑柯布–道格拉斯生产函数二阶导小于 0 的性质),短期产出上升,IS 曲线也向右移动。

7.3 MP 曲线与菲利普斯曲线

这一节,我们将介绍中央银行怎样有效地设定短期实际利率以及这一利率怎样在我们的短期模型中表示为 **MP 曲线**,还将介绍菲利普斯曲线描述企业如何决定它们的价格,进而影响通货膨胀率;如何用 IS 曲线、MP 曲线和菲利普斯曲线构建短期模型,并用这个模型分析宏观经济。

前面 IS 曲线概括了实际利率如何决定产出。如果只有 IS 曲线,那我们只能考虑实际利率水平的影响。接下来我们要引入 MP 曲线,MP 表示货币政策(Monetary Policy)。如图 7.8 所示,通过合理的假设,MP 曲线可以把名义利率与实际利率联系起来。而菲利普斯曲线将描述企业如何随时间推移决定价格,从而在短期产出与通货膨胀率的变化之间建立联系。

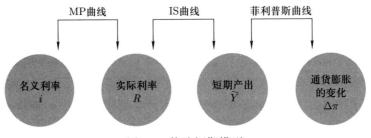

图 7.8 构造短期模型

7.3.1 货币政策与利率

货币政策的关键工具是短期名义利率,这与 IS 曲线中决定短期产出水平的实际利率不是一个概念。名义利率在美国被称为联邦基金利率,是一家银行为隔夜贷款支付给另一家银行的利率。中央银行控制名义利率主要通过以下两种方法:一是发布声明称中央银行愿意以一个特定的利率发放贷款或者接受存款,所有银行会围绕着中央银行设定的利率借贷;二是通过改变货币供给影响名义利率,减少货币供应量会使得名义利率上升,增加货币供应量会使得名义利率下降。

名义利率是持有货币的成本,因为持有货币意味着无法享受到将这部分钱以该名义利率借贷出去得到的利息。从货币需求的角度,如果名义利率高,持有货币的机会成本大,人们会选择少持有货币,因此货币需求曲线会是一条斜率为负的直线。货币供给曲线为一条垂直线,由中央银行直接控制。

历史上,在中央银行的控制和市场的共同作用下,名义利率的走势是怎样的呢?如图 7.9 所示,美国联邦基金利率自 1960 年以来经历了较大的变化。可以看到,2008 年金融危机后,联邦基金利率达到了历史最低水平,接近于 0。

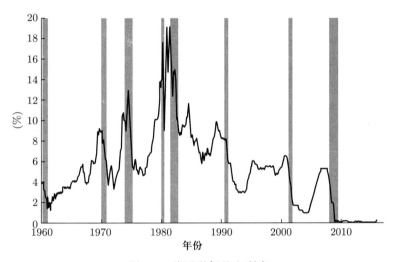

图 7.9 美国联邦基金利率

那么中央银行怎样用名义利率影响实际利率呢?**费雪效应**总结了实际利率与名义利率的联系。由费雪效应 $R_t = i_t - \pi_t$ 可知,实际利率等于名义利率减去通货膨胀率。只要名义利率的变动未被通货膨胀率的相应变动所抵消,就会引起实际利率的变动。**黏性通货膨胀假设**是短期模型的一个关键假定,即假设通货膨胀率呈现惯性或者黏性,随着时间推移缓慢调整。在很短的时期(如 6 个月)内,我们假定通货膨胀率对货币政策的变化不会做出直接的反应。在这样的假设下,实际利率与名义利率一起变动。

7.3.2 MP 曲线

我们用 MP 曲线说明中央银行有设定实际利率的能力,该曲线是一条水平曲线,标出了中央银行为经济体选择的实际利率。如图 7.10 所示,我们将实际利率设定为数值 R。没有总需求冲击的情况下,当实际利率定在等于资本的边际产出 $\bar{r}$ 处时,短期产出等于 0,经济体处于潜在产出水平。

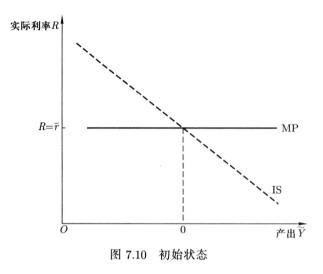

图 7.10 初始状态

如图 7.11 所示，当中央银行决定提高名义利率时，会发生什么情况？在短期模型中，我们假定黏性通货膨胀率，名义利率的提高意味着实际利率的提高。实际利率高于资本的边际成本，企业和家庭削减投资，产出下降。从图上我们可以看出，当中央银行提高利率时，经济陷入衰退，均衡点从 A 点移向 B 点。

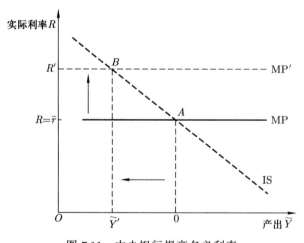

图 7.11 中央银行提高名义利率

就房地产市场而言，当房地产泡沫破裂时，中央银行往往会采取一定措施应对危机。假设一个经济体中房价持续上升，但是在最近突然下降，消费者与投资者资产受损、信心下滑。如图 7.12 所示，我们可以将这一事件表示为 IS 曲线中的总需求参数 $\bar{a}$ 下降。截距项减小，IS 曲线向下移动。此时如果政府还没有出台政策，则 MP 曲线不变，即实际利率水平不变。经济从 A 点移到 B 点，短期产出为负。

如图 7.13 所示，现在中央银行决定出台政策应对危机，降低名义利率。通货膨胀

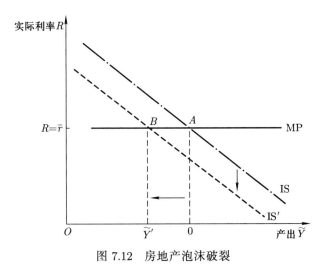

图 7.12 房地产泡沫破裂

的黏性保证了实际利率也下降。实际利率下降到低于资本的边际产出,企业和家庭利用低利率增加投资,投资需求的上升弥补了总需求冲击造成的产出下降,产出恢复到潜在产出水平。

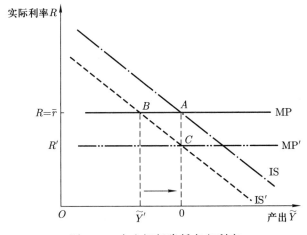

图 7.13 中央银行降低名义利率

从理论上讲,政府在房产泡沫破裂之后应该迅速出台货币政策干预,避免产出下降。但在实际情况中,这种调整的力度和时机很难把控。

7.3.3 菲利普斯曲线

现在我们讨论短期模型最后一个组成部分:菲利普斯曲线。它反映了以通货膨胀变化为函数的短期产出的变化关系。处于繁荣的经济会出现通货膨胀率的上升,衰退会导致通货膨胀率下降。在这一动态均衡背后的经济学直觉是什么?

首先，让我们考察一个处于繁荣的经济体及由此产生的通货膨胀率上升现象。这种情况下，实际产出大于潜在产出：厂商在以大于他们能够长期持续的速度生产。价格提高的原因有两个：第一个是供给端，由于超量的生产计划，在现有的技术限制下，厂商不得不要求工人加班，所以需要支付更高的加班薪酬；第二个是需求端，在繁荣的经济环境下，货品的需求巨大，尽管厂商大力生产，该货品依然供不应求，因此价格提高。

假设你是一家公司的老板，要为产品定价。你推测通货膨胀率是 5%，因此考虑把价格提高 5%，以保持相对价格不变。但是，由于经济大环境改变，对于商品的需求下降（需求冲击）。为了把生产的产品卖掉，你会采取降价的方式提高需求。因此，你只把价格提高了 3%，而不是 5%。试想，如果所有的厂商都只提价 3%，那么当年的通货膨胀率就会是 3%。在只提高 3% 的情况下，相对价格下降，厂商减产，经济陷入衰退。

通货膨胀率往往由三个因素决定，即预期通货膨胀率、短期产出和价格冲击，其中价格冲击的一个典型例子是国际原油价格变化。我们可以由此得到菲利普斯曲线表达式：

$$\pi_t = \pi_t^e + \bar{v}\tilde{Y}_t + \bar{o} \tag{7.10}$$

其中，π_t 是通货膨胀率；π_t^e 是预期通货膨胀率；$\tilde{Y}_t$ 是短期产出（需求）；$\bar{v}$ 是通货膨胀对需求条件的敏感程度，制约着曲线的斜率；$\bar{o}$ 是成本冲击（供给）。

我们依然延续前面的黏性通货膨胀假设，$\pi_t^e = \pi_{t-1}$，企业预期未来的通货膨胀率等于前一年的通货膨胀率，这种假设也叫**适应性预期**（Adaptive Expectations）。将预期通货膨胀率替换为前一年的通货膨胀率，再引入一个变量 $\Delta\pi_t = \pi_t - \pi_{t-1}$，我们可以得到新的菲利普斯曲线表达式（见图 7.14）：

$$\Delta\pi_t = \pi_t - \pi_{t-1} = \bar{v}\tilde{Y}_t + \bar{o} \tag{7.11}$$

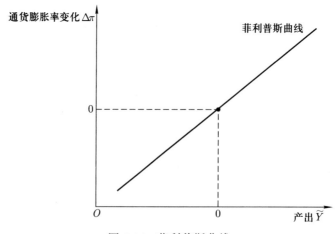

图 7.14　菲利普斯曲线

其中，$\Delta \pi_t$ 是通货膨胀的变化，$\bar{v}\tilde{Y}_t + \bar{o}$ 是短期产出。敏感度参数为正，那么在经济繁荣时，短期产出为正，通货膨胀变化量增大；短期产出为负，通货膨胀变化量减小。到这里，我们已经从经济学直觉和数学推导两个角度理解了菲利普斯曲线。

当国际原油价格上升时，菲利普斯曲线会怎么变化？如图 7.15 所示，菲利普斯曲线向上移动，原因是 $\bar{o}$ 为正。做一个非常简单的比较静态分析，如果国际原油价格上涨，这种价格冲击使菲利普斯曲线向上移动，即使产出处于潜在水平，通货膨胀率的变化也会变大。

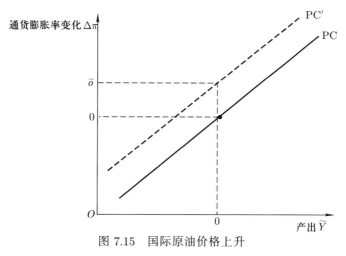

图 7.15　国际原油价格上升

7.4　短期模型：IS-MP 曲线和菲利普斯曲线

7.4.1　沃尔克通货紧缩

IS-MP 图和菲利普斯曲线组成了我们学习的第一个短期模型。用该模型进行分析时，我们应该了解，决策者利用名义利率影响实际利率，实际利率变化影响短期内经济活动，而菲利普斯曲线揭示了经济的繁荣或衰退对通货膨胀率的影响。现在我们有三条曲线：IS 曲线、MP 曲线和菲利普斯曲线。我们用这三条曲线分析下面的例子。

如图 7.16 所示，1974 年和 1979 年，美国经历了两次石油冲击。过度宽松的货币政策造成 1979 年通货膨胀超过 10%，而美联储的重要职责就是维持物价水平稳定。在 1979 年被任命为美联储主席的保罗·沃尔克 (Paul Volcker) 临危受命，首要工作就是打压高通货膨胀。我们现在借助短期模型作为分析工具，分析沃尔克的政策对美国经济的作用。

首先，如图 7.17 所示，美联储通过货币政策提高实际利率，MP 曲线上移，企业和个人面对高于资本的边际产出的实际利率，减少投资，投资需求下降导致产出下降，

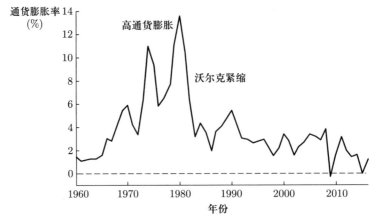

图 7.16 美国通货膨胀率

经济从 A 点移到 B 点,经济进入衰退。根据菲利普斯曲线,衰退造成通货膨胀率的变化为负数。通货膨胀率下降,即物价水平上涨放缓或者下降。原因是,短期产出下降,需求下降,企业对于需求下降做出反应,在定价时会通过减小提价幅度的方式提高销量,所有企业都这样做,就会导致整个经济的通货膨胀率下降。

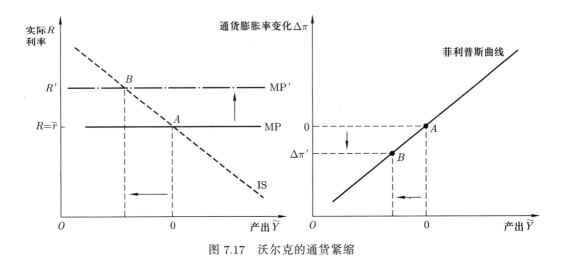

图 7.17 沃尔克的通货紧缩

综上所述,沃尔克的政策使得实际利率、名义利率保持在高位,1981 年抵押贷款(购房)利率达到 19%,企业贷款利率也接近 19%。同时,投资减少,产出下降到潜在产出水平以下,经济陷入衰退。不过,该政策使通货膨胀得到了控制,而且效果十分明显。

7.4.2 模型扩展

下面我们考虑短期经济波动对消费的影响。持久性收入假说可以解释个体对于数额巨大且容易预料的收入变化的反应，但对于小额、难以预料的冲击，解释力较弱。因此要刻画短期冲击对消费的影响，需要对模型进行拓展。考虑方程式：

$$\frac{C_t}{\overline{Y}_t} = \overline{a}_c + \overline{x}\tilde{Y}_t \tag{7.12}$$

其中，$\overline{x}$ 表示消费占潜在产出的比例对短期产出的敏感度。

式 (7.12) 纳入了与短期产出成正比的一项，这意味着当经济繁荣时，消费会增加。经推导，得出考虑消费受短期产出影响后的 IS 曲线：

$$\tilde{Y}_t = \frac{1}{1-\overline{x}}[\overline{a} - \overline{b}(R_t - \overline{r})] \tag{7.13}$$

新的 IS 曲线具有如下特征：① $\overline{x}$ 处于 0 与 1 之间；② 存在乘数效应；③ 乘数不改变 IS 曲线的形状，但截距和斜率被乘数放大。

假设 $\overline{x} = 0.5$，乘数效应就是 2 倍。如果总需求冲击增加 2%，在原来的 IS 曲线中，短期产出也会增加 2%；考虑了消费和短期产出的关系，即乘数效应后，短期产出增加 4%。

乘数效应的经济学直觉是，投资减少可能使一些工人失业，失业的工人收入减少会使消费减少，造成负的需求冲击，以至于厂商进一步减产、解雇工人，产生连锁反应。乘数效应的确是一把双刃剑。

7.5 AD-AS 模型

这一节，我们将在存在系统性货币政策的情况下把 IS 曲线和 MP 曲线结合起来，得到一条总需求曲线 (AD 曲线)，并把菲利普斯曲线重新解释为总供给曲线 (AS 曲线)，搭建起 AD-AS 框架，并用它分析短期经济。

在 7.4 节，我们学习了短期模型的各个组成部分：MP 曲线 (反映中央银行对实际利率的选择)、IS 曲线 (显示实际利率怎样决定短期产出) 和菲利普斯曲线 (将当下的产出与通货膨胀的变动联系起来)。我们利用这些组成部分分析经济体受到各种冲击时的表现，包括对总需求和通货膨胀的冲击。决策者可以通过货币政策缓解经济冲击造成的影响。但是，目前的分析是基于某一个具体的事件，我们还希望找到一种可以应对各种冲击并稳定经济的系统性政策。

本节我们考虑一个最简单的模型：假定实际利率作为通货膨胀的一个函数。我们将探讨实施这样的政策能否在冲击下稳定产出和抑制通货膨胀。

7.5.1 货币政策规则与总需求

货币政策规则是对于经济体中可能出现的情况,可能采取的一套货币政策立场的指令。考虑这样一种货币政策规则:

$$R_t - \overline{r} = \overline{m}(\pi_t - \overline{\pi}) \tag{7.14}$$

在这一规则中,货币政策的立场取决于目前的通货膨胀 π_t,以及通货膨胀目标 $\overline{\pi}$。政策的工具是利率,通过已知的信息可以得到我们需要如何调整利率 R_t。$\overline{r}$ 是资本的边际产出。参数 $\overline{m}$ 表示应对通货膨胀的货币政策的积极程度。如果通货膨胀率高于目标水平 1 个百分点,根据规则,应设定实际利率使其高于资本的边际产出 $\overline{m}$ 个百分点。例如,当 $\overline{m} = 0.5$,目前的通货膨胀率高于目标水平 2 个百分点时,根据货币政策规则,政策决定者将实际利率提高 1 个百分点。

短期模型由三个基本方程组成: ① IS 曲线, $\tilde{Y}_t = \overline{a} - \overline{b}(R_t - \overline{r})$; ② MP 曲线, R_t 由中央银行决定; ③ 菲利普斯曲线, $\Delta \pi_t = \overline{v} \tilde{Y}_t + \overline{o}$。结合货币政策规则 $R_t - \overline{r} = \overline{m}(\pi_t - \overline{\pi})$,我们可以得到最终的**总需求曲线 (AD 曲线)**:

$$\tilde{Y}_t = \overline{a} - \overline{b}\overline{m}(\pi_t - \overline{\pi}) \tag{7.15}$$

如图 7.18 所示,这条曲线被称为总需求曲线是因为它建立在 IS 曲线的基础上,而 IS 曲线源于 GDP 核算的支出法。总需求曲线将短期产出和通货膨胀率联系在了一起。

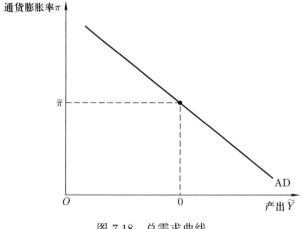

图 7.18 总需求曲线

总需求曲线描述了数量和价格的关系,即短期产出 (数量) 和通货膨胀率 (价格) 的函数关系,也描述了中央银行怎样根据当前的通货膨胀率选择短期产出。如果通货膨胀率高于目标水平,中央银行就提高利率,将产出降到潜在水平以下。如果通货膨胀率低于目标水平,中央银行就降低利率以刺激经济。另外,曲线是在不存在总需求冲击的标准情况下画出的,即假设 $\bar{a}=0$。

该曲线是一条向下倾斜的曲线,从这一点上看和微观的需求曲线没有两样,但它们的意义不同:首先,AD 曲线描述的是宏观层面上中央银行针对各个不同的通货膨胀率决定短期产出的行为。其次,当某种商品的价格发生变化时,会产生替代效应和收入效应,而宏观的总供求模型中不存在这种情况。

假设经济体开始时处于稳定状态,即通货膨胀水平符合政府目标。随后,经济体受到冲击,通货膨胀率上升至一个较高的水平,如图 7.19 所示,原来的均衡点 A 沿着曲线向上移动。货币政策规则使得中央银行提高利率,较高的利率造成投资减少,经济活动放缓,短期产出下降。

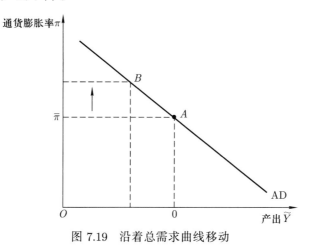

图 7.19 沿着总需求曲线移动

稳定状态的经济体有时会受到总需求冲击,比如外国经济繁荣导致对本国商品的需求增加,这是一个正向的总需求冲击,使得 $\bar{a}$ 增大,AD 曲线向上移动。如图 7.20 所示,总需求冲击可以改变 AD 曲线方程的截距项,使其向上或向下平移。

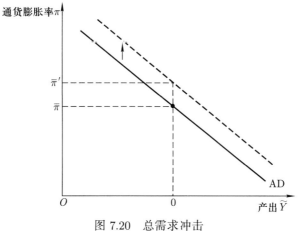

图 7.20 总需求冲击

此外，总需求曲线还可以用来比较参数 $\overline{m}$ 的影响，$\overline{m}$ 衡量货币政策对于通货膨胀的积极程度。当 $\overline{m}$ 数值较大时，表示利率调整是比较激进的，即曲线应该更平坦，如图 7.21 所示。不过，这样的政策通常会引发更大的衰退。

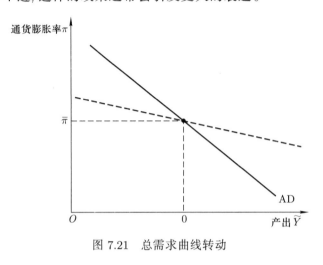

图 7.21 总需求曲线转动

7.5.2 总供给曲线

通过上述讨论我们知道，菲利普斯曲线表达式为：

$$\Delta \pi_t = \overline{v} \tilde{Y}_t + \overline{o} \tag{7.16}$$

其中，$\overline{v}$ 表示通货膨胀变动对短期产出的敏感度。进一步，对菲利普斯曲线重新整理，我们可以得到**总供给曲线 (AS 曲线)**：

$$\pi_t = \pi_{t-1} + \overline{v} \tilde{Y}_t + \overline{o} \tag{7.17}$$

如图 7.22 所示，AS 曲线描述的是厂商的定价决策与产出的关系。厂商定价取决于通货膨胀预期、短期产出以及价格冲击。π_{t-1} 是总供给曲线的截距，表示对通货膨胀预期的近似。企业在第 t 期做决策时，前一期的通货膨胀率已知。通货膨胀率随着时间推移而变化，总供给曲线也发生移动。

这里需要区分总供给曲线和菲利普斯曲线。菲利普斯曲线的图像纵轴为通货膨胀率的变化，总供给曲线纵轴为通货膨胀率。但从本质上看，AS 曲线与菲利普斯曲线是等价的，就好像一个硬币的两面。

总供给曲线移动的原因通常是价格冲击或者通货膨胀率变化。假设第一期发生了一次价格冲击且冲击只发生一期。在第一期，AS 曲线的移动是由于价格冲击。到了第二期，AS 曲线移动是由于第一期的通货膨胀率不再等于稳态下的水平，因此第二期 AS 曲线方程里的 π_{t-1} 发生变化，第二期 AS 曲线截距变化。我们将在下一节详细探讨 AS 曲线的移动。

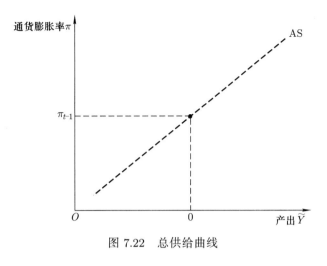

图 7.22 总供给曲线

7.6 稳态与外生冲击

7.6.1 稳态 —— 分析的起点和终点

什么是稳态？当经济处于稳态时，经济系统的内生变量不随时间的变化，并且不存在对经济体的冲击，此时短期产出为 0，通货膨胀率等于目标通货膨胀率。

如图 7.23 所示，我们把两条曲线画在同一张图上，得到 AD-AS 模型。总供给曲线向上倾斜，总需求曲线向下倾斜。纵坐标表示通货膨胀率，横坐标度量短期产出。下面我们将应用 AD-AS 模型进行一系列比较静态分析。每次均假定经济开始时处于稳态，AS 曲线的截距项等于政府的通货膨胀目标，短期产出为 0。

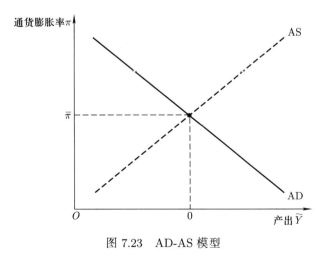

图 7.23 AD-AS 模型

7.6.2 国际原油价格上涨

如图 7.24 所示，假设国际原油价格上涨，总供给曲线中的 $\bar{o}$ 项变为正数，厂商的定价会上涨，AS 曲线上移，即对于任意给定的短期产出水平，通货膨胀都提高相同幅度。如果短期产出没有发生变化，通货膨胀会上升相应幅度，但由于货币政策规则规定了要以提高实际利率来对抗通货膨胀，因此短期产出会下降，经济从 A 点移动 B 点。此时，高通货膨胀伴随经济停滞，这种现象被称为"滞胀"。

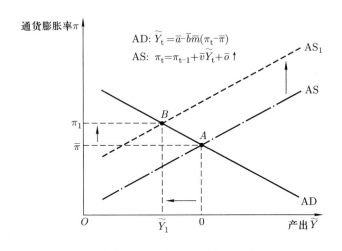

图 7.24 国际原油价格上涨 (a)

假设国际原油价格的上涨只发生一期，接下来每一期的总供给曲线中，$\bar{o}$ 项都恢复为 0。那么总供给曲线是否会立刻回到原来的位置？答案是不会。在这里要注意一点，总供给曲线移动是动态的，这意味着下一期通货膨胀率的决定方程受上一期通货膨胀水平的影响。

如图 7.25 所示，在第二期，$\bar{o}$ 等于 0、曲线斜率不变，如果短期产出也为 0，AS 应该过 $(0, \pi_1)$ 这个点。第二期 AS 曲线较第一期向下移动，AS_2 与 AD 曲线交于 C 点。此时，通货膨胀下降，仍高于目标水平。在货币政策规则的作用下，产出逐渐上升，但依然处于潜在产出水平以下。如图 7.26 所示，这个动态过程会一直进行下去，AS 曲线最终回到原位，经济回到 A 点的稳态。

第一期的石油价格冲击，造成 AS 曲线上移，经济从 A 点移动到 B 点。面对高通货膨胀的情况，政府按照货币政策规则决定提高实际利率、减少产出水平。根据菲利普斯曲线，经济衰退促使通货膨胀逐渐下降，AS 曲线缓慢返回其初始位置，这个回归过程的核心在于黏性通货膨胀假设。

我们在长期中发现的一个结论在短期也可以用。当经济体偏离稳态最远的时候，返回稳态的速度最快；距离稳态越近，返回的速度越慢。

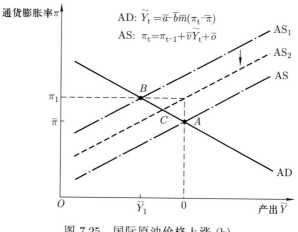

图 7.25　国际原油价格上涨 (b)

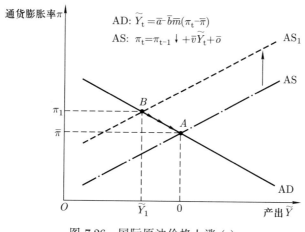

图 7.26　国际原油价格上涨 (c)

我们从这一比较静态分析中得到一个重要启示：价格冲击过后，即使政府干预调整通货膨胀，经济依然会在相当长的时间里处于高通货膨胀、低产出的低迷状态。这对应着 20 世纪 70 年代美国的情况。

7.6.3　通货膨胀目标改变

回想此前提到的沃尔克通货紧缩的案例。如图 7.27 所示，假设经济在一开始处于稳态，但该稳态的特点是温和的高通货膨胀率。现在政策制定者决定改变通货膨胀目标，将通货膨胀率降到更低的水平。与之前讨论的只发生一期或几期的冲击不同，这一决策永久性地改变了通货膨胀目标。在 AD-AS 框架下，只有 AD 曲线上能够体现出通货膨胀目标，因此这一变化永久性改变了 AD 曲线的位置。

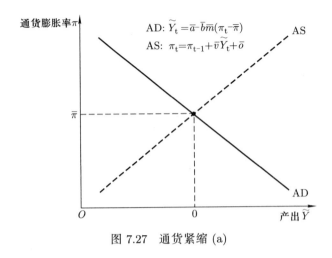

图 7.27 通货紧缩 (a)

如果通货膨胀目标由 $\bar{\pi}$ 变为 $\bar{\pi}'$，那么 AD 曲线将向下移动。可以理解为，对经济体提出了更高的要求，即保持原有产出不变的情况下，降低物价。下降的幅度由新的稳态决定，即新的曲线一定通过 $(0, \bar{\pi}')$ 点，如图 7.28 所示。

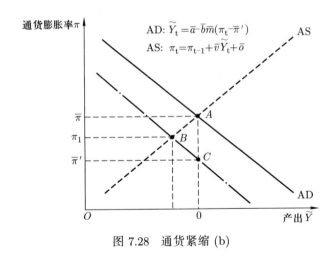

图 7.28 通货紧缩 (b)

新的货币政策规则发生作用，初始通货膨胀率在现在看来过高，因此应该提高实际利率以减少产出，经济从 A 移动到 B 点，通货膨胀率为 π_1。在新的货币政策规则下，动态过程持续进行，AS 曲线将不断向下移动。背后的经济故事是，企业看到通货膨胀率的变化，不断调整通货膨胀预期，改变它们的定价策略。因此，如图 7.29 所示，经济体的状态从 B 点沿着新的总需求曲线滑到 C 点，C 点即为新的稳态点。相较于原来的稳态，新稳态下，短期产出仍为 0，但通货膨胀率更低。

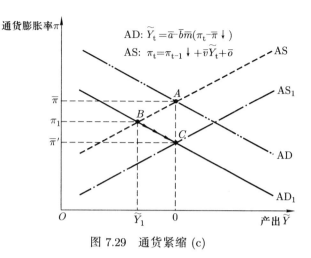

图 7.29 通货紧缩 (c)

7.6.4 外国经济繁荣

假设现在外国经济繁荣导致对本国商品需求增加,这是正向的总需求冲击,且假设该冲击会持续若干个时期。如图 7.30 所示,冲击发生的第一期 AD 曲线上移,与第一期的 AS 曲线的交点向右上方移动,从 A 到 B,价格水平提高,即 $\pi_1 > \bar{\pi}$。

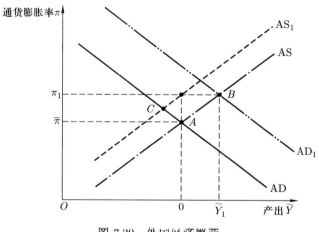

图 7.30 外国经济繁荣

在第二期,AD 曲线仍然保持在上移后的位置,AS 曲线需要向上移动才能保证通过 $(0, \pi_1)$ 点。AS_1 与 AD 曲线交于 C 点。以后的每一期都可以此类推,AS 曲线逐期上移,短期产出一直为正但逐期减小,价格水平不断升高,$\tilde{Y}$ 和 π_t 的变化幅度都逐渐减小。假设到了第 k 期,总需求冲击结束,AD 曲线下移到原来位置。此时短期产出为负,价格水平降低,但仍高于冲击发生前的水平。第 $k+1$ 期的 AS 曲线要经过点 $(0, \pi_1)$,因此,AS_t 曲线向下平移到 AS_{t+1},短期产出向 0 靠近,价格水平下降。这个 AS 曲线下移的过程会不断持续,直至回到原来的高度,均衡点回到原来的 A 点,产出和通货膨胀又回到原来的水平。

从这个例子可以看出,正向总需求冲击持续期间,总能带来短期经济的繁荣与价格水平的提升。但冲击结束后,经济就会陷入衰退,但通货膨胀率仍高于目标水平,如果没有外在干预,经济体需要一段时间才能自发调整回均衡水平。

7.6.5 金融危机

2008 年,金融风暴席卷全球,其源头在于美国住房市场的崩塌,图 7.31 展示的是美国房价指数的变化。然而,这样一个从房地产市场,或者从金融市场开始的危机,蔓延到实体经济,最终发展成了经济危机。这次危机的成因、传导机制以及造成的全面影响,目前仍是学术界关注的重点,许多问题还没有非常准确的答案。但是,我们还是想借助 AD-AS 框架去探究其中的逻辑,得到一些启示。

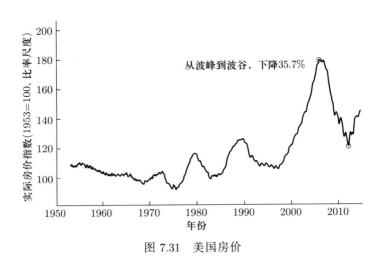

图 7.31 美国房价

我们通过在 AD-AS 模型中引入风险溢价来分析此次危机。我们先从数据上观察风险溢价在危机前后是如何变化的。图 7.32 显示了公司债券的利率、10 年期政府债券的利率及两者的利差,其中 BAA 指的是风险评级 (中级风险)。可以看出,在 2009 年政府债券利率下降,但是公司债券不降反升,产生了巨大的利差。在一般时期,我们认为 BAA 级公司债券利率会比政府债券高 2%,并且随着政府债券利率的变化,BAA 级公司债利率也会做相应调整。但当 2007—2008 年政府降低政府债券的利率时,BAA 级公司债利率并没有按照历史的规律随政府债券调整,反而急速上升,在 2009 年二者利差达到了 7%。

政府债券和 BAA 级公司债之间的利差,反映着贷方对借方违约风险的担忧,即贷方担心借方不能如期偿还债务,会在债券购买时要求借方支付风险溢价。加入风险溢价的 AD-AS 模型表示如下:

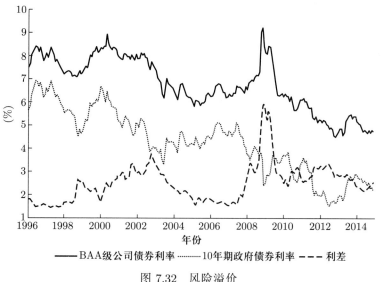

图 7.32 风险溢价

(1) 在危机中，贷款者需要支付一个很高的风险溢价：

$$R_t = R_t^{ff} + \overline{f_t} \tag{7.18}$$

其中，R_t^{ff} 是联邦基金利率，$\overline{f_t}$ 是风险溢价，两者之和 R_t 就是经济体中借贷的实际利率。

(2) 中央银行的货币政策工具是调整联邦基金利率 R^{ff}：

$$R_t^{ff} - \overline{r} = \overline{m}(\pi_t - \overline{\pi}) \tag{7.19}$$

(3) 结合风险溢价的假设，修正过的 AD 曲线为（见图 7.33）：

$$\tilde{Y}_t = (\overline{a} - \overline{b}\,\overline{f}) - \overline{b}\,\overline{m}(\pi_t - \overline{\pi}) \tag{7.20}$$

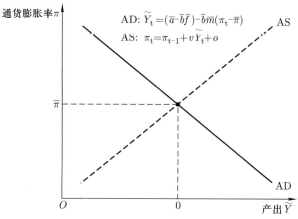

图 7.33 加入风险溢价的 AD-AS 模型

加入风险溢价的 AD 曲线相比之前多了一项,可以认为通常的 AD 曲线是一个风险溢价为 0 的特例。因此,我们可以把风险溢价的产生看成一种负向总需求冲击。类似于之前分析总需求冲击的逻辑,如果外部冲击使得风险溢价大于 0, 相当于 AD 曲线向下移动,短期产出为负,通货膨胀率下降,如图 7.34 所示。危机发生后,随着时间的推移,AS 曲线会不断移动,也即企业的定价策略会做出调整,使得通货膨胀率持续下降,短期产出向 0 靠近,直至新的均衡点 C 点,如图 7.35 所示。在 C 点时,短期产出为 0。根据前面的逻辑,如果想要经济回到原来的稳态 A,需要这种负向的冲击消失,也就是风险溢价回归为 0。当风险溢价变为 0 后,经济将会缓慢地从 D 点回到 A 点,如图 7.36 所示。

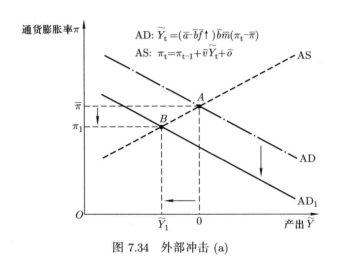

图 7.34 外部冲击 (a)

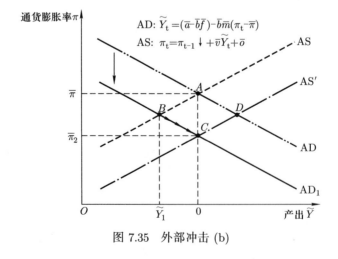

图 7.35 外部冲击 (b)

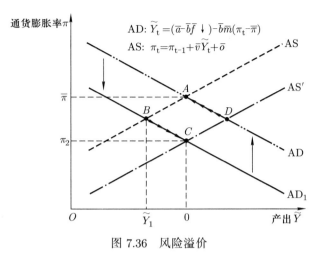

图 7.36 风险溢价

7.6.6 政府采取更积极的货币政策

最后,考虑货币政策对通货膨胀的敏感度 $\overline{m}$ 的变化对经济体产生的影响。假设政府采取了更积极的货币政策,货币政策对通货膨胀的敏感性提高,AD 曲线受到影响。新 AD 曲线的斜率、截距都增加了,但仍过 $(0,\overline{\pi})$ 点。因此,AD 曲线只是绕该点转动,均衡状态未发生改变。因此,政府货币政策积极程度的变化对经济体当前的产出和价格水平不会有影响。但在经济受到其他外生冲击时,积极程度不同的货币政策会影响经济波动的持续时间和波动对短期产出、价格影响的强烈程度。

7.6.7 其他冲击

除了上述提到的冲击,同学们还可以思考下列冲击将对经济造成怎样的影响,具体包括:① 贸易摩擦导致净出口减少 (长期或短期);② 原油价格冲击每十年发生一次,每次持续两年;③ 风险溢价在危机中较大,表现为负向的总需求冲击,并分为两种情况,一种是溢价 5%,从第二期开始持续至第 10 期,另一种是第二期开始溢价 5%,在经济开始好转后 (假设第 11 期开始),溢价变为 2.5%。

7.6.8 理性预期

理性预期 (Rational Expectation) 最早由美国经济学家约翰·穆斯 (John Muth) 在《合理预期和价格变动理论》(*Rational Expectations and the Theory of Price Movements*) 一文中提出,穆斯假定,人们总是根据能够掌握的所有信息形成对于自己而言的最佳经济预测。实际上,这一假定包含三个含义:① 做出经济决策的个体是理性的,即为了追求利益最大化,他们总是力求对未来做出正确的预期;② 为了做出正确的预期,个体会力图得到一切相关信息;③ 个体在预期时不会犯系统性错误,即个体会随时随地根据已掌握的信息修正预期错误,避免高估或低估。因此理性预期学派认为,从长期来看,个体对某一经济变量的预期值与未来的实际值保持一致。

在政策主张方面,理性预期学派认为,政策目标应该注重长期性和稳定性,为经济主体提供一个稳定可预测的政策环境。例如:中央银行可以通过管理预期的方式降低通货膨胀。在理性预期下,如果中央银行与政府的声誉很好,即政府会坚守其经济政策承诺,那么企业就会按照政府所承诺的通货膨胀目标水平进行定价。理性预期的存在,会使得经济从波动回归到均衡的速度大大加快。

7.6.9 泰勒规则

泰勒规则 (Taylor's Rule) 是指根据实际经验确定的一种关于短期利率的调整规则,即当短期产出为正 (负) 和通货膨胀率超过 (低于) 目标值时,应提高 (降低) 短期名义利率。该规则是美国经济学家约翰·泰勒 (John Taylor) 在分析美国 1984—1992 年的联邦基金利率时提出的。泰勒的研究发现,此规则与美联储货币政策的实际操作拟合较好。虽然泰勒规则是源于实证数据的,但我们仍可以基于两个已知公式推导泰勒规则的类似形式:

$$R_t - \bar{r} = \overline{m}\,(\pi_t - \bar{\pi})$$
$$i_t = R_t + \pi_t \tag{7.21}$$

重写整理上面的式子可得:

$$i_t = \bar{r} + \pi_t + \overline{m}\,(\pi_t - \bar{\pi}) \tag{7.22}$$

如果 $\bar{r} = 2\%, \bar{\pi} = 2\%, m = 0.5$,则有:

$$i_t = 1\% + 1.5\pi_t \tag{7.23}$$

假设实际利率保持在 2% 的水平,通货膨胀率上升 1 个百分点,会造成中央银行提高实际利率 0.5%,这意味着名义利率增加 1.5 个百分点。式 (7.23) 可以体现政府如何根据通货膨胀变化运用货币政策规则调整货币供给。

我们在式 (7.23) 右侧增加一个体现短期产出的项,即政府的货币政策会对短期产出做出反应,就能得到泰勒规则的公式:

$$i_t = 1\% + 1.5\pi_t + 0.5\tilde{Y}_t \tag{7.24}$$

20 世纪 90 年代泰勒规则的提出,增强了人们对货币政策规则的认可,人们认为泰勒规则抓住了货币政策问题的实质。图 7.37 展示了 20 世纪 70 年代以来美国实际的联邦基金利率与泰勒规则预测值之间的差异。泰勒规则的一个重要价值就是,通过分析实际利率与预测利率的差异,提供了一个衡量当下货币政策松紧程度的参照。因此,有学者建议,政府在进行货币政策决策时,应充分利用泰勒规则的参照作用,提高货币政策透明度与稳定性。

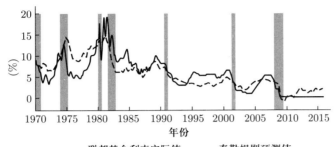

图 7.37　1970 年以来美国联邦基金利率的实际值与泰勒规则预测值

7.7　文献导读

7.7.1　货币政策的作用

弗里德曼认为，凯恩斯主义财政政策的滥用是导致美国战后长期滞胀的重要原因。为此，他重新强调货币政策的重要性，并提出对合理货币政策的设想。弗里德曼认为应该把货币量增长率作为货币政策的中间目标，而非钉住利率。他提出了单一原则货币政策，即公开采取一种稳定货币政策，使货币供应量保持稳定增长率。弗里德曼还认为，货币政策的目标是抑制通货膨胀，而非就业与经济发展，这是因为新古典主义经济学认为货币是中性的，这与传统的凯恩斯理论不同。该论文还提出"带有预期的菲利普斯曲线"，证明通货膨胀与失业之间的替代来自没有预期到的通货膨胀，因此只在短期发生。在长期，菲利普斯曲线是垂直的，扩张性政策只会引起通货膨胀，无法实现增加就业的目标。

参考文献：Friedman M. The role of monetary policy[J]. The American Economic Review, 1968, 58(1): 1—17。

7.7.2　产出—通货膨胀替代的若干国际证据

罗伯特·卢卡斯 (Robert Lucas) 在通货膨胀率的适应性预期假设之外开创了理性预期学派，并率先将理性预期学说应用于宏观经济分析，较好解释了 20 世纪 70 年代西方经济出现的滞胀现象，因而被授予 1995 年度诺贝尔经济学奖。卢卡斯基于理性预期和自然率假说，同时假设市场信息不完善，参与者不能确定其观察到的价格变化是相对价格变化还是总体价格水平变化，从理论上推导出了垂直的菲利普斯曲线，并指出无论在长期还是短期，都不存在负斜率的菲利普斯曲线，产出与通货膨胀无任何替代关系，实际产出存在不受通货膨胀变动影响的"自然率"(Natural Rate)。由此他认为，未预期到的货币增长才会有产出效应，政策要想有效，必须有欺骗性。该论文是卢卡斯运用 18 个国家 1951—1967 年的年度时间序列数据，对此理论的实证检验。

理性预期理论的应用使卢卡斯的理论取得了迅猛发展,其政策无效的结论与不完全信息的建模技术对相关研究产生了重要影响。

参考文献: Lucas R E. Some international evidence on output-inflation tradeoffs[J]. The American Economic Review, 1973, 63(3): 326-334。

7.7.3 规则而非相机抉择: 最优计划的时间不一致性

中央银行在制定货币政策时应该坚持单一规则还是相机抉择? 支持相机抉择的学者认为, 经济运行总存在例外和危机, 规则不足以应对所有情况, 中央银行应该保有自由决策的权力。而 Kydland et al. (1977) 认为, 即使有学界一致同意的社会目标函数, 而且决策者有能力正确评估经济形势, 并以适当的力度和时机做出政策的调整, 相机抉择也无法使社会目标函数最大化。出现这种悖论的原因在于, 经济计划是与理性经济主体的博弈, 理性人的决策建立在对政府未来政策的预期上, 而这一预期不随政府实际采取的经济计划而改变。文章得出的结论是, 只要预期是理性的, 最优控制理论 (Optimal Control Theory) 就无法适用于经济计划, 决策者积极地稳定经济的努力要么导向一致的但次优的计划, 要么反而引起经济的不稳定, 比如在分布式滞后支出模式 (Distributed Lag Expenditure Schedule) 的情形下。该论文从理论角度论证了政府相机抉择的尝试必然失败, 而与决策者的决策水平和是否良善无关。

参考文献: Kydland F E, Prescott E C. Rules rather than discretion: The inconsistency of optimal plans[J]. Journal of Political economy, 1977, 85(3): 473-491。

7.7.4 失业与经济周期的新古典模型

Hamilton (1988) 研究了引入劳动分工后的新古典经济学失业和经济周期模型的一般均衡。不存在价格黏性是新古典经济学的重要假设。在理性预期、完全弹性工资和完全弹性价格的前提下, 就业者的边际产出超过了失业者的保留工资 (Reservation Wage)。在这个模型中, 所有市场在达到均衡时都能出清, 也就是说任何失业的产生都是完全自愿的。工人们之所以失业, 要么是因为他们在寻找更好的工作, 要么是因为他们在等待所处部门的不景气情况好转。工人虽然不希望失业, 但这却是在经济不景气时的最优解。该论文还指出, 初级产品 (比如能源) 供应上的看似微小的扰动, 也可能成为失业率波动的根源, 并对实际产出造成很大的影响。

参考文献: Hamilton J D. A neoclassical model of unemployment and the business cycle[J]. Journal of Political Economy, 1988, 96(3): 593-617。

7.7.5 名义刚性和动态效应对货币政策的冲击

Christiano et al. (2005) 论证了名义变量刚性是造成黏性通货膨胀 (Inertial Inflation) 和产出变动的延续性 (Persistent Output Movements) 的重要原因。该论文引入

Guillermo A. Calvo (吉列尔莫·A. 卡尔沃) 的交错工资和价格合同假设,构建动态一般均衡模型。刚性工资的设定意味着在受到扩张性货币政策冲击后,边际成本不会急剧上升。同时模型还引入了消费偏好的习惯形成、投资的调整成本和可变资本利用等假设,以更好刻画消费、资产价格、投资和生产率的特征。模型较好地拟合了美国经济对政策冲击的反应: 消费、投资和利润的变动呈现出驼峰形的滞后分布, 且实际工资没有显著变化。文章还发现,名义工资刚性是造成通货膨胀和产出反应滞后的关键,相比之下名义价格刚性影响有限。文章最后还对模型参数用 VaR 进行了测算。

参考文献: Christiano L J, Eichenbaum M, Evans C L. Nominal rigidities and the dynamic effects of a shock to monetary policy[J]. Journal of Political Economy, 2005, 113(1): 1-45。

练习

1. 判断题: 指出下列观点是否正确并加以解释。
   (a) 若投资对于利率的敏感度增大, IS 曲线会更加陡峭。
   (b) 若菲利普斯曲线斜率上升,则说明厂商价格调整对总需求变动变得更加敏感。
   (c) 根据菲利普斯曲线,经济衰退会导致价格水平下降。
   (d) 稳定状态下实际产出等于潜在产出。
   (e) 引入风险溢价的 AD 曲线相较于修正前向右移动。
2. 利用 IS 曲线讨论以下宏观事件,作图说明短期产出受到什么影响,并指出波动来源。
   (a) 美联储将实际利率降到资本边际产出以下。
   (b) 新冠疫情下, 居民外出活动受到限制 (降低消费)。
   (c) 经济从疫情中复苏, 出现 "报复性消费"。
   (d) "互联网+" 等新兴技术的发展提高了生产率 (提示: 考虑对资本边际产出的影响)。
   (e) 碳中和目标提出后,新能源概念融资规模创新高 (只关注对该市场的影响即可)。
   (f) 受新冠疫情影响,外国消费受到冲击,大量减少对我国商品的购买。
   (g) 国外需求回暖,增加对我国商品的购买。
3. 简答题
   写出泰勒规则的公式,并分析泰勒规则和简单的货币政策规则相比有什么优势。

4. 货币政策规则有如下形式:
$$R_t - \bar{r} = \bar{m}(\pi_t - \bar{\pi})$$

假设 $\bar{r} = 2\%, \bar{m} = 0.5, \bar{\pi} = 2\%$。
   (a) 当通货膨胀率分别为 10%、5%、2% 时,计算这一规则对应的实际利率。
   (b) 这一规则对应的名义利率分别是多少。
   (c) 名义利率有可能为负值吗? 为什么?
   (d) 当 $\bar{m} = 1$ 时,重新计算实际利率,并解释为什么得到不同的结果。

5. 考察简化形式的泰勒规则,其中货币政策只取决于短期产出:
$$R_t - \bar{r} = \bar{n}\tilde{Y}_t$$

   (a) 画出 IS-MP 图,货币政策规则由上述简化形式的泰勒规则给出。
   (b) 在该图中发生了正向的总需求冲击,画出总需求冲击对该经济的影响。
   (c) 比较 (b) 中的结果和标准的 IS-MP 图,正的总需求冲击对经济的影响有何不同?
   (d) 有经济学家将 (b) 问中的结果称为"挤出效应"。挤出了什么? 为什么?

6. 考虑带有财政政策规则的 AD-AS 模型,该经济不存在进出口。假设政府购买遵循如下规则:
$$\frac{G}{\bar{Y}} = a_g + \tilde{Y} \times \overline{b_G}$$

   (a) 请推导拓展后的 IS 曲线。
   (b) 基于 (a),请推导拓展后的 AD 曲线。
   (c) 要使该财政政策规则发挥经济的自动稳定器作用,需要满足什么条件?
   (d) 这样的财政政策对于 AD 曲线有什么影响?

7. AD-AS 模型与短期冲击
   (a) 为何总供给曲线向上倾斜? 这里的经济学直觉是什么?
   (b) 假设你找到了一种方法可以影响人们对于通货膨胀的预期,请解释这种方法在应对冲击时的好处。
   (c) 假设发生短暂的负向总需求冲击 (仅在第 0 期发生),请在 AD-AS 图中说明短期、长期内的经济影响 (画到第 3 期即可)。

8. 考虑基本的总供给总需求模型。
   总需求曲线:
$$\tilde{Y}_t = \bar{a} - \overline{b_i}\bar{m}(\pi_t - \bar{\pi})$$

   总供给曲线:
$$\pi_t = \pi_{t-1} + \bar{v}\tilde{Y}_t + \bar{o}$$

   其中, $\overline{b_i} = 0.5, \bar{m} = 2, \bar{v} = 0.5, \bar{\pi} = 2\%$。

经济体在第 0 期遭遇了持续 2 期的原油价格冲击, 两期冲击幅度分别为 $\bar{o} = 2\%$ 和 $\bar{o} = 1\%$。

(a) 求解冲击结束后 3 期的短期产出与通货膨胀的数值 (可以利用 matlab)。

(b) 在 $\pi - t$ 空间和 $\tilde{Y} - t$ 空间中刻画冲击开始后 20 期内的经济波动 (t 为横轴, 可以利用 matlab)。

(c) 可以看到, 受到冲击后经济将陷入较长时间的萧条。为避免这一情况, 政府可以在冲击发生当期采取何种政策? 请作图说明政策效果。

9. 将净出口引入总供给 – 总需求模型中:

$$\frac{\mathrm{NX}_t}{\bar{Y}_t} = \bar{a}_{nx} - \bar{b}_{nx}(R_t - \bar{R}^w)$$

(a) 请推导出拓展后的总供给–总需求模型。

(b) 请比较拓展后的模型和原有模型有什么不同。

(c) 当政府放松对通货膨胀的控制, 即采取更高的通货膨胀目标时, 请分析对于经济的影响。

(d) 请分析这样一个政策对于其他国家的货币政策会产生什么影响。

(e) 请问这样一个政策是否会影响到两国间的汇率。

10. 2020 年 6 月 1 日, 时任国务院总理李克强在山东烟台考察时表示: 地摊经济、小店经济是就业岗位的重要来源, 是人间的烟火, 和 "高大上" 一样, 是中国的生机。市场、企业、个体工商户活起来, 生存下去, 再发展起来, 国家才能更好! 我们会给你们支持的。

(a) 利用劳动力供需曲线, 请大家画出 "地摊经济" 的兴起对劳动力就业水平和工资的影响。

(b) 请大家画出政府鼓励发展 "地摊经济" 这一事件对 IS 曲线的影响。

(c) 利用总供给 – 总需求模型, 解释政府鼓励发展 "地摊经济" 的原因。

11. 经济学十大原理之一: 社会面临通货膨胀与失业之间的短期权衡取舍。

(a) 请结合奥肯定律, 重新构建总供给–总需求模型 (提示: 将 AD-AS 曲线表示为失业率和通货膨胀率的关系)。

(b) 请画出图形, 横轴是周期性失业率, 纵轴是通货膨胀率, 并标出总供给曲线和总需求曲线。

(c) 请用 (b) 中的图解释原油价格冲击对于劳动力市场的影响。

8 国际贸易

永不试图在家里制造需要比外面购买付出更高成本的东西,这是每个精明的一家之主的座右铭。如果外国向我们提供的一种商品比我们自己生产的更便宜,那我们最好用我们有某种优势的行业的部分产品向他们购买或变换。

——亚当·斯密 (Adam Smith)

▎导言▎

中国经济增长的奇迹和改革开放密不可分。改革是以市场化为取向,改变我国传统的计划经济体制;开放是以全球化为取向,改变旧的内向型发展策略。国际贸易是经济学研究的一个重要而且历史久远的领域,发表于 1758 年的《贸易平衡论》比《国富论》还要早上十多年。①本章我们将主要关注有关贸易的事实和理论。

▎内容提要▎

在本章中我们需要了解以下内容:
- 为什么各国进行商品和服务的贸易
- 如何用模型解释贸易有益
- 贸易对福利的影响
- 贸易与资本跨国自由流动之间的关系

8.1 关于贸易的基本事实

图 8.1 展示了 1960 年至今美国进出口占 GDP 份额的变化情况。从中可以看出:① 进口曲线和出口曲线整体呈上升趋势,表明美国的贸易在 GDP 中的占比越来越大;② 随着时间推移,进口曲线位于出口曲线上方,且曲线间距离拉大,表明美国是一个净进口国,且贸易逆差越来越大;③ 进口和出口份额之和始终小于 30%。

与之相对应的图 8.2 展示了自改革开放以来中国进出口占 GDP 份额的变化情况。我们发现:① 与美国类似,中国的进口曲线和出口曲线整体呈上升趋势,表明中国的贸易占比越来越大,尤其是在 2001 年加入 WTO 之后有一个明显提速;② 与美

---

① 《贸易平衡论》作者是苏格兰哲学家大卫·休谟 (David Hume),《国富论》的作者是亚当·斯密。

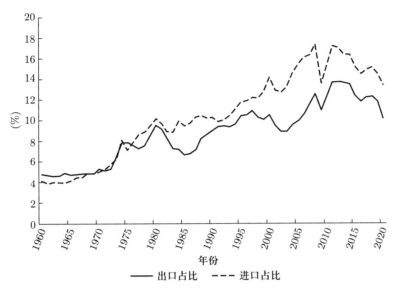

图 8.1 1960 年至今美国的进口和出口占 GDP 的份额

国不同的是,中国的进口曲线位于出口曲线下方,表明中国是一个净出口国;③ 虽然两条曲线的差距相对稳定,但是考虑到中国 GDP 的体量和增速,贸易顺差不断增大;④ 中国出口和进口约占 GDP 的 60%,说明中国存在较高的外贸依存度(类似国家还有墨西哥、德国)。

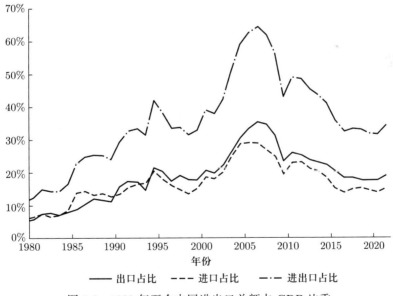

图 8.2 1980 年至今中国进出口总额占 GDP 比重

在研究美国贸易赤字时需注意的是,对于整个世界而言,贸易必定是平衡的。因此，如果把整个世界作为一个整体，那么美国的贸易赤字一定被其他国家的贸易盈余所抵消。图 8.3 中，浅色柱条表示各国在 2014 年的贸易差额占 GDP 的比例。可以看出，美国的贸易赤字低于 GDP 的 4%，而存在贸易盈余的只有中国和德国两个国家 (在 2000 年的数据中，日本和法国也存在贸易盈余)。深色柱条表示各国的贸易差额占美国 GDP 的比例，这张图告诉我们美国的贸易赤字被哪些国家的贸易盈余抵消。如果把深色柱状图看作矢量，叠加起来应该为 0。

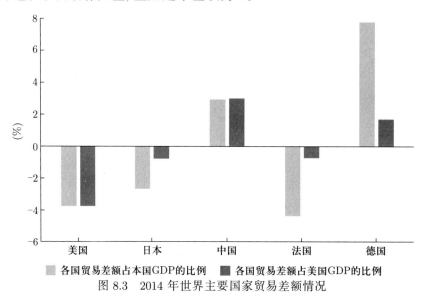

图 8.3　2014 年世界主要国家贸易差额情况

8.2　谁和谁进行贸易

在明确了贸易的基本事实之后，我们需要进一步确定贸易的对象，也就是回答谁和谁进行贸易这一问题。**引力模型** (Gravity Model) 为我们研究这一问题提供了很好的框架。引力模型的基本思想源自物理学中的万有引力定律：两个物体之间引力的大小与两个物体的质量成正比，与两个物体之间的距离成反比。Jan Tinbergen (简 · 丁伯根) 和 Pentti Pöyhönen (彭蒂 · 波贺农) 分别独立使用引力模型研究分析了双边贸易流量，并得出了相同的结论：两国贸易规模与两国各自的经济总量成正比，与两国之间的距离成反比。[①]

引力模型的基本形式是：

$$T_{ij} = A \frac{Y_i Y_j}{c_{ij}} \tag{8.1}$$

[①] Tinbergen J. Shaping the world economy: Suggestions for an international economic policy [M]. New York: The Twentieth Century Fund, 1962; Pöyhöne P. A tentative model for the volume of trade between countries [J]. Weltwirtschaftliches Archiv, 1963, 90: 90–100.

其中，T_{ij} 指的是两国的贸易量，Y_i 和 Y_j 分别代表两国的 GDP 总量，c_{ij} 代表两国之间的贸易成本，A 是贸易引力模型参数，反映两国之间贸易引力的大小。值得注意的是，该模型是基于数据的发现，并不具有坚实的理论根据。在通常情况下，大国比小国的贸易量更大，贸易成本会减小两国之间的贸易量，如图 8.4 和图 8.5 所示。贸易成本的决定因素通常包括距离、边境是否相邻、是否具有共同的语言和货币以及地理特性 (例如，岛屿、高原可能会增加贸易成本) 等。

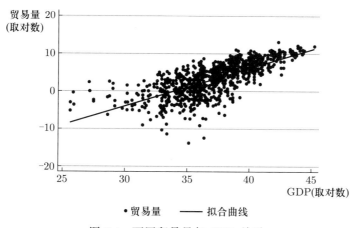

图 8.4 两国贸易量与 GDP 关系

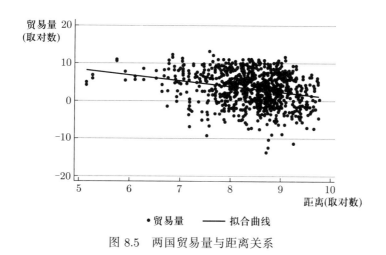

图 8.5 两国贸易量与距离关系

8.3 开展贸易的原因

贸易的实质是交换，通过 8.2 节的学习，我们理解了美国和中国的进出口情况，以及不同国家的贸易差额是如何相互抵消的，那么究竟不同国家之间为什么要进行贸易呢？贸易能为我们带来哪些好处呢？

专业化 在没有贸易的时候，人们选择自给自足，每个人消费的产品正是他所生产的。贸易可以使每个人从事自己最擅长的工作，即进行专业化分工，从而使每个人在不增加工作时间的情形下就能消费更多的商品和劳务，社会福利也因此提升。这种好处不是基于绝对优势，而是基于比较优势。当每个人专门生产自己有比较优势的产品时，经济的总产量就增加了。我们将在后面的章节对于两种优势进行更细致的讨论。

规模经济 比较优势主要是针对行业间的贸易，即不同商品的互换。那么，行业内贸易是否也同样有好处呢？答案是肯定的，因为进行国际贸易还有一个重要的动机，就是通过行业内贸易扩大市场规模。关于此话题，经济学家形成了以下三个重要的观点：① 给定市场规模，市场上的企业越多，每个企业的成本就越高；② 市场上的企业越多，产品的价格越低；③ 给定企业的数量不变，市场规模越大，每家企业的单位生产成本越小。由观点 ① 和观点 ②，如图 8.6 所示，可以画出向上倾斜的成本曲线和向下倾斜的价格曲线，两者在交点处达到平衡。当市场规模扩大时，企业成本下降，成本曲线下移至 C' 位置，达到新均衡。由此模型可知，行业内贸易通过创造更大的市场规模改变了均衡，使均衡价格与企业成本下降，均衡企业数量上升。

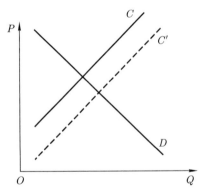

图 8.6　规模经济与行业内贸易

学习效应 如果长期从事某一商品生产，在"干中学"，由于"学习效应"，生产率会不断地提高，生产成本会比其他国家更低，价格更具优势，因此产生了大量出口该商品的贸易需求。

偏好差异 由于偏好差异，不同国家或地区对特定商品的需求不同。例如，美国的鸡爪、鸭掌大量出口到中国，这是因为美国对于这些商品没有太大的需求量，或许是美国人都不太喜欢吃它们。但是，在中国则存在对于这些美味原材料的大量需求，这也是国际贸易产生的重要原因。

时间维度 假设经济体里存在两个国家 (国家 O 和国家 E)，并且只有芒果这一种产品。由于气候变化，两个国家的产出具有如下特点：每逢奇数年，国家 O 的芒果获得大丰收,但国家 E 颗粒无收;每逢偶数年则两国的命运反过来,如表 8.1 所示。假定边际效用递减,同时芒果易腐烂,无法长时间储存。因此,为了分摊气候风险,保证每一年每个国家都能吃到芒果,两个国家一定会发生贸易。经过贸易,每个国家在每一年都可以吃到 50 单位的芒果。

表 8.1 时间维度

年份	1	2	3	4	5	6
芒果产量						
国家 O	100	0	100	0	100	0
国家 E	0	100	0	100	0	100
贸易余额						
国家 O	+50	−50	+50	−50	+50	−50
国家 E	−50	+50	−50	+50	−50	+50
最终消费						
国家 O	50	50	50	50	50	50
国家 E	50	50	50	50	50	50

8.4 绝对优势、比较优势和禀赋优势

8.4.1 绝对优势模型

绝对优势建立在生产的绝对成本较低的基础上。假设生产大米和棉花只需土地作为生产要素投入,中国和印度两国拥有相同的 100 亩土地要素禀赋。但是,中国在生产大米上拥有绝对优势,而印度在生产棉花上有绝对优势(两国两种作物每亩产量水平见表 8.2)。在封闭经济的情况下,两个国家将根据自己的实际情况安排生产,大米和棉花的产量和消费量都是 150 担(见表 8.3)。在开放经济的情况下,如果不存在运输成本和交易成本,两国可分别利用自己的绝对优势进行大米和棉花的专业化生产,并达成一项未来以 300 担大米换 300 担棉花的贸易协议,两国最终可供消费的大米和棉花的数量则从原来的 150 担上升到 300 担(见表 8.4)。由此可见,专业化生产和跨国贸易使得两国人民的最终福利都得到了改善。

表 8.2 两国棉花、大米每亩单产水平

	中国	印度
大米	6 担	2 担
棉花	2 担	6 担

表 8.3 封闭状态下两国棉花、大米产出和消费量

	中国	印度
大米	25 亩 × 6 担/亩 = 150 担	75 亩 × 2 担/亩 = 150 担
棉花	75 亩 × 2 担/亩 = 150 担	25 亩 × 6 担/亩 = 150 担

表 8.4 专业化和贸易带来的利益

	生产		消费	
	中国	印度	中国	印度
大米	100 亩 × 6 担/亩 = 600 担	0 亩 × 2 担/亩 = 0 担	300 担	300 担
棉花	0 亩 × 2 担/亩 = 0 担	100 亩 × 6 担/亩 = 600 担	300 担	300 担

8.4.2 劳动生产率与比较优势：李嘉图模型

李嘉图模型(Ricardian Model) 由英国古典政治经济学家大卫·李嘉图(David Ricardo)提出，是以各国之间劳动生产率的不同来解释国际贸易现象的贸易理论模型。该模型有两个核心含义：劳动生产率的差异在国际贸易中占据重要地位；贸易模式取决于比较优势而非绝对优势。如果 A 国生产某种产品的机会成本比 B 国低，那么 A 国在该产品上就比 B 国具有**比较优势**(Comparative Advantage)。

沿用 8.4.1 节的例子，假设中国无论在生产大米还是棉花上都拥有绝对优势(如表 8.5 所示)。但是，根据比较优势的定义，由于中国每生产 1 担棉花的机会成本是 3 担大米，而印度每生产 1 担棉花的机会成本是 1/3 担大米，因此，印度在生产棉花上有比较优势。同理可知，中国在生产大米上拥有比较优势。我们可以发现，如表 8.6 所示，虽然印度并没有生产任何产品的绝对优势，但是两国按照比较优势进行专业化生产及贸易，两个国家的状况都将变好。

表 8.5 封闭状态下两国棉花、大米产出和消费量：比较优势

	中国	印度
大米	50 亩 × 6 担/亩 = 300 担	75 亩 × 1 担/亩 = 75 担
棉花	50 亩 × 6 担/亩 = 300 担	25 亩 × 3 担/亩 = 75 担

表 8.6　比较优势条件下分工和贸易带来的利益

	中国	印度
第一阶段 (专业化生产)		
大米	75 亩 × 6 担/亩量 =450 担	0 担
棉花	25 亩 × 6 担/亩量 =150 担	100 亩 × 3 担/亩 =300 担
第二阶段 (交换)		
大米	350 担大米 (出口 100 担大米)	100 担大米 (进口 100 担大米)
棉花	350 担大米 (进口 200 担棉花)	100 担棉花 (出口 200 担棉花)

借助生产可能性边界,我们尝试进一步理解为什么根据比较优势进行生产和贸易会带来好处。

假设世界上只有美国和越南两个国家,只有计算机和虾两种商品。假设每台计算机相对于每吨虾的机会成本不变,即机会成本不会随生产数量变化而变化。图 8.7(a) 表示,如果美国放弃捕虾,可以生产 2 000 台计算机,美国的生产可能性边界的斜率是 -2,即美国生产 1 台计算机的机会成本是 0.5 吨虾; (b) 图表示,如果越南放弃捕虾,可以生产 1 000 台计算机,越南的生产可能性边界的斜率是 -1/2,即越南生产 1 台计算机的机会成本是 2 吨虾。因此,美国生产计算机的机会成本低于越南,即美国在生产计算机上拥有比较优势。同理可知,越南在捕虾上拥有比较优势。

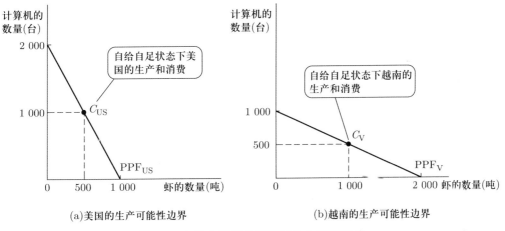

图 8.7　自给自足条件下两国的生产和消费

假定美国在自给自足的情况下生产和消费 1 000 台计算机和 500 吨虾,越南在自给自足的情况下生产和消费 500 台计算机和 1 000 吨虾。图 8.8 说明两国如何从贸易中受益: 如果两个国家都进行专业化生产,即美国只生产计算机,越南只捕虾,那么世界的总产出为 2 000 台电脑和 2 000 吨虾,相比自给自足下世界总产出是 1 500 台电脑和 1 500 吨虾的情况,整体的产量增加了。此外我们发现,图 8.8 中的 C'_{US} 和 C'_V 这两个自给自足经济下无法实现的点,即美国消费 1 250 台电脑和 750 吨虾,越南消费 750 台电脑和 1 250 吨虾,在贸易的情况下可以达到,说明两个国家状况都变好了。需注意的是,这里给出的生产/贸易方案只是诸多可能的情况之一,实际的情况更复杂,最优的方案将取决于两国居民的偏好以及两种商品的相对价格。在这个例子里,美国用 750 台电脑换了越南 750 吨虾,二者是按照 1:1 兑换的,该交换方案不一定是实际上的最优,但是相比自给自足的情况,福利一定得到了改善。

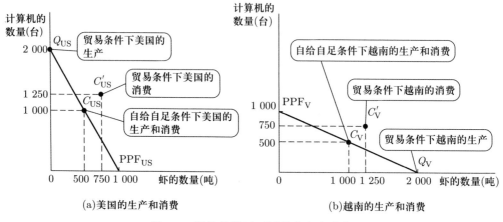

图 8.8 贸易条件下两国的生产和消费

最后,我们要指出一些常见的对于比较优势的误解。

误解一:只有当一个国家的生产率达到足以在国际竞争中立足的水平时,它才能从自由贸易中获益。

误解二:如果来自外国的竞争建立在低工资的基础上,那么这种竞争就是不公平的,而且会损害其他参与竞争的国家。这也叫作贫民劳动论。

误解三:如果一个国家工人的工资比其他国家工人的工资低很多,那么贸易就会使得这个国家的工人受到剥夺并使其福利恶化。

8.4.3 资源禀赋与贸易:赫克歇尔-俄林模型

赫克歇尔-俄林模型(Heckscher-Ohlin Model,简称 H-O 模型)的核心在于要素禀赋的丰裕度差异导致了生产的机会成本差异,因此也被称为资源禀赋模型。一国在某种生产要素上资源充足,那么使用该种资源的机会成本就比较低。例如,相对于美国而言,中国具有丰富的劳动力,因此中国发展劳动密集型产业的机会成本要低于美国;而资本丰裕的国家在石油炼化这样的资本密集型产业上具有比较优势。

H-O 模型与 8.4.2 节介绍的李嘉图模型有几个重要的区别:首先,李嘉图理论假设两种产品的生产都只有一种要素投入,即劳动;而 H-O 模型假设有两种生产要素,即劳动和资本。故 H-O 模型下的最终产品有两种,即劳动要素密集产品和资本要素密集产品。其次，李嘉图的比较优势理论认为国际贸易的基础是国家间生产技术的相对差异以及由此产生的相对成本的不同；H-O 模型则假设生产技术相同，但国家间的要素丰裕度不同，故两国产品价格差异主要来自要素价格差异导致的生产成本差异。因此，国家间资源禀赋的差异是国际贸易和分工的重要原因。最后，李嘉图理论是完全的专业化分工，而 H-O 模型则是不完全的专业化分工。

因此，H-O 模型是对李嘉图理论的扩展。李嘉图模型只说明了劳动生产率比较优势的差异产生了国际贸易，而 H-O 模型加入了资本生产要素，说明了国家间要素禀赋的差异是各国在不同的商品生产上具有比较优势的重要原因。

综合上述模型我们可以看到，比较优势有以下几种来源。

(1) 自然条件：不同地区气候环境等自然条件的差异，导致各国拥有最适合当地生产的出口品，例如温带国家出口小麦和玉米，而热带国家则出口咖啡和糖。

(2) 要素禀赋：要素禀赋丰裕度的差异，导致各国在使用其丰裕要素的产品上具有比较优势，例如中国具有丰富的劳动力，因此发展服装贸易具有巨大的优势。

(3) 生产技术：不同国家在生产技术上具有差异。例如 20 世纪 70 年代日本先进的技术使得其汽车的生产效率远高于其他国家，使其成为当时全球最大的汽车出口国。

8.5 供给、需求和国际贸易

8.5.1 供给、需求和国际贸易

前面我们已经从比较优势的角度分析了贸易的益处。接下来我们要借助供需模型分析进出口对国内生产者和消费者的影响。延续刚才的故事，图 8.9 表示美国国内

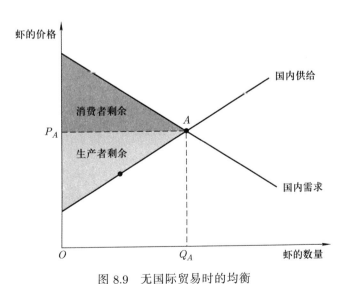

图 8.9 无国际贸易时的均衡

对于虾的供求曲线。国内需求曲线表示一国居民根据产品价格决定的产品需求数量，国内供给曲线是一国生产者根据产品价格决定的产品供给数量。在自给自足的情况下，没有发生贸易，该市场的均衡由国内需求曲线与国内供给曲线的交点决定。我们知道通常消费者和生产者都能从国内市场获益，深色区域为消费者剩余，浅色区域为生产者剩余，总剩余为二者之和。

假设该市场对外开放，允许进口。假设国外可以提供无限量的产品，且交易价格采用世界市场价格，即产品在海外自由买卖时的价格，同时设定虾的世界市场价格低于国内价格。对于进口商来说，从海外市场购买虾然后转卖到国内有利可图。因此，进口增加了国内虾的供给，国内市场虾的价格下降，进口将持续发生，直到国内价格下跌到和世界市场价格相同为止。在新的价格下，国内供给和需求的差即为进口数量。图8.10分析了进口对消费者剩余和生产者剩余的影响。进口导致价格下跌，消费者剩余增加，生产者剩余减少。新的消费者剩余为 $W+X+Z$，其中 X 和 Z 为进口带来的消费者剩余增加的部分。Y 为生产者剩余，相比于自给自足的情况，生产者剩余减少了 X。进口导致总剩余增加了 Z。

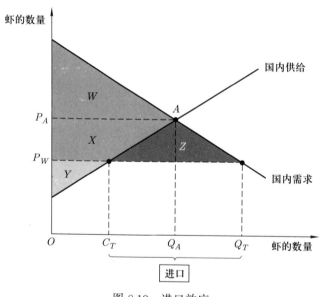

图 8.10 进口效应

因此，开展进口贸易的结果就是消费者受益，生产者受损，但是消费者的受益超过生产者的损失。这有很重要的政策启示，进口贸易使得消费者受益，因此消费者支持这个政策；生产者受损，因此抵制这个政策。

图 8.11 显示了一个国家出口商品产生的效应。假定世界市场价格为 P_W 时，电脑可以无限量销售到海外，世界市场价格 P_W 高于自给自足时国内通行的价格水平 P_A。因此，出口商将国内生产的电脑转卖到海外有利可图。大量的购买(新增的需求)

将推高国内价格,直到等于世界市场价格。结果国内的需求量下降,国内生产商的供给上升。国内的供给与需求的差为出口额。

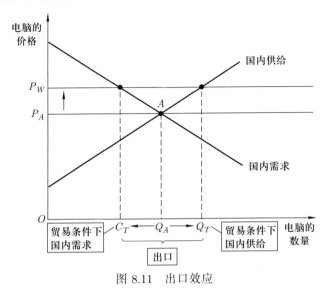

图 8.11 出口效应

出口也会导致剩余发生变化,如图 8.12 所示。在没有国际贸易的情况下,均衡点处于 A。该国开放出口之后,价格会被推高。消费者剩余在没有国际贸易的时候是 W 和 X 的和,有国际贸易之后消费者剩余为 W。生产者剩余在国际贸易之前是 Y,国际贸易之后生产者剩余为 $Y + X + Z$。所以生产者剩余增加了 $X + Z$,消费者剩余减少了 X,总剩余增加了 Z。

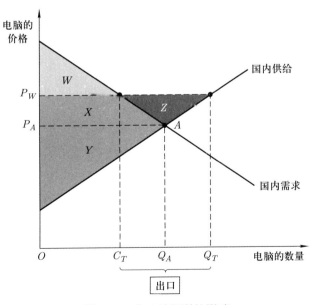

图 8.12 出口对福利的影响

综上所述，进口会减少生产者剩余，国内消费者受益；出口会减少国内消费者剩余，生产者受益。但整体而言，无论是进口还是出口，贸易使得总剩余都相应增加了。

8.5.2 贸易保护

当政府不试图减少或增加出口，而是让其根据市场供给和需求调整时，我们通常将这种情况称作**自由贸易** (Free Trade)。政府若采用税收或者其他政策来限制进口，则被称为**贸易保护** (Trade Protection)。常见的贸易保护措施有以下三种：

关税 (Tariff) 是消费税的一种，即向进口商品征收的税。

进口配额 (Import Quota) 是一种合法限制进口产品数量的政策。

自愿限制协议 (Voluntary Restraint Agreement，简称 VRA) 是指一国要求另一国"自愿"限制该国公司向本国出口商品。

关税既提高了国内生产者的出售价格，也提高了国内消费者的支付价格。关税制度下，关税作为一种税收形式成为政府收入；进口配额制下，配额租金成为配额许可证持有人的收入。下面我们以关税为例，分析贸易保护的影响。

图 8.13 说明关税如何影响一个开放的国家。图中 A 点为自给自足经济下的均衡点，P_W 为世界市场价格。如果政府征收关税，将使得国内价格上升到 P_T，即等于世界市场价格加上关税。国内产量会从 Q_1 上升到 Q_2，国内消费量从 C_1 下降到 C_2。进口数量则相应从原来的 C_1-Q_1 减少到 C_2-Q_2。与自由贸易相比，关税提高了国内价格，导致国内生产量增加，国内消费量减少。

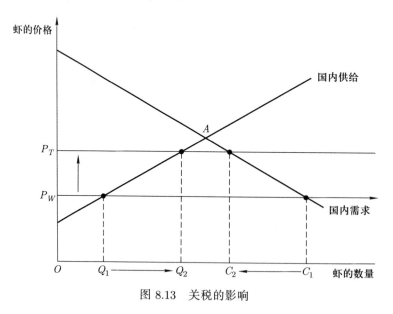

图 8.13 关税的影响

如图 8.14 所示，提高国内价格使生产者剩余增加，增加量等于 A。与此同时，国内价格提高减少了消费者剩余，减少额等于 $A+B+C+D$。征收关税增加了政府收入，

增加的数额等于 $(P_T\text{-}P_W) \times (C_2\text{-}Q_2)$，即相当于 C。总的来说，关税对福利的影响为：生产者获益，消费者受损，政府获益。消费者剩余损失大于生产者和政府的收益增加之和，导致总剩余减少 $B + D$。关税会造成低效率和无谓损失，主要是因为阻碍了互惠互利的贸易发生。首先，一些消费者即使愿意支付高于国际市场的价格购买商品，也无法买到。这部分的损失在图 8.14 上用 D 表示。其次，资源被浪费在无效率的产品上，一些生产者花费超过世界市场价格的成本来生产产品，即使这些产品可以在海外以 P_W 的价格买到。这部分的损失由 B 表示。

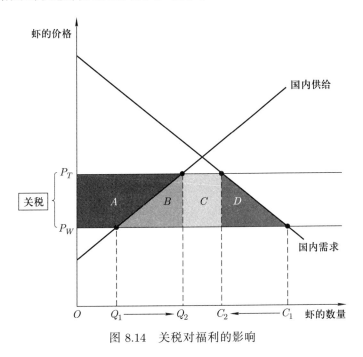

图 8.14　关税对福利的影响

关于为什么国家要采取贸易保护，常见的观点有以下几类：

(1) 高昂的转型成本。例如一个国家以前从事服装生产，如果现在对中国开放本国服装市场，那么来自中国的大量廉价服装进口，将使得该国的服装行业受到冲击，导致大量的服装行业工人面临失业。同时若本国经济结构发生转变，将有较大的转型成本。

(2) 保护朝阳产业。产业在一个国家刚刚起步时需要来自国家的保护，例如中国在汽车产业刚刚起步时，采取了对进口汽车征收高关税的政策，保护了当时中国处于相对早期的汽车产业，为其发展提供了相对良好的环境。后来，在中国汽车产业逐渐发展，具有较好的自生能力之后，政府才逐渐地降低关税。

(3) 贸易报复。如果外国对本国某些行业和产品采取了高关税，那么作为反击手段，本国也会对该国采取等价的高关税进行报复。

(4) 抵消外国补贴。某些国家常对其出口产品进行补贴使其降低价格，提升在国际市场上的竞争力。为了抵消这种外国补贴的影响,本国常通过对该进口产品征收关税,来保证其与本国产品竞争时,价格相对公平。

(5) 环境和劳工标准论。某些国家常延长工人工作时长、不保证工人的工作条件,以此来降低产品的生产成本、提高竞争力。因此,进口国会对这些国家的进口产品进行限额或者加征高关税。

(6) 国家安全论。自由贸易会增加本国对外国经济的依赖度,一旦战争爆发或者国家之间关系紧张,贸易停止,供应中断,过度依赖对外贸易的经济会出现危机。

8.6 贸易赤字与外债

在前面的章节中,我们学习了国民收入恒等式:

$$Y = C + I + G + (\text{EX} - \text{IM}) \tag{8.2}$$

重新整理式 (8.2),可得:

$$(Y - T - C) + (T - G) + (\text{IM} - \text{EX}) = I \tag{8.3}$$

第一项 $(Y - T - C)$ 是私人储蓄,第二项 $(T - G)$ 是政府储蓄,第三项 $(\text{IM} - \text{EX})$ 是外国储蓄在本国的钱 (例如美国的进口大于出口,相当于外国借钱给了美国)。如果私人储蓄和政府储蓄统一称为国内储蓄,并用 S 表示,就可以得到式 (8.4):

$$\text{NX} = S - I \tag{8.4}$$

NX 为贸易差额,$(S - I)$ 为国内储蓄减去国内投资。因此,我们可以说,贸易赤字是为一国储蓄与投资之间的缺口提供资金而增加的借款。

8.7 文献导读

8.7.1 贸易对产业内再配置和产业总生产率的影响

贸易有哪些产业经济效应? Melitz (2003) 发展了一个异质性企业动态模型,分析国际贸易的产业内作用。模型显示开展贸易会导致生产率更高的企业进入出口市场 (同时,一些生产率比较低的企业只在国内市场进行生产),并同时迫使生产率最低的企业退出市场。它还表明产业的贸易开放会导致资源在生产率更高的企业之间的重新配置。模型与已有的关于贸易的微观研究是一致的,显示了贸易如何促进那些生产率更高的企业的出口,而同时迫使生产率最低的企业退出。效率最低企业的退出和更有效率企业获得额外出口销售,使得市场份额更趋向于生产率更高的企业,并导致总生产率的提高。利润也分配给生产率更高的企业。该论文的结论表明,贸易开放导致了福利增加,同时也表明出口成本的显著变化如何改变企业之间贸易收益的分布。

参考文献:Melitz M J. The impact of trade on intra-industry reallocations and aggregate industry productivity[J]. Econometrica, 2003, 71(6): 1695-1725。

8.7.2 技术、地理和贸易

地理因素对贸易有什么影响? Eaton et al. (2002) 拓展了经典的李嘉图贸易模型,引入地理因素的影响,例如关税、配额等。模型给出了双边贸易额的简单表达式,包括购买力平价偏离、技术偏离和地理位置障碍。该模型的另一个特点是,它可以用一种简单的方式识别中间产品贸易的优势。中间产品贸易对要素成本和地理位置的敏感性有重要启示。该论文量化估计了这个模型,使用数据来自 1990 年 OECD 的 19 个国家的双边贸易,参数对应:① 每个国家的技术状态,支配绝对优势;② 技术的异质性,决定比较优势的因素;③ 地理障碍。该论文使用这个模型,探讨了贸易的收益、贸易在技术传播中的作用和关税削减的影响。该论文的理论表明,双边贸易额遵循一种引力方程,它将贸易流量与距离和产品联系起来。该论文的框架隐含着地理障碍和技术共同决定专业化分工,比较优势从贸易中创造了潜在的收益。然而,这些成果的实现程度受到地理障碍的削弱。

参考文献:Eaton J, Kortum S. Technology, geography, and trade[J]. Econometrica, 2002, 70(5): 1741-1779。

8.7.3 税率和逃税:来自中国"消失的进口"证据

税率对逃税有什么影响? Fisman et al. (2004) 通过检查中国内地的关税减让表和"逃避差距"之间的关系,量化了税率对逃税的影响。其中,"逃避差距"定义为产品层面上中国香港地区呈报的对中国内地的出口和中国内地呈报的从中国香港地区的进口。该论文实证发现,关税税率增加 1 个百分点,逃税率会增加 3%。此外,对于非常相关的产品,"逃避差距"与税率呈负相关关系。这表明除了低报进口的货值,逃税的方式还有把高税率的产品错误地划分到低税率类别。该论文的结果表明,中国关税税率已经处于拉弗曲线的较坏一侧了,提高税率所带来的关税收入抵不上各种逃税所造成的损失。该论文的另一大贡献是,识别了逃税的三种渠道:故意低估商品单位价值,故意低估商品数量,故意将商品贴错标签(高税率贴成低税率)。一个有趣的发现是,在控制了贴错标签的渠道后,低报进口货值的渠道不再显著。

参考文献:Fisman R, Wei S J. Tax rates and tax evasion: Evidence from "missing imports" in China[J]. Journal of Political Economy, 2004, 112(2): 471-496。

8.7.4 贸易自由化与国内纵向一体化：来自中国的证据

贸易自由化对国内企业有什么影响？Liu et al. (2019) 将中国加入 WTO 作为贸易自由化的准实验，利用倍差法 (Difference-in-Difference, DID)，实证考察其对国内企业纵向一体化的影响。运用这一方法有两个优点：第一，中国在 2001 年加入 WTO 时进行了强烈的关于贸易自由化的改革，因此，中国加入 WTO 这一时点通常被认为是一个冲击；第二，自 20 世纪末以来，中国企业的重组活动十分活跃，1998—2014 年，国内企业共完成了 18 220 项并购，而 2001 年中国加入 WTO 后，国内并购经历了急剧增长阶段。研究结果表明，纵向一体化更有可能发生在上游投入关税大幅削减的行业，而上游行业产出关税削减则减少了国内纵向一体化，同时，贸易自由化通常降低投入和产出关税。进一步，该论文探讨了贸易自由化对国内产业组织结构的影响，研究结果表明，贸易自由化会影响均衡市场结构。

参考文献：Liu Q, Qiu L D, Zhan C. Trade liberalization and domestic vertical integration: Evidence from China[J]. Journal of International Economics, 2019, 121: 103250。

8.7.5 进口自由化与企业利润率

进口自由化与企业利润率有什么关系？余淼杰等 (2016) 首先通过一个理论模型研究了一国进口自由化对该国纯内销企业利润率的影响。理论模型区分了短期和长期两种情形，其区别在于在短期企业无法进入和退出市场，而在长期，企业可以进行进入退出调整。短期均衡时，进口自由化加剧了国内产品市场的竞争，降低了纯内销企业的利润率水平；而长期均衡时，进口自由化导致本国一部分企业退出市场，对本国产品市场的竞争产生削弱作用，使得存留下来的纯内销企业利润率升高。紧接着，该论文利用我国规模以上制造业企业 2000—2007 年的微观面板数据研究了进口自由化对纯内销企业利润率的短期和长期影响。实证结果表明，在短期，进口自由化降低了我国纯内销企业的利润率；而在长期，进口自由化使留存在市场的企业的利润率提高。实证结果还表明，企业的生产率会对其利润率水平产生显著的正向影响。

参考文献：余淼杰，智琨. 进口自由化与企业利润率 [J]. 经济研究, 2016, 51(08): 57-71。

练习

1. 判断题，请判断下列说法的正误并说明理由。
   (a) 在引力模型 $T_{ij} = A\dfrac{Y_i Y_j}{c_{ij}}$ 中，假设 A 和 c_{ij} 不随时间变化，那么两国的贸易量的增长率等于两国各自产出增长率之和。
   (b) 考虑一个仅有两个国家 A 和 B 的世界，如果国家 A 在所有产品的生产上效率都不如国家 B, 那么国家 B 将不愿意与国家 A 进行贸易, 国家 A 也不可能从与国家 B 的贸易中获益。

2. 假设世界上只有小麦和衣服两种产品, 只有美国和巴西两个国家, 生产小麦和衣服只需要用到劳动。在美国, 1 单位劳动可以生产 4 蒲式耳小麦或者 2 件衣服; 在巴西, 1 单位劳动可以生产 1 蒲式耳小麦或者 1 件衣服。

   (a) 假设美国有 100 单位劳动, 巴西有 120 单位劳动。请画出两个国家的生产可能性曲线。
   (b) 在这个例子中, 哪个国家在每种商品的生产上都具有绝对优势?
   (c) 假设两个国家对于两种消费品的偏好都满足 2 : 1 (例如 2 蒲式耳小麦、1 件衣服) 的关系, 请回答两个国家应该如何安排生产计划。
   (d) 如果偏好满足 1 : 2 (例如 1 蒲式耳小麦、2 件衣服) 的关系, 请回答两个国家应该如何安排生产计划。
   (e) 结合美国和巴西的现实情况, 谈一谈比较优势的来源。

3. 考虑某小国 A, 其国内小麦的供给函数为 $P = 2 + 0.01Q$, 需求函数为 $P = 14 - 0.05Q$。

   (a) 如果小国 A 不开放国际贸易, 求出国内小麦的市场均衡、消费者剩余、生产者剩余, 并画图表示。
   (b) 如果小国 A 开放国际贸易, 小麦的世界价格为 3。
       i. 求出小国 A 小麦的供给数量、消费数量、进口数量、消费者剩余、生产者剩余, 并画图表示。
       ii. 如果此时小国 A 政府对小麦进口征收数额为 0.5 的关税, 求出小国 A 小麦的供给数量、消费数量、进口数量、消费者剩余、生产者剩余、政府税收收入、无谓损失, 并画图表示。
       iii. 如果此时小国 A 政府随机给予国内的一些小麦生产者总数额为 60 的进口许可证, 只有持有许可证才可以进口小麦。求出小国 A 小麦的供给数量、消费数量、消费者剩余、生产者剩余、无谓损失, 并画图表示。
   (c) 如果小国 A 开放国际贸易, 小麦的世界价格为 6。
       i. 求出小国 A 小麦的供给数量、消费数量、出口数量、消费者剩余、生产者剩余, 并画图表示。
       ii. 如果此时小国 A 政府对小麦出口给予数额为 1 的补贴, 求出小国 A 小麦的供给数量、消费数量、出口数量、消费者剩余、生产者剩余、政府补贴支出、无谓损失, 并画图表示。

4. 假设存在两个国家: 北国和南国。北国是人口小国, 有 100 个工人, 每个工人要么生产 160 个苹果, 要么生产 10 台电脑。南国是人口大国, 有 400 个工人, 每个工人要么生产 100 个苹果, 要么生产 2 台电脑。假定南北两国的工人都是将他们一半的工资收入购买苹果,将另一半的工资收入购买电脑。假设以苹果作为整个世界的计价单位,每个工人提供一单位的劳动力,两国的情况如下表所示:

	北国	南国
劳动力	100	400
一个工人生产苹果的数量	160	100
一个工人生产电脑的数量	10	2

(a) 请写出南国和北国的电脑价格 (以苹果为计价单位)。

(b) 若两国在自给自足的情况下,北国生产 (消费) 多少苹果和电脑? 南国生产 (消费) 多少苹果和电脑?

(c) 如果两国进行自由贸易,那么电脑在两国的价格一定相同。如果自由贸易世界里,电脑的价格是 40 只苹果,求解北国生产苹果的工人比例和南国生产苹果的工人比例。

(d) 比较自由贸易和自给自足下两国工人对于苹果和电脑的人均消费量。贸易是否有益?

5. 美国出于某种考虑,决定保护本国的钢业,其中一项重要政策就是对从外国进口的钢铁实施高昂的关税。

  (a) 征收关税会对国内钢铁的均衡价格和均衡生产数量产生什么影响?
  (b) 征收进口关税,会保护谁的利益、损害谁的利益?
  (c) 这样的贸易壁垒会对劳动力市场产生怎样的影响?
  (d) 如果政府想要解决由关税造成的对劳动力市场的影响,你有哪些政策建议?

6. 请比较赫克歇尔 – 俄林贸易模型与李嘉图贸易模型的区别与联系。

7. 时事数据题

  (a) 中国加入 WTO 后,国内若干个行业 (产业) 受到冲击。请选择一个受到冲击较大的行业 (产业),描述受到的冲击和影响。阐述企业和政府分别采取了哪些应对措施。
  (b) 结合 2017 年至今中国对外贸易的数据,分别回答贸易冲突和疫情对国内哪些行业冲击较大。

9 国际金融

一切商品都是暂时的货币,货币是永久的商品。

—— 卡尔·马克思(Karl Marx)

▮导言▮

商品的跨国流动离不开货币的使用。对于一个开放的经济体而言,国际金融与我们在上一章中学习的国际贸易活动息息相关。国际金融学关注的焦点是内外部均衡的相互关系,是以货币的相对价格即汇率为核心,讨论经济体短期均衡实现和长期可持续发展的一个重要支柱。

▮内容提要▮

在本章中我们需要了解以下内容:
- 国际收支平衡表
- 汇率的决定因素
- 开放经济模型
- 主要的汇率制度

9.1 国际收支平衡表

我们先借用一个简单的例子,了解收支账户的基本思想。表9.1给出了一个美国的家庭农场的财务报表。这些收支情况分为三类:第一类是商品和服务的买卖,第二类是利息收付,第三类是贷款和存款。在每一行的最后列出了这种交易的净现金流。在第一类中,出售商品获得收入10万美元,农场运营和生活花费11万美元,因此净流出现金1万美元;在第二类中,利息所得500美元,支付贷款利息1万美元,利息支出大于利息所得,因此净流出9 500美元;在第三类中,贷款所得为2.5万美元,将钱存入银行可以视为借钱给银行,可以看作流出5 500美元,因此净流入1.95万美元。最后一行列出所有现金收入总额和所有现金支出总额。注意,收支一定是平衡的,即每一美元都有来源和去处。

表 9.1　美国典型家庭农场的财务报表

(单位: 美元)

	现金流入	现金流出	净额
商品和服务	出售商品: +100 000	农场运营: -110 000	-10 000
利息收付	利息收入: +500	利息支出: -10 000	-9 500
贷款和存款	贷款: +25 000	存款: -5 500	+195 000
合计	+125 500	-125 500	0

一国的国际收支平衡表是该国和其他国家之间交易的概要。一个典型的国际收支平衡表如表 9.2 所示,其中,第 (1) 行是商品和服务的买卖。第 (2) 行是要素项目,包括从其他国家得到的要素收入和购买其他国家的要素支出。第 (3) 行是转移支付,主要是指捐赠、个人国际汇款等,也叫经常转移。以上三项合起来计作**经常账户**(Current Account)。经常账户余额是商品与服务贸易余额、净国际转移支付和净要素收入的总和。商品贸易余额是商品进出口之间的差额。

第 (4) 行和第 (5) 行分别是官方和私人对于资产的买卖。例如,双汇公司收购美国最大的肉制品包装商史密斯·菲尔德,华尔街购买大量的外国债券,个人购买国外资产等。第 (4) 行和第 (5) 行共同构成了**金融账户**(Financial Account) 或**资本账户**(Capital Account)。金融项目的国际收支余额是向外国出售资产的收入与从外国购买资产的支出之间的差额。

最后一行为差值,一般是统计误差产生的。当理论上不存在统计误差时,经常账户余额和金融账户余额的和一定为 0。

我们通常将第 (1)、(2)、(3) 行视为一组,将第 (4)、(5) 行视为一组,这样区分的逻辑在于,两种交易对未来的影响不一样。例如,当美国将大豆卖给中国时,交易在当期便结束了;但是,当美国将债券卖给中国时,则意味着要在未来兑现支付利息和本金的承诺,即形成负债。因此,前者记为经常账户,后者记为金融账户。

表 9.2　简单的国际收支平衡表

(单位: 美元)

	收入	支出	差额
商品和服务 (1)	1 827	2 522	-695
要素项目 (2)	765	646	+119
转移支付 (3)	-	-	128
经常账户合计			-704
储备资产 (4)	487	534	-47
私人资产 (5)	47	-534	581
金融账户合计			534
总计	-	-	-170

国际收支平衡是重要的宏观经济目标之一，一国国际收入等于国际支出，称为国际收支平衡。一国国际收支的状况主要取决于该国进出口贸易和资本流入流出状况。当一国国际收支处于不平衡的状态时，市场机制可以进行某种程度的调节，但这种调节的力度有限，特别是在固定汇率制度下。政府作为宏观经济的管理者，在很多情况下要实施不同的宏观经济政策以弥补市场对国际收支平衡调节力度的不足。图 9.1 是一张简易地反映美国与世界其他国家资金流动的示意图。外圈反映的是资本账户资金的流动，内圈是经常账户资金的流动。上半部分反映了资产或商品的购买，下半部分反映了资产或商品的出售。所有的资金流动都包含在这个圈里，形成闭合环路。因此，净流动一定为 0。

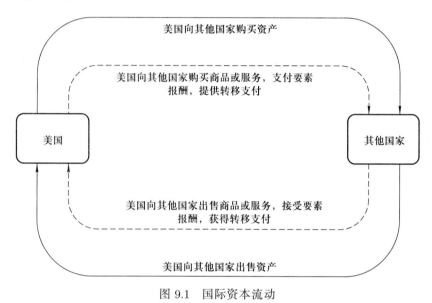

图 9.1 国际资本流动

9.2 长期汇率

名义汇率是一种货币交换另一种货币的比率，可以理解为两种货币之间的相对价格。图 9.2 为 1970 年以来美元相对欧元和日元汇率的变动。1970—1995 年，购买 1 美元所需要的日元数量急剧下降，1971 年购买 1 美元需要 357 日元，在 1995 年则只需要 87 日元，这种以其他货币计量的美元价格的下降，叫作美元的贬值。相反，1999 年购买 1 美元需要 0.92 欧元，2002 年需要 1.15 欧元，这种以其他货币计量的美元价格的上升，称为美元的升值。汇率为什么会发生这样的变化？汇率变化会对宏观经济产生什么影响？这是本节要讨论的问题。

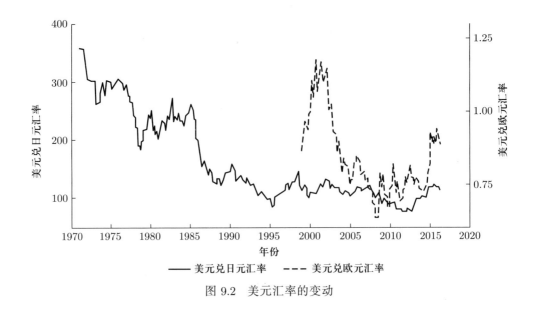

图 9.2 美元汇率的变动

9.2.1 一价定律

理解汇率的决定机制的出发点，是经济学里著名的概念**一价定律** (Law of One Price，简称 LOOP)，即在长期内，商品必须在所有国家以相同价格出售，可以用式 (9.1) 表示：

$$E \times P = P^w \tag{9.1}$$

其中，P 为商品的本国价格，P^w 为该商品的国外价格，E 为外国货币与本国货币的汇率。

一价定律说明，名义汇率使得商品必须以同样的价格在各国出售。如果一辆日本产的汽车在美国的价格高于在日本的价格，那么显然，将更多的汽车运往美国出售会有利可图。不过在现实中，由于关税、补贴、运输成本等因素的影响，同样的商品在不同国家的售价会有差异，而非完全相同。

9.2.2 绝对购买力平价

应用一价定律，我们可以确定长期内的名义汇率水平，这是购买力平价理论的基础。**购买力平价理论** (Theory of Purchasing Power Parity) 认为，名义汇率等于两个经济体长期的物价水平的比率，这也被称为**绝对购买力平价**：

$$\overline{E} = \overline{P}^w / \overline{P} \tag{9.2}$$

其中，价格不再仅限于单个商品，而是该国家总的物价水平，即一篮子商品的价格。需要注意的是，这里只包括商品，不包括服务，因为服务通常是不可贸易品。此外，根据货币数量理论,一国物价水平的决定因素之一是该国的货币供应量,故两国货币的供应量是汇率水平的决定因素之一。

图 9.3 展示了 20 世纪 60 年代以来美国与日本通货膨胀率的变化情况,可以用来解释 70 年代末美元对日元的贬值。从图中可以看出,70 年代末开始,美国的通货膨胀率一直高于日本。因此,美国物价水平的增长速度要高于日本,即本国价格水平 P 和世界价格水平 P^w 都在增长,但是本国价格 P 增长更快,因此二者的比值在下降。根据购买力平价理论,这意味着汇率在下降,美元经历了对日元大幅贬值的过程。

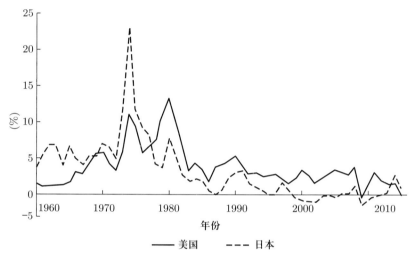

图 9.3　美国与日本的通货膨胀率

9.2.3　巨无霸指数

巨无霸指数是英国《经济学人》杂志测算的一个指数,该杂志利用麦当劳提供的数据计算了巨无霸汉堡在各个国家的美元价格,以便测量两种货币的汇率在理论上是否合理。

汉堡是世界各国关于一篮子产品不错的近似。为什么这样说呢?主要是因为,巨无霸汉堡在许多国家均有供应,并且各地的制作规格相同、配方固定,食谱均包含蔬菜、蛋白质、谷物等。

举例而言,假设一个巨无霸在美国的售价为 2.5 美元,在英国的售价为 2 英镑,按购买力平价计算的汇率就是 2.50 / 2.00 = 1.25。若 1 英镑换 1.82 美元,则表示以两国巨无霸的售价而言,英镑兑美元的汇价被高估了 (1.82 − 1.25)/1.25 = 45.6%。

然而,不同国家巨无霸价格依据汇率换算为统一的美元价格后,存在很大差别,这是为什么呢?这是由于巨无霸很难进行不同市场间的套利,因此不符合一价理论或者购买力平价理论的假设。比如,运输费用和贸易管制使得同一个商品在不同国家的定价不一样;麦当劳公司在不同国家和地区的定价策略不同;价格里面包含了一些非贸易品,如人工服务、水电房租等,而非贸易品在不同地区价格一般不同。上述例子也说明了为什么购买力平价理论通常不能充分地解释汇率。

9.2.4 相对购买力平价

相对购买力平价认为,在给定时期内,两种货币汇率变化百分比等于同一时期两国国内价格变化的百分比 (通货膨胀率) 之差。

$$(E_t - E_{t-1})/E_{t-1} = \Pi_t^w - \Pi_t \tag{9.3}$$

其中, Π_t^w 表示外国通货膨胀率, Π_t 表示本国通货膨胀率。

再回顾美国和日本的例子,由于日本的通货膨胀水平持续低于美国,因此, t 期汇率小于 $(t-1)$ 期汇率,美元不断贬值。

不同于 9.2.2 节的绝对购买力平价,相对购买力平价的适用性更宽泛。即使用于计算各国总体物价水平的一篮子商品内容不同,相对购买力平价仍可以适用。这主要是因为一篮子商品的差别在计算通货膨胀时被消掉了。相比之下,绝对购买力平价只能依赖于比较不同国家相同的一篮子商品的价格。

9.2.5 实际汇率

名义汇率没有考虑两个国家物价水平的情况,当我们想要剔除价格因素的影响,研究两个商品的兑换比率时,就需要使用实际汇率这一概念。**实际汇率**指的是按国内外的相对物价水平对名义汇率进行调整后的汇率,其表达式如下:

$$\text{实际汇率} \equiv \frac{EP}{P^w} \tag{9.4}$$

实际汇率反映的是,购买一个单位的本国商品所需要的外国商品的数量。名义汇率反映的是本国货币的价格,而实际汇率则给出所交换商品的价格。本质上,实际汇率反映了一个国家的商品的国际竞争力。在长期内,如果一价定律成立,则实际汇率等于 1。

9.3 短期汇率

上一节介绍了长期汇率的决定机制,那么接下来,我们将进一步探讨短期汇率是如何被决定的。

在国际市场上,大量的美元被用于国际贸易或国际金融活动,其中涉及的外汇交易量庞大。而正是这种外汇市场的供需关系,决定了美元的短期汇率。本质上,汇率就是外汇市场的出清价格。因为购买美国的商品、服务或者金融资产,需要使用美元,那么当对美国某种商品的需求增加时,对美元的需求也会增加,在其他条件不变的情况下,美元会升值。

名义汇率、实际汇率和利率

如果美国提高联邦基金利率,名义汇率如何变化？一旦名义利率即联邦基金利率提高,那么美国债券支付的利率也必须相应提高。此时美国债券相对于其他资产的吸引力也进一步提高,外国投资者为了购买美国债券,需要兑换大量的美元。因此,美元的需求增大,使得美元的价值上升,即**名义利率和名义汇率同方向移动**。

此外,我们还可以用一个更简单的逻辑,即美元的市场供需关系,来理解利率变化对于汇率的影响。国际商品和服务市场的交易产生了对于美元的需求,而美联储为市场交易提供美元。国内市场上的名义利率上升反映了货币政策的收紧。给定市场上的美元需求不变的情况下,此时美元供不应求,变得更稀缺了,所以美元的价格上升,即美元升值。

那么,实际汇率如何受名义汇率提高的影响呢？根据实际利率的决定式,假设存在黏性通货膨胀率的情况,则名义汇率出乎意料的变动可以转化为实际汇率在短期内的波动。名义汇率和实际汇率在长期和短期的影响因素如表 9.3 所示。

表 9.3 名义汇率与实际汇率的决定因素

	长期	短期
名义汇率	两个经济体的相对价格决定	货币市场供需决定,变动与名义利率同向
实际汇率	一价定律	与名义汇率变动一致

9.4 开放经济和短期模型

开放经济下,国内储蓄等于国内投资加上净出口:

$$S = I + \text{NX} \tag{9.5}$$

一般情况下,高利率会减少投资,利率上升,导致名义汇率上升,在短期黏性通货膨胀率的条件下,实际汇率上升,导致国内商品相对国外商品变得更加昂贵,最终使得净出口下降:

$$\uparrow i \Rightarrow \uparrow E \Rightarrow \uparrow \frac{EP}{P^w} \Rightarrow \downarrow \text{NX}$$

将封闭经济下的 AD-AS 模型拓展到开放经济,类似于第 7 章中的假定,一个经济体的净出口基准水平由 $\bar{a}_{nx}$ 给定,同时还受本国实际利率的影响。

$$\frac{\text{NX}_t}{\overline{Y}_t} = \bar{a}_{nx} - \bar{b}_{nx}(R_t - \overline{R}^w) \tag{9.6}$$

其中，$\overline{Y}_t$、$\overline{b}_{nx}$、$\overline{R}^w$ 都是长期决定，外国实际利率 $\overline{R}^w$ 也是外生给定的参数，增加项为经济周期项，取决于国内实际利率 R_t 与外国实际利率 $\overline{R}^w$。

可以将式 (9.6) 进一步改写成：

$$\frac{\text{NX}_t}{\overline{Y}_t} = \overline{a}_{nx} - \overline{b}_{nx}(R_t - \overline{r}) + \overline{b}_{nx}(\overline{R}^w - \overline{r}) \tag{9.7}$$

该式表明，净出口取决于 $(R_t - \overline{r})$，其中 $\overline{r}$ 为资本的边际产出。

根据 $S = I + \text{NX}$，储蓄可以用于国内投资和通过净出口向国外投资，国内投资和净出口都是将消费推迟到未来。

美国的利率上升，造成在美国借款变得昂贵，减少了其他国家和地区在美国的投资，也降低了美国向世界其他国家和地区投资的意愿，尽管其他国家和地区投资回报率没有变。

因此，开放经济下，本国利率的提升，不仅导致投资的下降，更导致了净出口的下降。

带有净出口的 IS 曲线：

$$\tilde{Y}_t = \overline{a} - \overline{b}(R_t - \overline{r}) \tag{9.8}$$

其中：

$$\overline{a} = \overline{a}_c + \overline{a}_i + \overline{a}_g + \overline{a}_{nx} - 1 + \overline{b}_{nx}(\overline{R}^w - \overline{r})$$

$$\overline{b} = \overline{b}_i + \overline{b}_{nx}$$

从式 (9.8) 中我们可以看出：① 总需求参数增加一项取决于国外实际利率与资本边际产品的差额；② 长期内总需求参数为 0；③ 其他地区的实际利率变化造成对国内经济的总需求冲击。

紧缩的货币政策如何影响 IS 曲线？假定世界和国内资本的边际产品一致，即技术统一。投资方面，实际利率上升，企业减少投资，产出下降。进出口方面，实际利率上升导致对本国的金融资产的需求上升，由于黏性通货膨胀，实际汇率也上升，使得本国商品相对于外国商品变昂贵，出口下降，进口上升，净出口下降。因此从投资和进出口两种渠道来看，实际利率上升最终将导致短期产出下降。

货币政策在国际市场上的传导：再议欧元区利率上升

如果欧洲中央银行提高利率，欧元升值，美元贬值，导致美国出口增加，AD 曲线上移，短期产出为正，通货膨胀率上升。根据货币政策规则，美联储会提高美国利率。AD-AS 曲线的移动如图 9.4 所示。

但是，从另外一个角度来看，欧洲利率上升对欧洲的直接影响是造成欧洲经济衰退，减少对美国商品的需求，或许造成负的总需求冲击，a_{nx} 下降。两种影响的方向相反，因此净效应无法确定。

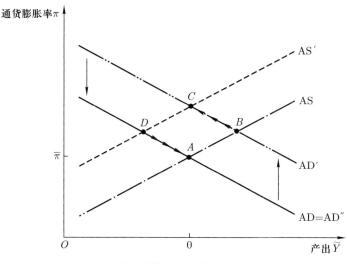

图 9.4　货币政策在国际市场上的传导

9.5　汇率制度

图 9.5 显示 19 世纪以来，美元兑英镑的汇率变化情况，我们也可以借此简要地回顾一下全球汇率制度的变迁史。广义来讲，汇率制度可以分为三个阶段：① 1918 年之前为金本位制度，规定各国可以按照固定的价格换取黄金；② 1944 年起，汇率制度进入布雷顿森林体系时代，美元钉住黄金价格，比例为 1 盎司黄金兑 35 美元，其他国家的货币则以固定汇率钉住美元；③ 1971 年，尼克松政府宣布不再按每盎司 35 美元的官价向市场供应黄金，标志着布雷顿森林体系的瓦解，世界正式进入浮动汇率制度时

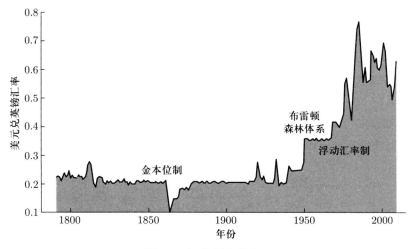

图 9.5　汇率制度的变迁

代。该时期的汇率由外汇市场的供求关系决定,呈现大幅波动的特征,不过美元依旧保持着其储备货币的地位,大部分国际金融交易都以美元进行。

9.5.1 不可能三角 (Impossible Trinity)

一个开放的经济体总是想实现以下三个目标: ① 稳定的汇率,这能够减少未来的不确定性,促使个人和企业做好长期的规划; ② 独立的货币政策,短期模型给我们的启示是,拥有本国独立的货币政策可以应对外来冲击; ③ 资本自由流动,这能够使得金融资源得到最优的配置。

但是罗伯特·蒙代尔 (Robert Mundell) 指出,开放经济下各国面临**不可能三角**的政策选择困境: 每一个经济体至多能实现以上三个目标中的两个。如图 9.6 所示,各国在制定政策时,只能选择三角形的某一边。

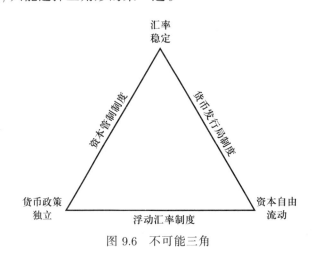

图 9.6 不可能三角

在不可能三角理论的背景下,各国的汇率制度存在以下三种形式。

浮动汇率制度: 政府对外汇市场不加任何干预,完全听任外汇市场供需力量的对比自发地决定本国货币对外国货币的汇率,美国和日本就是典型的浮动汇率制度。

货币发行局制度: 政府以立法形式明确规定,承诺本币与某一确定的外国货币之间可以以固定比率进行无限制兑换,并要求货币当局能够确保这一兑换义务的实现。例如,1991—2001 年,阿根廷选择钉住美元,保持 1 比索兑换 1 美元的固定汇率。

资本管制制度: 政府严格管制本国与其他地区的资金的跨境流动。

9.5.2 浮动汇率制度

浮动汇率制度是目前大多数国家采用的汇率制度,其优点主要包括: ① 自发性,当面临国际收支失衡时,外汇市场上的供求关系会自动调节汇率; ② 微调性,汇率可以根据国际收支的变化进行实时连续的微调,避免经济急剧波动; ③ 独立性,保证各国可以独立地实行自己的货币政策、财政政策和汇率政策；④ 使经济周期和通货膨胀的国际传递减少到最低限度，贸易伙伴国受国外物价上涨的压力更小；⑤ 可以避免为了防止本币汇率下跌而导致外汇储备大量流失的问题，节省了本国的外汇储蓄。

但是，浮动汇率制度也有其缺陷：① 为低买高抛的外汇投机者提供了可乘之机，加剧了外汇市场动荡；② 导致对外投资损益的不确定性加大，人们不愿意缔结长期贸易契约或者进行长期国际投资，影响了国际商品流通和资金借贷；③ 可能导致各国间竞争性贬值，即各国都以货币贬值为手段，以他国经济利益为代价，扩大本国的就业和产出，输出本国的失业。

9.5.3 货币发行局制度

货币发行局制度最早起源于 1849 年，是英国为其殖民地毛里求斯设计的作为英镑代用券的货币发行办法。后来，英属殖民地纷纷独立，货币发行局制度作为殖民地的象征也随之消亡了。据统计，在 1960 年，还有 38 个国家和地区采用货币发行局制度，而到了 20 世纪 80 年代，就只剩下 9 个国家和地区在坚持这一制度。然而，进入 90 年代，一批国家由于深受通货膨胀之苦，认为即使无所作为的货币政策也胜过胡作非为，故主动拥抱货币发行局制度。有些国家的经济因为货币发行局制度而获得了成功，例如波罗的海地区的几个前苏联加盟共和国，但有些国家也失败了，其中比较著名的例子是阿根廷。为维持固定汇率，阿根廷的物价水平必须与美国的物价水平变化一致。这意味着阿根廷必须随时准备按规定的汇率买卖本国货币，同时必须遵循美国主导的货币政策。当美国的货币发行量改变时，阿根廷的货币供应量必须与之实行等幅度变化。

20 世纪 80 年代后期，阿根廷深陷债务危机、恶性通货膨胀及经济持续萧条的困境。为了应对这些经济问题，1991 年，阿根廷通过法案确定了比索和美元的固定汇率，并且保证按照这个汇率完全兑换。由于它对货币政策的强约束，阿根廷确实迅速抑制住了通货膨胀。但是好景不长，1998 年起，接连发生的亚洲金融危机和巴西金融动荡导致阿根廷经济开始衰退，如图 9.7 所示。但与此同时，美国经济一片欣欣向荣，美联储不断奉行强势的美元政策。阿根廷为维持与不断强势的美元 1:1 的固定汇率，不得不多次连续加息，使得比索的币值被不断高估，经济进一步受到冲击。政府只能通过更为积极的财政政策来刺激经济，造成了赤字规模不断上升。2001 年年末，由于大量的政府开支和外汇储备，政府债务出现拖欠。阿根廷无法再进入资本市场融资，最终被迫放弃货币发行局制度，开始与美国脱钩，这一行为导致了其货币急剧贬值。

阿根廷实行货币发行局制度失败的原因，主要在于两个方面：① 经济体量，波罗的海沿岸几个国家属于小型经济体，体量小，结构简单，对大国经济有较强的依赖性，是世界商品及要素价格的接受者，经济均衡容易通过快速调整的方式实现。让渡货币政策的自主权，可以更好地实现抑制通货膨胀等宏观政策目标。而阿根廷这样较大型

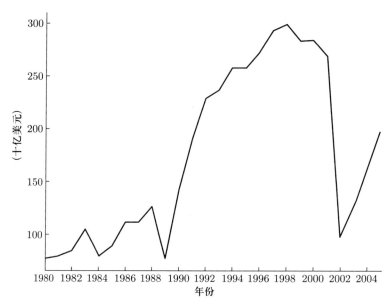

图 9.7　1980—2005 年阿根廷 GDP

的经济体则面临着更多更复杂的挑战。② 经济贸易联系差异，根据贸易引力模型理论，地理位置上越相近的国家之间贸易规模往往越大，越能够建立起更紧密的经济贸易联系。使用欧元的经济体均位于欧洲，使用新加坡元的文莱与新加坡同处东南亚，使用美元的经济体大多数位于加勒比海。然而，阿根廷的贸易方向比较分散，最大的贸易伙伴国是距离最近的巴西，和美国的经贸往来占比并不大，经济周期不同步，因此，货币政策上也难以维持一致。

综上所述，货币发行局制度更适合经济体量小、与所标定的国家地理接近、经济贸易联系足够紧密、经济周期较同步的经济体。

9.5.4　资本管制制度

中华人民共和国成立初期实行非常严格的资本管制制度，没有资本和金融交易项目。除了苏联等社会主义国家的援助，几乎没有引进外资，没有对外债务，也不允许外商直接投资，直到改革开放后才逐渐放开一部分资本账户。截至 2023 年，我国依然实行对资本账户的管控，只有获得资格与授权的个人和机构才能进行资本流入、流出的跨境投资。兑换环节有管制，包括对购汇的限制、对外汇资金来源的审核和对偿还外债的限制等。

一方面，实行资本管制的优点在于：① 当经济中存在严重扭曲时，资本管制可以限制资金的流向和用途，减少资源的浪费，方便政府征税；② 资本管制有利于增强国内政策调控效果，确保宏观调控的有效性；③ 资本管制有利于增加经济的稳定性，在危机时抵御冲击。另一方面，资本管制制度也有一些固有的缺点，如容易引起资本外逃、市场扭曲等,而且随着经济开放程度的提高,资本管制的代价会日益加大。

亚洲金融危机 20世纪90年代之前,亚洲的投资主要由亚洲各国的国内储蓄提供。但是,到了90年代,国际资本开始进入亚洲各国,泰国、韩国、印度尼西亚等飞速发展。1997年7月2日,泰国宣布放弃固定汇率制,实行浮动汇率制。当天,泰铢兑换美元的汇率下降了17个百分点,外汇及其他金融市场一片混乱。在泰铢波动的影响下,菲律宾比索、印度尼西亚盾、马来西亚林吉特相继成为国际炒家的攻击对象。由于许多国家和企业的贷款由美元定价,本币贬值加重了还贷的负担,因此许多企业减产甚至破产,引发一场遍及东南亚的金融风暴(见图9.8)。而中国由于实行谨慎的金融政策,资本项目未开放,平稳地度过了亚洲金融危机,几乎未受影响。

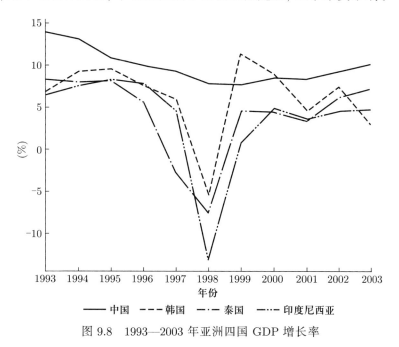

图 9.8　1993—2003 年亚洲四国 GDP 增长率

9.6　文献导读

9.6.1　中国的储蓄总量与外部失衡

高储蓄率和投资率被认为是中国经济快速增长的主要驱动力。20世纪80—90年代,中国的储蓄占GDP的比重为35%—40%,同时经常账户余额在大多数年份都在GDP的2%以内波动,并没有出现外部失衡的现象。但是自2001年以来,中国宏观经济内外失衡已上升到了前所未有的水平:2008年,中国国民储蓄占GDP比重飙升至53%以上,经常项目顺差余额占GDP比重则超过了9%。Yang (2012) 认为这种失衡局面是中国一系列的政策与制度造成的,从多个角度分析了中国高储蓄率与外部失衡的原因,包括激励企业、政府和家庭储蓄的因素,限制在华投资政策的影响,出口退税、经济特区和汇率政策等贸易政策对出口扩张的作用,中国加入 WTO 的影响。该论文最后提出了一些政策建议,以期实现中国经济的再平衡。

参考文献: Yang D T. Aggregate savings and external imbalances in China[J]. The Journal of Economic Perspectives, 2012, 26(4): 125-146。

9.6.2 全球储蓄过剩与美国经常账户赤字

美联储前主席本·伯南克 (Ben Bernanke) 在 2005 年 3 月担任美联储委员时发表演讲。伯南克将美国经常账户赤字的增大以及全球较低的长期利率水平归因于全球储蓄过剩,特别是新兴的发展中国家。之前流向发展中国家和新兴经济体的信贷流动发生了逆转,这些国家在国际资本市场上的身份从借款人变成了净借出者。全球储蓄过剩及全球失衡是次贷危机之前国际经济学界最为关注的现象之一。在这一格局中,中国、日本、其他亚洲新兴国家以及石油输出国持续有大量经常账户顺差,而这些顺差几乎全部由美国的经常账户逆差所平衡。包括中国在内的顺差国家一方面大量向美国出口商品,形成大量贸易顺差,另一方面又将其富裕储蓄借给美国,增加了美国国内储蓄总供给,压低了储蓄的回报率。

参考文献: Bernanke B. The global saving glut and the U. S. current account deficit [J]. BIS Review, 2005, 16: 1–10。

9.6.3 固定与浮动汇率下的资本流动与稳定政策

Mundell (1963) 提出了著名的蒙代尔-弗莱明模型。在该论文中蒙代尔将对外贸易和资本流动引入封闭条件下的 IS-LM 模型,分析得出给定资本完全流动的条件,在固定汇率制度下,货币政策软弱无力,而财政政策效果明显;在浮动汇率制度下,财政政策软弱无力,而货币政策效果明显。其结论也可以概括为,在固定汇率制度与资本完全流动的条件下,一个国家无法实行独立的货币政策,或者说独立的货币政策是无效的。1999 年,美国经济学家保罗·克鲁格曼根据蒙代尔的理论绘制了不可能三角,即一个国家最多只能实现资本自由流动、汇率稳定、货币政策独立三个目标中的两个。

参考文献: Mundell R A. Capital mobility and stabilization policy under fixed and flexible exchange rates [J]. The Canadian Journal of Economics and Political Science, 1963, 29(4): 475-485。

9.6.4 汇率制度的选择

易纲 (2000) 简要考察了布雷顿森林体系崩溃后汇率制度在时间上的演进。通过分析固定汇率和自由浮动汇率以及二者之间的各种有管理的浮动等汇率制度安排，我们可以清楚地看到，资本账户没有开放的发展中国家不可能有完全自由浮动的汇率制度。在选择资本管制的参数体系时，问题的核心是权衡效率与稳定的两难。在国际货币体系的游戏规则改变之前，在资本账户开放的情况下，实行中间汇率制度将很危险，只有汇率完全市场化才是有效而保险的。一般而言，对于一个资本账户未开放的国家，无论政府名义上宣布采取何种汇率制度，事实上它都将收敛于固定汇率制。

参考文献：易纲. 汇率制度的选择 [J]. 金融研究, 2000, 4(09): 46-52。

9.6.5 人民币汇率的决定因素及走势分析

易纲等 (1997) 通过对购买力平价、利率平价、国际收支、中央银行货币政策的分析，得出如下结论：第一，用购买力平价分析发展中国家时要做修正。发展中国家经济起飞时期可能有较高的通货膨胀率，而其汇率并不按比例贬值。因为在经济起飞的一段时间里，发展中国家的非贸易品（住房、服务）的涨价幅度远高于贸易品的涨幅。第二，发展中国家在经济起飞时期可贸易品生产力的提高速度一般高于发达国家。这也是人民币未来可能走强的一个重要因素。第三，利率平价对人民币走势的解释和预测能力会越来越强。第四，中国应考虑以在贸易项下基本平衡、在经常账户下有赤字、在资本项下有盈余的格局来保持外汇供求平衡和汇率的稳定。第五，靠减少再贷款对冲中央银行买汇放出基础货币的余地已变得越来越小。可选择的政策工具有：① 用鼓励投资或放宽进口限制的方法适当增加进口；② 考虑采取用部分自愿结汇的办法使一部分外汇分流在民间；③ 逐步使利率市场化，以减少由套利活动带来的不确定性；④ 考虑逐步开放资本账户，稳步走向人民币全面可兑换。

参考文献：易纲, 范敏. 人民币汇率的决定因素及走势分析 [J]. 经济研究, 1997, 4(10): 26-35。

练习

1. 判断题，请判断下列说法的正误并说明理由。
   (a) 在一价定律成立时，实际汇率的值为 1。
   (b) 如果美国降低联邦基金利率，汇率 (人民币/美元) 将会下降。
2. 本章中我们用式子 $(E_t - E_{t-1})/E_{t-1} = \Pi_t^w - \Pi_t$ 表示相对购买力平价。
   (a) 根据一价定律和通货膨胀率的概念，将该式子左右两部分分别变换成只包含价格水平的形式，两个结果完全一致吗？

(b) 根据绝对购买力平价公式 $E = P^w/P$ 推导时间连续情况下的相对购买力平价公式。

(c) 在什么条件下, 我们可以近似地认为 (a) 中的两个结果是相等的?

3. 简答题

(a) 简述不可能三角的内容以及中美两国各自在三角上的选择。

(b) 美国出现"双赤字", 即贸易赤字和财政赤字。请分析两种赤字产生的原因及产生的后果。

(c) 请比较固定汇率和浮动汇率对一个国家的利弊。

(d) 请解释什么是货币发行局制度及为什么实行货币发行局制度的国家丧失了货币政策自主权。

10　政府和宏观经济

联邦政府基本上是一个拥有军队的保险公司。

—— 保罗·克鲁格曼 (Paul Krugman)

▌导言▌

政府是经济活动的重要参与者，并在经济生活中起着举足轻重的作用，而这种作用的产生与财政政策密不可分。宏观经济政策的四大目标是就业充分、价格稳定、经济持续均衡增长以及国际收支平衡，而这些目标的实现有赖于财政政策这一有力的抓手。接下来，我们将重点学习财政政策的作用和机制，以及财政政策会对经济运行产生什么样的影响。

▌内容提要▌

在本章中我们需要了解以下内容：
- 为何需要财政政策
- 财政赤字与政府债务的关系
- 如何设计与运用财政政策
- 如何理解与评价财政政策的影响

10.1　财政政策的作用

财政政策之所以重要，是因为它有着货币政策不可比拟的优势。特别是当经济陷入流动性陷阱[①]，即利率下降到不能再低的时候，宽松的货币政策已经再无法改变市场利率。此时货币政策失效，需要财政政策才能帮助经济复苏。2008年金融危机席卷全球，各国的财政政策在抵御金融危机冲击时，发挥了极为重要的作用。

2009年，奥巴马签署了《美国复苏与再投资法案》(American Recovery and Reinvestment Act)，这是规模高达7 870亿美元的一系列支出、援助和税收减免计划。同期，中国政府也推行了"四万亿刺激计划"，确立了进一步扩大内需、促进经济增长的十项措施。由政府牵头进行大规模的定向转移支付，为中国的基础设施建设与工业化体系的完善带来了巨大的促进作用。同时，在中央扩大投资政策的带动下，社会

[①] 流动性陷阱的三个特点：宏观经济严重萧条，投资低，消费少；名义利率大幅下降，处于非常低的水平；货币需求利率弹性无穷大。

投资增长势头强劲,有效带动中国经济环境的回暖,从而帮助中国经济成功抵御了世界金融危机的恶性冲击。

这十项措施的具体内容包括: ① 加快建设保障性安居工程; ② 加快农村基础设施建设; ③ 加快铁路、公路和机场等重大基础设施建设; ④ 加快医疗卫生、文化教育事业发展; ⑤ 加强生态环境建设; ⑥ 加快自主创新和结构调整; ⑦ 加快地震灾区灾后重建各项工作; ⑧ 提高城乡居民收入; ⑨ 在全国所有地区、所有行业全面实施增值税转型改革,鼓励企业技术改造,减轻企业负担 1 200 亿元; ⑩ 加大金融对经济增长的支持力度。

国际货币基金组织总裁多米尼克·斯特劳斯-卡恩(Dominique Strauss-Kahn)曾称这是一个"好消息"。他说:"这一大规模措施不仅仅是为世界经济提供需求,而且对中国经济本身也有巨大影响。"

10.2 政府债务

政府赤字规模的扩张往往与政府债务水平联动。一个政府若常年出现赤字,就不得不开始通过发行政府债券进行融资,购买债券的主体可以是个人、机构,也可以是外国政府。图 10.1 显示了美国未赎回的政府债务占 GDP 的比重。2015 年美国债务占 GDP 的比例为 74%,总价值为 13 万亿美元,人均 4.3 万美元。第二次世界大战期间,美国政府为了支付国防开支,大量举债,使其债务规模达到了历史峰值,几乎高达 GDP 的 108%。在第二次世界大战后的三十多年里,美国政府不得不偿还其战时的债

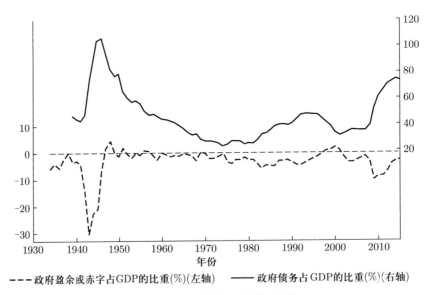

图 10.1 美国的赤字规模与借款

务，直到其债务比例处于一个相对平稳的数值。

式 (10.1) 给出了以流量形式表示的**政府预算约束**。等式右边为政府的预算收入，包括税收收入 T_t、新增债务 ΔB_{t+1} 和新增货币 ΔM_t。左边是政府的预算支出，包括政府购买 G_t、支付债券利息 Tr_t 和转移支付 iB_t。为了方便起见，我们在后面的讨论中假设没有新增货币。

$$\underbrace{G_t + Tr_t + iB_t}_{\text{使用}} = \underbrace{T_t + \Delta B_{t+1} + \Delta M_t}_{\text{来源}} \tag{10.1}$$

假设不存在转移支付，可以将式 (10.1) 改写为政府债务的动态形式：

$$B_{t+1} = (1+i)B_t + \underbrace{G_t - T_t}_{\text{赤字}} \tag{10.2}$$

式 (10.2) 的经济学含义是，下一年的债务存量等于以下三项之和：① 今年的债务存量加上为此需要支付的利息；② 当期的政府购买；③ 负的税收。G_t、T_t 之差是**政府基本赤字**，再加上利息支付是**政府总赤字**。

值得注意的是，我们需要将各项收支都折现到同一时间点上来进行考察。假设一个经济体只存在两期，债务在每期期初发生，税收和支出都在每期期末发生。那么，我们可以将各项收支折现到第一期期末：

$$G_1 + \frac{G_2}{1+i} + (1+i)B_1 = T_1 + \frac{T_2}{1+i} \tag{10.3}$$

$$(T_1 - G_1) + \frac{(T_2 - G_2)}{1+i} = (1+i)B_1 \tag{10.4}$$

式 (10.3) 的左边是政府购买和初始债务的折现，右边是税收的折现，其经济含义是，假设经济开始时和结束时都没有债务，那么支出的折现值等于收入的折现值。

式 (10.4) 告诉我们，如果没有初始债务，政府的预算余额的当期折现必须等于 0。长期来看要实现收支平衡，在这个两期的经济里，若第一期赤字，则第二期必须要盈余。如果有初始债务，那么预算余额的现值还要偿还债务。

10.3 财政政策的运行机制

国家财政通常由政府收入和政府支出两部分构成，其中政府支出主要包括政府购买和转移支付，政府收入则主要包括税收。财政政策通过税收、政府转移支付或政府对产品和劳务的购买来影响总需求。扩张性的财政政策通过降税和增加政府开支刺激总需求，紧缩性的财政政策通过增税或减少政府开支来减少总需求。

10.3.1 预算制度

公共预算方案反映了政府将采取何种方式筹集资金和安排支出,因此也是财政政策。预算方案一旦获得批准便成为具有法律效力的文件。本质上公共预算方案的制定是公共选择理论的一种具体表现方式。

单位预算由各主管部门及所属单位编制,总预算由财政部门在各主管部门单位预算的基础上汇总编制。为了能够较好地结合各地区、各部门的具体情况,保证国家预算收支的综合平衡,**国家预算编制**一般采用自下而上和自上而下相结合的方法进行。中央各部门和各省、自治区、直辖市根据中央下达的预算收支控制指标,按照统一规定的预算表格和编制预算的要求,结合本地区、本部门的经济发展情况,编制本单位、本地区的年度预算草案,上报财政部审查汇总。财政部经过审核汇总,汇编成国家预算草案,并附以简要的文字说明,上报国务院。经国务院核准后,提请全国人民代表大会审查。预算规划通过后,将交付税务部门与财政部门完成相应指标。

10.3.2 财政政策工具

常见的财政政策工具通常包括税收、政府购买、转移支付三大类。

税收 (Tax) 是政府收入最重要的组成部分,是国家为了实现其职能按照法律预先规定的标准,强制、无偿地取得财政收入的一种手段。税收的存在一方面是为了政府干预经济运行筹措资金,另一方面,一些特殊的税种本身也有着平抑经济周期性波动、自动调节经济运行轨迹的功能。税收作为政策工具可以通过两种方式来调节社会总需求:一是改变税率,如改变个人所得税税率;二是改变税收总量,如通过一次性减税来实现刺激社会总需求的目的。当需求不足时,可以通过减税来抑制经济衰退;当需求过旺时,政府可以适当采取增税措施,避免经济过热。

政府购买 (Government Purchase) 是指政府对商品和劳务的购买,是一种实质性的支出,对应着商品和劳务的实际交易。政府购买对整个社会的总需求水平有着重要的调节作用。当社会总需求过低时,政府可以增加购买水平,如兴建基础设施工程等,以提高社会整体需求,达到刺激产出和就业的目的。反之,政府可以减少开支,以此降低社会整体需求。

转移支付 (Transfer Payment) 是政府在社会福利保险、贫困救济和社会补助等方面的支出。与政府购买不同,转移支付是一种货币性支出。我们在第一章中曾学到政府对居民的转移支付没有发生商品或劳务的交换,没有新的产品价值产生,只是财富在不同部门之间的转移,因此转移支付不会被纳入 GDP 核算当中。但是,政府的转移支付也是一项重要的财政政策工具。当总需求不足时,政府可以通过向失业群体发放救济金、增加社会福利费用等方式提高转移支付水平,进而提高人们的可支配收入和消费支出水平,使得社会总需求相应增加。

10.3.3 财政政策目的

根据政策制定的目的不同,政府的财政政策可分为自动稳定器和相机抉择两大类。

自动稳定器 (Automatic Stabilizer),亦称内在稳定器,是指经济系统本身存在的减少各种干扰对国民收入的冲击的机制。转移支付和税收政策使得财政政策在经济衰退时表现为扩张性财政政策,在经济处于繁荣时表现为紧缩性财政政策。这种政策通常包括**失业保险**、**累进税**等。以失业保险为例,当经济出现衰退和萧条时,失业人数增加,失业救济和其他福利开支也会相应增加,这可以抑制人均可支配收入的下降,进而抑制消费需求的下降。当经济繁荣时,失业人数减少,相关的救济和福利支出也会减少,从而抑制人均可支配收入和消费的增长。因此,失业保险在经济衰退时属于扩张性财政政策,而在经济繁荣时则属于紧缩性财政政策。与之类似,累进税的特点是税基越大,税率越高。经济繁荣时,个人和企业的收入提高、税基扩大,被课以更高的税率,累进税因此起到抑制经济过热的效果。

相机抉择 (Discretion Approach) 是指政策制定者审时度势制定政策。究竟什么时候采取扩张性财政政策,什么时候采取紧缩性财政政策,应该由政府根据具体的经济形势加以判定,比如奥巴马经济刺激计划 (Obama Stimulus Package)。相机抉择的特点是没有很明显的规则可以遵循,需要政府"逆经济风向行事"。这一政策的提出背景是 1929—1933 年的大萧条,主张相机抉择的代表人物是凯恩斯。凯恩斯认为,当总需求水平过低、经济出现衰退、大量劳动力面临失业时,政府应该采取刺激需求的扩张性财政政策。

10.4 财政政策的影响

关于财政政策的讨论多种多样,其中有几个常见的谬误:① 政府支出总是挤出私人支出;② 政府借贷总是挤出私人投资支出;③ 政府预算赤字减少私人支出。

第一个论断是说政府多花一元钱,私人就要少花一元钱,所以政府支出具有挤出效应。这个论断是不正确的,因为它的逻辑是零和博弈,假定了总收入不变和经济体处在满载运行的状态,即所有资源得到最大化利用,没有失业,也没有剩余资本。而在现实情景中,上述假定很少能被满足。

第二个论断也是不准确的。如果经济处于繁荣时期,那么政府借款有可能导致利率升高,企业投资意愿下降,论断成立。但在衰退期,这个结论不一定成立。当经济远离潜在产出水平时,政府借款有可能不改变利率,从而对私人投资没有影响。例如 2009 年,利率一直处于极低水平,即使同期政府大量借款,利率水平也没有受到影响。

第三个论断也不总是正确的。在现实中,消费者是否有远见和是否严格平滑消费,直接影响结论的成立与否。税收对私人支出的扭曲最终产生了挤出效应。本质上，保持其他条件不变，扩张性财政政策导致政府赤字扩大，政府债务增加，债务最终需要政府增加税收来偿还。长期而言，政府减税的结果是在未来某个时点上增税以实现政府的长期税收均衡。因此消费者预期未来有可能支付更多的税来偿还政府当下的债务，他们在当下会减少开支，增加储蓄。如果人们将所有当下因税收降低而产生的收入转为储蓄以应对未来的增税的话，那么需求曲线也就不会发生移动，也就没有系统性的宏观效应。这种现象被称为**李嘉图等价** (Ricadian Equivalence)。

作为一个政策制定者，不仅需要知道政策的实施会如何影响总需求，还需要知道这种影响有多大。要回答这个问题，我们首先需要了解边际消费倾向这个概念。

边际消费倾向 (MPC) 是指消费者增加一单位可支配收入后所增加的支出。引入这一概念后，消费占总支出的比重就不再是固定值，而是加入了随产出变动而变动的部分：

$$\frac{C_t}{\bar{Y}_t} = \bar{a}_c + \text{MPC} \times \tilde{Y}_t \tag{10.5}$$

推导引入 MPC 后的 IS 曲线，可以计算出政府支出的乘数为 $1/(1 - \text{MPC})$，减税的乘数为 $\text{MPC}/(1 - \text{MPC})$。

因此，一个减少 50 万元的税收或转移支付计划和一个增加 50 万元政府购买的计划相比，后者能产生更好的经济刺激效果。背后的经济直觉在于：减税之后，人们不会把手中多出来的钱全部花掉，50 万元的收入增加额只有一部分转化为消费，拉动经济增长，因此导致政策效果部分流失。如果考虑累进税，乘数会相应变小，进而导致经济刺激效果减弱。

相比于货币政策对经济立竿见影的效果，财政政策在应用过程中还存在时滞问题。总体而言，财政政策的实施可能会产生三种时滞：一是**认知时滞**，即政府认识到经济中存在缺口与经济缺口产生之间存在的时间差，主要原因是经济数据的收集和分析需要花费一定时间。二是**执行时滞**，即政府从认识到经济需要调整，到支出计划制订、落实和执行之间存在的时间差，这通常需要花费数月时间。三是**效果时滞**，即政策执行到经济发生变化之间的时间差，而这种时滞通常长达半年以上。

10.5 世界各国面临的财政问题

图 10.2 最引起人们注意的是对于未来的预测。在现有税收政策不变的情况下，美国的赤字将发生巨大变化，收入基本平缓，支出不断上升，其中不包括需要支付的债务利息。支出上升主要来自社保、医疗保险和医疗补助（见图 10.3）。健康相关支出的上升也发生在其他国家，主要体现在医疗开销大、增长快（见图 10.4）。

健康相关支出上升的原因包括：更昂贵的医疗机器和更先进的技术手段延长了人们的寿命，健康支出份额随收入增长而增加，以及人们为了增加单位时间内的边际消费愿意支出医疗花费来延长寿命。

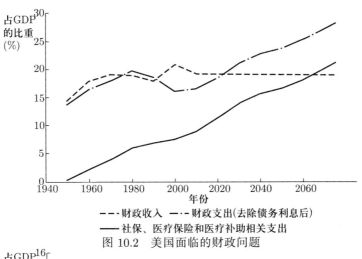

图 10.2 美国面临的财政问题

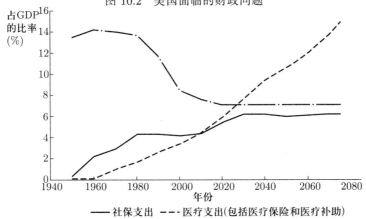

图 10.3 财政支出上升

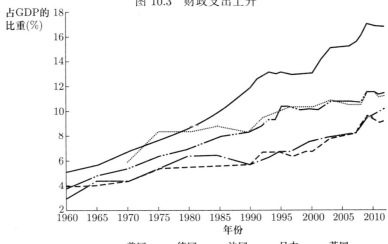

图 10.4 健康相关支出上升

10.6 文献导读

10.6.1 社会成本问题

罗纳德·哈里·科斯 (Ronald Harry Coase) 被认为是产权理论和新制度经济学的鼻祖,凭借《社会成本问题》(*The Problem of Social Cost*) 和 1937 年发表的《企业的本质》(*The Nature of the Firm*) 获得 1991 年诺贝尔经济学奖。其突出贡献在于发现和阐明了交易成本和产权在经济组织与制度结构中的重要性。科斯在该论文中提出了当产权确定并且交易费用为 0 时,市场的谈判可以使得资源配置达到最优。这一论点在 1966 年被乔治·斯蒂格勒 (George Stigler) 命名为"科斯定理",并概括为"在完全竞争条件下,私人成本等于社会成本"。科斯定理是产权经济学研究的基础,其核心内容是关于交易费用的论断。科斯批评了庇古有关外部性和政府干预的论断,指出在产权明晰的前提下,即使存在外部性,依靠市场交易也同样能达到帕累托最优。科斯定理还有第二种表述: 如果市场交易成本不为 0,那么产权的初始界定和经济组织形式的选择会对资源配置效率产生影响。

参考文献: Coase R H. The problem of social cost[J]. The Journal of Law and Economics, 1960, 3: 1–44。

10.6.2 最优税制与公共产品

Diamond et al. (1971a, 1971b) 分为"生产效率""税收规则"两部分连载于《美国经济评论》,明晰了税制设计对增进社会福利的作用,奠定了最优税制的理论基础。第一部分从分析单一消费者的两部门经济出发,逐步拓展到众多消费者的两部门经济和三部门经济,并探讨了存在贸易、外部性和不完全竞争等情形,通过数理分析证明了最优生产效率的存在性和有效性,并推导了最优税收结构的一阶条件。在第二部分中,文章探讨了如何设计最优税制,利用税收工具实现分配公平与社会效率的权衡取舍,增进社会福利。同时,作者拓展了拉姆齐、萨缪尔森基于单个消费者的最优税收结构条件,指出如果不存在总量税,政府可以通过对不同商品征税或补贴,实现收入再分配。该论文的探讨颇具开创性意义,引发了大量关于税制设计以及最小化税收负担的研究。

参考文献: Diamond P A, Mirrlees J A. Optimal taxation and public production I: Production efficiency[J]. The American Economic Review, 1971a, 61(1): 8-27。

Diamond P A, Mirrlees J A. Optimal taxation and public production II: Tax rules[J]. The American Economic Review, 1971b, 61(3): 261-278。

10.6.3 新古典增长模型中的国家债务

Diamond (1965) 在萨缪尔森代际模型的基础上，建立了世代交叠模型 (Overlapping Generations, 简称 OLG)，由此奠定了作者在宏观经济学、公共财政问题研究中的学术地位。世代交叠模型是建立在微观基础上的宏观经济学动态模型，对萨缪尔森代际模型的主要改进是引入了人口的新老交替，以代替原假设中数量固定的永久生存家庭。模型将人的一生分青年与老年两期，用动态方程刻画每代人的消费、储蓄与生产行为。模型具有很强的包容性和可扩展性，可以引入资本品比较中央计划经济与市场竞争经济的长期均衡，引入国家债务分析内外债对个体消费决策的影响等。该论文发现，如果没有外债且竞争均衡处于帕累托无效率，国家债券发行会改善社会福利；但如果竞争均衡已处于帕累托最优，债券发行会使利率上升而降低福利。这一结论解决了长期以来围绕政府发行债券代际转移公共支出负担可行性的争论，导致李嘉图等价失败，触发众多关于李嘉图等价真实程度的探寻。

参考文献：Diamond P A. National debt in a neoclassical growth model[J]. The American Economic Review, 1965, 55(5): 1126-1150。

10.6.4 地方支出的纯理论

Tiebout (1956) 被认为是第一代财政联邦主义的代表性文献。在文中作者建立了一个地方公共产品供给模型，后来被人们称为"蒂布特模型"，成为财政分权领域的经典理论，核心观点是选民会以选择居住地的方式表达对地方公共产品的需求，"用脚投票"。类似于在市场上的选择行为，具有消费者和投票者双重身份的居民通过在各地区的充分、自由流动，实现了各地区公共产品的供求均衡，达到了资源配置的帕累托最优。最终消费者将定居在最能满足他们偏好的社区，有相似偏好的居民聚居在一起，各地区辖区规模达到最优。蒂布特模型描述了地方政府的公共预算如何影响人口流动，其基本内涵是，由各地方政府分别提供地方性公共产品有助于通过"用脚投票"的准市场办法揭示消费者对地方性公共产品的需求偏好，而且各地政府间的"抢人"竞争还可以激励地方政府提高运作效率。蒂布特模型揭示了地方公共产品供给充分竞争的理论，为分析地方财政收支政策变化及其影响提供了一定的依据。

参考文献：Tiebout C M. A pure theory of local expenditures[J]. Journal of Political Economy, 1956, 64(5): 416-424。

练习

1. 简答题

   (a) 一个 50 万元的减税计划和一个增加 50 万元政府购买的计划是否产生一样的效果？为什么？

(b) 中国 1985 年财政预算报告记载:"根据现在预计的数字, 1984 年国家财政总收入为 1 465 亿元, 国家财政总支出为 1 515 亿元。收入和支出相抵, 财政赤字为 50 亿元。这一年的财政赤字, 待决算编成后, 准备向中国人民银行透支来弥补。"美联储前主席伯南克曾提出面对通货紧缩, 可以让政府大规模减税和扩张财政支出, 然后用中央银行发行货币的方式填补财政赤字。请你从财政赤字货币化的角度, 谈谈你对上述两种做法的理解。

2. 考察只存在三个时期的经济体: 时期 1、时期 2 和时期 3。在每一个时期, 政府必须满足预算约束:
$$B_{t+1} = (1+i)B_t + G_t - T_t$$

(a) 写出各个时期的预算约束。
(b) B_4 的值是多少。
(c) 求解时期 3 的预算约束中的 B_3 和时期 2 的预算约束中的 B_2。
(d) 将 (c) 的结果中的 B_2 代入第一期的预算约束, 写出该经济体的跨时期预算约束, 即将第一期的政府债务表示为各期的政府税收和政府支出的函数。
(e) 结合本题的结论, 谈一谈为什么美国政府的债务高企。

参考文献

[1] 奥尔尼. 宏观经济学思维 [M]. 陈宇峰, 姜井勇, 译, 北京: 中国人民大学出版社, 2013.

[2] 巴德, 帕金. 宏观经济学原理: 第 5 版 [M]. 王秋石, 李国民, 刘江会, 译, 北京: 中国人民大学出版社, 2013.

[3] 弗兰克, 伯南克. 宏观经济学原理: 第 3 版 [M]. 李明志, 等, 译, 北京: 清华大学出版社, 2007.

[4] 高鸿业. 宏观经济学: 第 2 版 [M]. 北京: 中国人民大学出版社, 2016.

[5] 高敏雪. 20 世纪 50 年代产值指标讨论的历史回顾与方法论辨析 —— 以孙冶方《从"总产值"谈起》为主线 [J]. 经济科学, 2021, 4(02): 148-160.

[6] 管汉晖, 李稻葵. 明代 GDP 及结构试探 [J]. 经济学 (季刊), 2010, 9(03): 787-828.

[7] 利伯曼, 霍尔. 宏观经济学原理与应用 [M]. 刘士平, 孙晓梅, 译, 大连: 东北财经大学出版社, 2004.

[8] 刘海明, 李明明. 货币政策对微观企业的经济效应再检验 —— 基于贷款期限结构视角的研究 [J]. 经济研究, 2020, 55(2): 117–132.

[9] 卢锋. 经济学原理 (中国版) [M]. 北京: 北京大学出版社, 2002.

[10] 吕捷, 王高望. CPI 与 PPI "背离"的结构性解释 [J]. 经济研究, 2015, 50(04): 136–149.

[11] 曼昆. 经济学原理 (宏观经济学分册): 第 8 版 [M]. 梁小民, 梁砾, 译, 北京: 北京大学出版社, 2020.

[12] 琼斯, 沃尔拉特. 经济增长导论 [M]. 刘霞, 译, 上海: 上海人民出版社&格致出版社, 2018.

[13] 琼斯. 宏观经济学 [M]. 沈志彦, 陈利贤, 译, 上海: 上海人民出版社&格致出版社, 2010.

[14] 泰勒. 宏观经济学: 第 5 版 [M]. 李绍荣, 李淑玲, 译, 北京: 中国市场出版社, 2006.

[15] 徐强. OECD 国家 CPI 编制的国际比较及借鉴 [J]. 统计研究, 2013, 30(06): 95–103.

[16] 徐强. 国际视野下指数研究与实践的进展、动向与挑战 [J]. 统计研究, 2017, 34(02): 110–128.

[17] 徐现祥. 图解宏观经济学 [M]. 北京: 中国人民大学出版社, 2008.

[18] 许宪春, 吕峰. 改革开放 40 年来中国国内生产总值核算的建立、改革和发展研究 [J]. 经济研究, 2018, 53(08): 4–19.

[19] 许宪春. 准确理解中国现行国内生产总值核算 [J]. 统计研究, 2019, 36(05): 3–15.

[20] 易纲, 范敏. 人民币汇率的决定因素及走势分析 [J]. 经济研究, 1997, 4(10): 26–35.

[21] 易纲. 汇率制度的选择 [J]. 金融研究, 2000, 4(09): 46–52.

[22] 余淼杰, 智琨. 进口自由化与企业利润率 [J]. 经济研究, 2016, 51(08): 57–71.

[23] 臧旭恒, 张欣. 中国家庭资产配置与异质性消费者行为分析 [J]. 经济研究, 2018, 53(03): 21–34.

[24] 张延. 宏观经济学 [M]. 北京: 中国发展出版社, 2010.

[25] 周黎安. 中国地方官员的晋升锦标赛模式研究 [J]. 经济研究, 2007(07): 36–50.

[26] Acemoglu D, Johnson S, Robinson J A. The colonial origins of comparative development: An empirical investigation [J]. The American Economic Review, 2001, 91(5): 1369–1401.

[27] Bernanke B. The global saving glut and the US current account deficit [J]. BIS Review, 2005, 16: 1–10.

[28] Blau D M, Robins P K. Job search, wage offers, and unemployment insurance [J]. Journal of Public Economics, 1986, 29(2): 173–197.

[29] Chetty R. Moral hazard versus liquidity and optimal unemployment insurance [J]. Journal of Political Economy, 2008, 116(2): 173–234.

[30] Christiano L J, Eichenbaum M, Evans C L. Nominal rigidities and the dynamic effects of a shock to monetary policy [J]. Journal of Political Economy, 2005, 113(1): 1–45.

[31] Coase R H. The problem of social cost [J]. The Journal of Law and Economics, 1960, 3: 1–44.

[32] Cocco J F, Gomes F J. Longevity risk, retirement savings, and financial innovation [J]. Journal of Financial Economics, 2012, 103(3): 507–529.

[33] Cullen J B, Gruber J. Does unemployment insurance crowd out spousal labor supply? [J]. Journal of Labor Economics, 2000, 18(3): 546–572.

[34] De Mel S, McKenzie D, Woodruff C. Returns to capital in microenterprises: Evidence from a field experiment [J]. Quarterly Journal of Economics, 2008, 123(4): 1329–1372.

[35] Deaton A. Saving and liquidity constraints [J]. Econometrica, 1991, 59(5): 1221–1248.

[36] Diamond P A, Mirrlees J A. Optimal taxation and public production I: Production efficiency [J]. The American Economic Review, 1971a, 61(1): 8–27.

[37] Diamond P A, Mirrlees J A. Optimal taxation and public production II: Tax rules [J]. The American Economic Review, 1971b, 61(3): 261–278.

[38] Diamond P A. National debt in a neoclassical growth model [J]. The American Economic Review, 1965, 55(5): 1126–1150.

[39] Eaton J, Kortum S. Technology, geography, and trade [J]. Econometrica, 2002, 70(5):

1741–1779.

[40] Fisman R, Wei S J. Tax rates and tax evasion: Evidence from "missing imports" in China [J]. Journal of Political Economy, 2004, 112(2): 471–496.

[41] Friedman M. A theoretical framework for monetary analysis [J]. Journal of Political Economy, 1970, 78(2): 193–238.

[42] Friedman M. The lag in effect of monetary policy [J]. Journal of Political Economy, 1961, 69(5): 447–466.

[43] Friedman M. The role of monetary policy [J]. The American Economic Review, 1968, 58(1): 1–17.

[44] Hamilton J D. A neoclassical model of unemployment and the business cycle [J]. Journal of Political Economy, 1988, 96(3): 593–617.

[45] Hausman J. Sources of bias and solutions to bias in the consumer price index [J]. The Journal of Economic Perspectives, 2003, 17(1): 23–44.

[46] Hayashi F, Prescott E C. The depressing effect of agricultural institutions on the prewar Japanese economy [J]. Journal of Political Economy, 2008, 116(4): 573–632.

[47] Henderson J V, Storeygard A, Weil D N. Measuring economic growth from outer space [J]. The American Economic Review, 2012, 102(2): 994–1028.

[48] Jones C I. Macroeconomics: Fourth edition [M]. New York: WW Norton & Company, 2017.

[49] Karabarbounis L, Neiman B. The global decline of the labor share [J]. The Quarterly Journal of Economics, 2014, 129(1): 61-104.

[50] Karaman K K, Pamuk Ş, Yıldırım-Karaman S. Money and monetary stability in Europe, 1300–1914 [J]. Journal of Monetary Economics, 2020, 115: 279–300.

[51] Kydland F E, Prescott E C. Rules rather than discretion: The inconsistency of optimal plans [J]. Journal of Political Economy, 1977, 85(3): 473–491.

[52] Li H, Li J, Lu Y, et al. Housing wealth and labor supply: Evidence from a regression discontinuity design [J]. Journal of Public Economics, 2020, 183: 104139.

[53] Liu Q, Qiu L D, Zhan C. Trade liberalization and domestic vertical integration: Evidence from China [J]. Journal of International Economics, 2019, 121: 103250.

[54] Lucas R E. Some international evidence on output-inflation tradeoffs [J]. The American Economic Review, 1973, 63(3): 326–334.

[55] Lucas R E. On the mechanics of economic development [J]. Journal of Monetary Economics, 1988, 22(1): 3-42.

[56] Lucas R E. Why doesn't capital flow from rich to poor countries? [J]. The American Economic Review, 1990, 80(2): 92–96.

[57] Mankiw N G, Romer D, Weil D N. A contribution to the empirics of economic growth [J]. The Quarterly Journal of Economics, 1992, 107(2): 407–437.

[58] Melitz M J. The impact of trade on intra-industry reallocations and aggregate industry productivity [J]. Econometrica, 2003, 71(6): 1695–1725.

[59] Mundell R A. Capital mobility and stabilization policy under fixed and flexible exchange rates [J]. The Canadian Journal of Economics and Political Science, 1963, 29(4): 475–485.

[60] Mundell R A. The monetary dynamics of international adjustment under fixed and flexible exchange rates [J]. The Quarterly Journal of Economics, 1960, 74(2): 227–257.

[61] Romer P M. Endogenous technological change [J]. Journal of Political Economy, 1990, 98(5, Part 2): S71–S102.

[62] Shapiro M D, Wilcox D W. Mismeasurement in the consumer price index: An evaluation [J]. NBER Macroeconomics Annual, 1996, 11: 93–142.

[63] Solow R M. A contribution to the theory of economic growth [J]. The Quarterly Journal of Economics, 1956, 70(1): 65–94.

[64] Tiebout C M. A pure theory of local expenditures [J]. Journal of Political Economy, 1956, 64(5): 416–424.

[65] Wang C, Wang N., Yang J. Optimal consumption and savings with stochastic income and recursive utility [J]. Journal of Economic Theory, 2016, 165: 292–331.

[66] Wei S J, Zhang X. The competitive saving motive: Evidence from rising sex ratios and savings rates in China [J]. Journal of Political Economy, 2011, 119(3): 511–564.

[67] Yang D T. Aggregate savings and external imbalances in China [J]. The Journal of Economic Perspectives, 2012, 26(4): 125–146.